T0209058

Sammlung Metzler
Band 242

Kurt Bartsch

Ingeborg Bachmann

2., überarbeitete und erweiterte Auflage

Verlag J.B. Metzler
Stuttgart · Weimar

Die Deutsche Bibliothek – CIP-Einheitsaufnahme

Bartsch, Kurt:
Ingeborg Bachmann / Kurt Bartsch.
– 2., überarb. und erw. Aufl.
– Stuttgart ; Weimar : Metzler, 1997
(Sammlung Metzler ; Bd. 242)
ISBN 978-3-476-12242-1

ISBN 978-3-476-12242-1
ISBN 978-3-476-04107-4 (eBook)
DOI 10.1007/978-3-476-04107-4
ISSN 0558-3667

SM 242

© 1997 Springer-Verlag GmbH Deutschland
Ursprünglich erschienen bei J.B. Metzlersche Verlagsbuchhandlung
und Carl Ernst Poeschel Verlag GmbH in Stuttgart 1997

Inhalt

Vorbemerkung

Das Bild Ingeborg Bachmanns in der literarischen Öffentlichkeit ist zwiespältig: *man* zählt sie zu den Klassikern der deutschsprachigen Literatur, interessiert sich aber nur allzuoft mehr für die Legenden, die sich um ihr Leben und ihre persönliche Erscheinung ranken, als für ihr Werk. Die ältere Generation, durchwegs fasziniert von der Lyrik der fünfziger Jahre, hat ihr den Wechsel zum Erzählgenre nicht verziehen, und die 68er Generation fand von ihrem Literaturverständnis her keinen Zugang zu den Texten der österreichischen Schriftstellerin. Verstellt durch Vorurteile, geriet deren gesellschaftskritische Brisanz nicht ins Blickfeld. Die Literaturwissenschaft nahm Bachmanns Werk bis in die späteren siebziger Jahre kaum und wenn, reduziert auf werkimmanente oder ausschließlich sprachphilosophisch ausgerichtete Fragestellungen, zur Kenntnis. Im letzten Jahrzehnt nun werden neue Lesarten erprobt, die dem Aspekt der Vermittlung geschichtlicher Erfahrung Bachmanns in ihrem Werk und/oder feministischen Fragestellungen das Hauptaugenmerk schenken. Mit der Verschiebung des Erkenntnisinteresses verknüpft sich naturgemäß die Präferenz für die späte erzählende Prosa der Autorin, die weibliches Dasein unter den Bedingungen patriarchalischer Gesellschaftsstrukturen als zentrales Problem thematisiert. Die vorliegende Monographie weiß sich, im Bemühen allerdings, das gesamte literarische und essayistische Werk Bachmanns im Auge zu behalten, den neuen Ausrichtungen der Literaturwissenschaft eng verbunden.

Der Alexander-von-Humboldt-Stiftung (Bonn) danke ich für großzügige Unterstützung, den Erben von Ingeborg Bachmann, Frau Isolde Moser und Herrn Dr. Heinz Bachmann für die Erlaubnis, auszugsweise aus dem literarischen Nachlaß zu zitieren, den Kollegen Robert Pichl (Wien) und Hans Höller (Salzburg) für manche Anregungen, Hinweise und Kritik und nicht zuletzt meiner Familie für viel Geduld und Verständnis.

Graz, im August 1987

Vorbemerkung zur 2. Auflage

Seit der ersten Auflage dieser Monographie vor zehn Jahren sind nicht nur Teile des Werkes von Bachmann neu ediert worden. Die wissenschaftlichen sowie die produktiven und reproduktiven Auseinandersetzungen mit diesem und mit dem Leben der Dichterin haben darüber hinaus ein kaum mehr überschaubares Ausmaß erreicht. Wichtige neue Erkenntnisse sind in diese zweite Auflage eingearbeitet und haben, unter Beibehaltung der Struktur und des Grundtenors der ersten Auflage, zu zahlreichen Ergänzungen und Korrekturen geführt. Ein Anspruch auf Vollständigkeit kann nicht erhoben werden.

Graz, im April 1997

1. Einleitung
Ingeborg Bachmanns Werk
im Widerstreit gesellschaftlicher Erwartungen

In den mittlerweile mehr als vier Dezennien Bachmann-Rezeption lassen sich wenigstens zwei, jeweils durch veränderte Erwartungshaltungen in der literarischen Öffentlichkeit ausgelöste Wendepunkte markieren: der eine um 1961, zum Zeitpunkt des Erscheinens der ersten Prosasammlung *Das dreißigste Jahr*, der andere in der Mitte der siebziger Jahre. Unabhängig von der jeweils vorherrschenden Einschätzung aber gehört die Autorin während der ganzen Periode von ihrem ersten öffentlichen Auftreten, der ersten Lesung vor der Gruppe 47 im Jahr 1952, bis zu ihrem Tod 1973 zur literarischen Prominenz im deutschsprachigen Raum. Dafür zeugt nicht nur die Höhe der Gesamtauflage ihrer Werke in deutscher Sprache (bereits vor dem Erscheinen der Werkausgabe von 1978 und vor dem Bachmann-Boom seit den späten siebziger Jahren in der Nähe der Millionengrenze), sondern vor allem das große Echo in der überregionalen Presse, das die jeweiligen Veröffentlichungen (einschließlich der postumen Editionen der Werke) gefunden haben. Die bisherige Rezeption des Bachmann-Werks zu verfolgen, erlaubt nicht nur eine deutliche Bestimmung des eigenen Ausgangspunkts, sondern eröffnet gleichzeitig Einsichten in die Wandlungen des westlichen deutschen Literaturbetriebs und – mittelbar – auch in gesellschaftliche Veränderungen von den frühen fünfziger Jahren an.

Eine Zusammenstellung von Rezensionen bietet Schardt, 1994, einen Überblick nicht nur über die Rezeption des Bachmannschen Werkes in der Literaturkritik, sondern auch in der Forschung der Sammelband *Kein objektives Urteil – nur ein lebendiges* (Koschel/ Weidenbaum, 1989).

1.1 Bachmanns Eintritt in die literarische Öffentlichkeit: Die auratische Lyrikerin

Es ist über den »Fall« Bachmann hinaus bezeichnend für die Mechanismen des Kulturbetriebs, welche Bedingungen den außergewöhnlichen Ruhm der Autorin begründet haben. Vier vorwiegend textexterne Faktoren steuern das Rezeptionsverhalten:

1

1. die Zugehörigkeit der Dichterin zur Gruppe 47 und die Auszeichnung mit dem Preis dieser Gruppe,
2. die persönliche Erscheinung der Autorin,
3. die günstige literarhistorische Situation,
4. als Folge dieser Faktoren und Multiplikator der Wirkung, eine Bachmann gewidmete Titelstory im Hamburger Nachrichtenmagazin »Der Spiegel«. Dieses Porträt bewirkte die endgültige Etablierung der Autorin in der literarischen Prominenz.

Zu diesen Faktoren im einzelnen:

1. Als Bachmann 1952 zur Gruppe 47 stieß, war diese bereits zu einer zentralen Instanz innerhalb des Literaturbetriebs im westlichen Deutschland geworden, obwohl die Gruppe sich während ihres zwanzigjährigen Bestehens jeglicher Institutionalisierung verweigerte. Deshalb aber gerade auch, weil ihr Prinzeps Hans Werner Richter keinen Dichterverein mit Statut, Vorstand etc. begründen wollte, sowie aufgrund der bekannten Einladungs- und Durchführungspraxis, umgab die Gruppe oder besser die Tagungen, die unter dem Namen »Gruppe 47« stattfanden, eine Aura des Besonderen (vgl. Kröll, 1977 bzw. 1979).

Der Erfolg, den Ingeborg Bachmann mit ihren Lesungen vor der Gruppe 47 erzielte, schlägt sich nieder in der Auszeichnung durch den Preis der Gruppe im Jahr 1953. Dieser Auszeichnung, die die Autorin als vierte nach Günter Eich, Heinrich Böll und Ilse Aichinger erhielt, haftete ebenso wie der sie vergebenden Gruppe insgesamt eine Aura des Besonderen an, weil sie ebensowenig institutionalisiert war wie diese.

2. Innerhalb dieser von einer Aura des Besonderen umgebenen Gruppe nun trat Bachmann in die Öffentlichkeit als Autorin, die selbst, wie ein Kritiker im Rückblick feststellt, eine auratische Erscheinung in postauratischer Zeit war (vgl. Hieber, 1978, 43). Die Persönlichkeit der Dichterin und die Art ihres öffentlichen Auftretens bestimmten den Erfolg ihrer Lyrik wesentlich mit. Darauf lassen die meisten Kritiken der fünfziger Jahre ebenso schließen wie noch Nachrufe sowie Besprechungen der Ausgabe der *Werke* 20 bis 25 Jahre später. Die Diskussion über Bachmanns Werke war und ist nicht frei von Emotionen. Exemplarisch für eine dominante Strömung in der Literaturkritik steht Peter Horst Neumanns sehr aufschlußreiche Besprechung der vierbändigen Ausgabe der *Werke* von 1978 in der Zeitschrift »Merkur«. Neumann ist vorweg zugute zu halten, daß er nicht irgendwelche Klischees der Bachmann-Kritik – wie etwa das von der »gefallenen Lyrikerin« (Reich-Ranicki, 1972, 8) – wiederholt, sondern seine (erklärtermaßen emotional bestimm-

ten) Vorbehalte offenlegt. Er nennt *Vier Gründe einer Befangenheit*, mit der er sowie viele andere Kritiker der Erzählprosa der Autorin begegnet seien:

»Zwei dieser Gründe sind artistisch-literarischer Art. Ich meine den außerordentlichen und vermutlich beständigen Rang des besten Teils der *Lyrik* und Ingeborg Bachmanns *erzählende Prosa*, von der ich glaube, daß sie dem *Maß* des Gelingens, das durch die Gedichte gesetzt ist, nicht nahe kommt. Die beiden anderen Gründe sind biographischer Art. Ich nenne sie die *personale Botschaft* des Werkes. Sie beeinflussen unsere Beziehung zu den Texten auf eine schwer zu kontrollierende Weise: die *Weiblichkeit* der Dichterin und ihr *Sterben*« (Neumann, 1978, 1130).

Prägnanter als Neumann könnte man einen Großteil der Bachmann-Kritik nicht zusammenfassen. Die beiden letztgenannten, aus der Feder eines Literaturwissenschaftlers einigermaßen befremdlichen Gründe sollen vorerst nicht diskutiert werden, vor allem kann man sich die Peinlichkeiten mancher mit geradezu statistischer Akribie der Feuermetaphorik in Bachmanns Werk nachspürenden und damit die Folgerichtigkeit des Brandunfalls beweisenden und anderweitig geschmacklosen Nachrufe (z.B. Hocke, 1973, 2; Grass, 1973, 18; Meier-Lenz, 1973, 63) ersparen. Auch die »Befangenheit« ob der »Weiblichkeit« soll vorläufig unkommentiert zur Kenntnis genommen werden (vgl. Kap. 1.3). Beides ist jedoch als deutliches Signal dafür zu verstehen, daß die Rezeption des Bachmann-Werkes entscheidend von der persönlichen Erscheinungsweise der Autorin mitbestimmt war. Ein zweites läßt die Neumann-Rezension erkennen und kann hier vorweggenommen werden, weil es mit dem Bild von der Persönlichkeit der Dichterin zusammenhängt: die Bachmann-Kritik pflegt das erzählerische Schaffen der Autorin am Lyrischen zu messen. Das dürfte allerdings auch – wenngleich nicht ausschließlich (vgl. z.B. Bothner, 1986, 35 f.) – eine Frage der Generation sein: Wer Bachmann als *Lyrikerin* kennenlernte und fasziniert war – wie die meisten Kritiker in den *fünfziger* Jahren (vgl. Conrady, 1971, 48 ff.) –, der wurde durch diese Erfahrung in der Beurteilung der Erzählprosa beeinflußt. Wer aber erst im Laufe der *sechziger* oder gar der *siebziger* Jahre, als die Autorin nicht mehr in derselben Weise im Interessensmittelpunkt des Literaturbetriebs stand, und über die *Erzählungen* bzw. über den Roman *Malina* den Zugang zu ihrem Werk fand, der wird diesem in zweifacher Hinsicht, in bezug auf die literarische Erfahrung *und* auf die Person der Autorin, »unbefangener« als Kritiker wie Neumann (oder auch, dem veränderten historischen Standort gemäß, in anderer Weise »befangen«) gegenüberstehen. Diese Frage der »Generation« ist im Falle von Bachmann zweifelsohne eine wesentliche Rezeptionsbedingung. Jedenfalls ist aber der Literaturwissenschaft eine radikal einseitige, emotional bestimmte Sicht und Bewertung nicht adäquat, die zu vertreten einem Schriftsteller wie Thomas Bernhard in einer sehr persönlichen Hommage (Bernhard, 1986, 230, 609 f.) gestattet ist.

Zurück zum persönlichen Erscheinungsbild der Dichterin: In Nachrufen und später noch wird auf die »poetische Lebensführung« (Spiel, 1976, 158) verwiesen. Peter Hamm, auf den sich besonders Susanne Bothner in ihrer literaturpsychologischen Studie (vgl. 1986, passim) beruft, spricht von Bachmanns »Allüre und Attitüde«, die »ihre literarisch interessierten Zeitgenossen (und nicht nur sie) beschäftigte« (Hamm, 1978, 193). Richter (1979, 104) erinnert sich an das Besondere ihres Verhaltens, »nervös, sensibel, schüchtern und scheinbar hilflos«, und auch an ihre erste Lesung vor der Gruppe 47: »Aber nicht Paul Celan [mit dem Gedicht *Todesfuge*] hinterläßt den stärksten Eindruck, es ist Ingeborg Bachmann. Sie liest sehr leise, fast flüsternd. Einige sagten nachher: ›Sie weinte ihre Gedichte.‹ Alle müssen näher rücken, um überhaupt ein Wort zu verstehen. Ingeborg Bachmann wird immer leiser, dann verstummt sie ganz« (ebda, 112). Durchwegs wird die Dichterin als sehr verletzlich, scheu, zurückhaltend und schweigsam beschrieben. Viele Kritiker glaubten ihr das Verletztsein, wie auch Richter (1986, 47 f.) trotz der Skepsis suggerierenden Formulierung »*scheinbar* hilflos«, wenn er die Persönlichkeit der Autorin als eine durch »verdeckte Energie und rührende Hilflosigkeit« zerrissene charakterisiert. Diese »war nie gespielt, nie gewollt, wie einige ihrer Zuhörer annahmen [...] Die Unsicherheit, das Chaotische, das Leise, Verlorene, Schüchterne, es war wohl die Haut, die sie schützte« (ebda, 55). Andere, wie Hamm (1978, 193), haben ihre Zweifel angemeldet: »Bachmann bot einer Welt, die sich bereits mit dem entzauberten Autor [...] abfinden wollte, noch einmal das Bild vom Dichter als dem *ganz anderen*, dem *Gezeichneten*, dem *Zauberer*, und bis zuletzt blieb unklar, wieviel davon sie selbst absichtlich zu diesem Bild beitrug und wieviel sich absichtslos zu diesem fügte«. Dieses Bild stimmt so wenig wie das von der weiblichen Hilflosigkeit, ließ doch die Autorin selbst in den Frankfurter Vorlesungen diese Auffassung vom Dichter als dem Auserwählten für ihre Zeit nicht mehr gelten. Aber wie auch immer, Pose oder nicht: dieser außerliterarische Faktor der persönlichen Ausstrahlung von Bachmann hat die Aufnahme ihres Werks wesentlich mitbestimmt, nämlich die Brisanz ihrer »*Textarbeit*« (Briegleb, 1997, 41; vgl. auch Weigel, 1995, 128) neutralisiert. Der frauenfeindliche Aspekt, der häufig in die aliterarischen Bewertungen (etwa des zu beschützenden schwachen Weibes) einfließt, ist unverkennbar (s. dazu den Schluß dieses Kapitels bzw. vgl. von der Lühe, 1982, 124 ff.).

3. Die persönliche Erscheinung allein allerdings, wie ungewöhnlich sie auch gewesen sein mag, hätte der Autorin nicht den durchschlagenden Erfolg mit ihrer Lyrik gebracht. Es drängt sich die Frage auf, welches literarische Moment zu dem starken Eindruck beitrug, von dem Richter und auch andere immer wieder sprechen. Die Gruppe 47 war mit einer literarisch-politischen Tendenz aufgebrochen, mit dem (wie entschlossen oder auch nicht verfolgten) Ziel, zu antifaschistischem Bewußtsein beizutragen, aber auch zur Bildung von gesundem politischen Selbstbewußtsein bei den Deutschen, was also sowohl Trauerarbeit als auch Gegnerschaft gegen undifferenzierte kollektive Schuldsprüche, gegen die Teilung Deutschlands als eines potentiellen neuen Kriegsgrundes sowie gegen alle obrigkeitsstaatlichen Tendenzen bedeutete (Richter, 1979, mehrfach). Briegleb (1997) meldet gerade mit Blick auf Celan, aber auch Bachmann, Zweifel an der Realitätsentsprechung dieser Selbststilisierung an. Literarisch war zuerst die selbstauferlegte sprachliche Askese signifikant. Das, was man Literatur des »Kahlschlags« nannte, war die Reaktion auf den Mißbrauch mit der deutschen Sprache, vor allem mit der »schönen«, poetischen Sprache durch den Nationalsozialismus. Man sagte daher – in Abgrenzung auch von den Naturlyrikern und Gottfried Benn – jedem poetischen Zauber, der »Kalligraphie«, in der Lyrik ebenso wie in der Prosa ab, versuchte mit einer kargen, nüchternen Sprache die gesellschaftlichen Defizite und die existentiellen Nöte des einzelnen Menschen, wie man meinte, unverfälscht darzustellen. Beispiele für diese Art von Literatur sind etwa Eichs berühmtes Gedicht *Inventur* oder Wolfdietrich Schnurres Kurzgeschichte *Das Begräbnis*. Mit Aichinger, Bachmann und Celan machte sich innerhalb der Gruppe 47 eine literarische Wende bemerkbar. Nach Bachmanns erster Lesung fällt »das Wort von einer ›neuen Poesie‹« (Richter, 1979, 112). Es wurde in späteren Jahren wiederholt mit Recht eingewandt, daß die Metaphorik der Bachmannschen Gedichte so neu nicht gewesen sei und daß die Autorin aus dem Vorrat der poetischen Tradition, insbesondere auch der romantischen, geschöpft habe. Man muß aber die (literar-)historische Situation und die dieser entsprechende Erwartungshaltung der Kritiker beim ersten Auftreten der Dichterin einkalkulieren, will man verstehen, warum diese Lyrik so sensationell erscheinen konnte. In die karge Landschaft der »Kahlschlag«-Literatur bricht sie mit einer Dichtung ein, die sich von der damals gängigen Lyrik abhebt. Auf die Texte selbst läßt man sich nicht wirklich ein. Das hat auch damit zu tun, daß die literarische Wende und mithin Bachmanns

Eintritt in die kulturelle Öffentlichkeit zusammenfallen mit der Konsolidierung der Bundesrepublik Deutschland, mit der Restauration eines bürgerlichen Staates mit freier Marktwirtschaft unter Konrad Adenauer. Die politischen und sozialen Katastrophen von Hitlerfaschismus und Zweitem Weltkrieg werden von der Bevölkerung zunehmend aus dem Bewußtsein verdrängt, politische Abgrenzung vom kommunistischen Osteuropa, besonders von der DDR, und der soziale Traum von Wohlstand und Wirtschaftswunder beherrschen das Denken. Die Autoren der Gruppe 47 stehen zwar in ihren öffentlichen Äußerungen diesen politischen Tendenzen durchwegs ablehnend gegenüber, in der literarischen Praxis aber setzt sich die Hinwendung zu einer Dichtung mit allgemeinmenschlicher, existentieller Problematik durch, die es erlaubt, sich der Auseinandersetzung mit der konkreten gesellschaftlichen Situation zu entziehen. Obwohl Bachmann diesem literarischen Trend nicht entspricht, ist sie für ihn in Anspruch genommen worden, und zwar mit ihrer – wie die Kritik allgemein anerkannte – qualitativ hochstehenden Lyrik und den für ihre Zeit repräsentativen Hörspielproduktionen *Die Zikaden* (1955) und *Der gute Gott von Manhattan* (1958).

4. Der Preis der Gruppe 47, der »folgereichste [!] Literaturpreis« ([Wagner], 1954, 26), veranlaßte offensichtlich den »Spiegel«, Bachmann im August 1954 eine Titelstory zu widmen und sie damit endgültig im Kreis der literarischen Prominenz zu etablieren, ihr die größtmögliche Aufmerksamkeit von Rundfunk- und Zeitungsfeuilletonredaktionen zu sichern (vgl. dazu auch die materialreiche, allerdings keine neuen Einsichten vermittelnde Monographie von Hotz, 1990). In dem »Spiegel«-Porträt fallen einige Stichworte, die die Bachmann-Rezeption sehr lange beeinflussen sollten (vgl. Conrady, 1971): die widersprüchliche Charakterisierung der Gedichte einerseits als »lyrisch verbrämte Philosophie«, andererseits als ein »*Stenogramm der Zeit* im greifbar sinnlichen Bild« ([Wagner], 1954, 27), das Schlagwort von der »Repräsentanz von lyrischer Dichtung in dürftiger Zeit« und vom »Unbehaustsein« der Dichter, der Vergleich der jungen Lyrik mit der »als ›Gehirnmusik‹ verschrienen Zwölftonerei« (ebda, 28), der Hinweis auf die »schwebend und unbestimmt« bleibende »Aussage der Gedichte« und die damit zusammenhängende Freiheit des Lesers, »seine Empfindungen und Gedanken in diese oder jene Richtung zu lenken«. Die widersprüchliche Charakterisierung der Lyrik Bachmanns und die Betonung der Unbestimmtheit der Thematik erscheinen besonders signifikant. Damit wird die Autorin aber als durchaus repräsentativ für einen Großteil der Intellektuellen und Dichter in der – so könnte man sie nennen – »existentialistischen Phase« der Nachkriegsliteratur be-

stimmt. Man wird Bachmann nicht ohne Einschränkungen als Existentialistin bezeichnen dürfen, doch legen ihre Gedichte eine solche Einordnung aufgrund der im »Spiegel«-Artikel sehr vage umschriebenen Themenkreise nahe: »Trauer und Klage um das Verlorene; das Gefühl des Absterbens; Angst vor dem Unheimlichen einer mechanisierten Welt; die Vereinsamung des Menschen; Feindlichkeit der Zeit und Erlösung in Schlaf und Traum« (ebda). Zweifellos schlägt sich die zeitbedingt starke Wirkung existentialistischen Denkens, das sich etwa auch an einem von ursprünglich marxistischen Positionen ausgehenden Autor innerhalb der Gruppe 47 wie Alfred Andersch beobachten läßt, sowohl in der Lyrik als auch in den Hörspielen der Bachmann nieder. In den Frankfurter Vorlesungen (1959/60) adelt sie die subjektive Erfahrung als »die einzige Lehrmeisterin« (IV, 184) des Schriftstellers und in der Preisrede vor den Kriegsblinden, *Die Wahrheit ist dem Menschen zumutbar* (1959), schreibt sie »dem großen, geheimen Schmerz, mit dem der Mensch vor allen anderen Geschöpfen ausgezeichnet ist« (IV, 275), erkenntnisfördernde, bewußtseinsverändernde und sensibilisierende Funktion zu. Es sei die Aufgabe von Literatur, den Schmerz, dem die Qualität eines Existentials zugesprochen wird, sichtbar zu machen. Bachmann führt die Ursprünge ihres existentiellen Schmerzes zurück auf die Erfahrungen des Hitlerfaschismus (vgl. GuI, 111). Hierin, in der antifaschistischen Mentalität, die gruppenkonstituierend und -integrierend wirkte (vgl. Kröll, 1977, 147), stimmte sie mit den meisten anderen Autoren der Gruppe 47 überein. Der von Richter (1962, 10 und 1979, 58 passim) bevorzugte Begriff »Mentalität« statt »Ideologie« indiziert, daß die Autoren ihre Kritik nicht auf eine wissenschaftlich fundierte Theorie des Faschismus stützten, sondern – wenn überhaupt (vgl. Briegleb, 1997) nur gefühlsmäßig bestimmten, welche Ideen oder Verhaltensmuster als faschistisch zu gelten hatten (vgl. Kröll, 1977, 147ff.).

1.2 Die Ablehnung der gefallenen Lyrikerin: Vom »Dreißigsten Jahr« zu »Malina«

Die theorieferne Position vieler Autoren wird seit den frühen sechziger Jahren zunehmend als obsolet empfunden. Dies ist einerseits Folge der Faschismusdebatte in der Bundesrepublik, die die gesellschaftliche Erwartungshaltung gegenüber Literatur verändert hat, andererseits Folge innerliteraturbetrieblicher Interessensverschiebungen. So gesehen überrascht die Auflösung der Gruppe 47 nicht. In diesen Jahren wird innerhalb der Gruppe selbst die Klage über ein Theorie- und Ideologiedefizit immer lauter (vgl. Kröll, 1977, 126 ff.). Ein neuer Antisubjektivismus äußert sich, grob skizziert, in zwei Trends, denen Bachmann jedoch nicht folgt: in experimentellen Verfahrensweisen (Konkrete Poesie, Wiener Gruppe, Ernst Jandl, Helmut Heißenbüttel, der frühe Peter Handke etc.) bzw. in (im landläufigen Sinn) realistischen gesellschaftlichen Bestandsaufnahmen, mit denen Martin Walser, Günter Grass und Uwe Johnson seit den späten fünfziger Jahren erfolgreich sind. Die durchwegs eher ablehnende Reaktion der Literaturkritik auf Bachmanns ersten Erzählband *Das dreißigste Jahr* hat ihren Hauptgrund im Fehlen jenes konkreten Realitätsbezugs, der den Romanen der genannten Autoren in hohem Maße eignet. Horst Bienek (1965, 241) konstatiert in einem *Werkstattgespräch* mit Walser im Jahr 1962 gerade an diesen drei Autoren »bei aller Verschiedenheit« ein Gemeinsames: »die Liebe zum Detail«. Bei Grass läßt sich von einer geradezu »radikale[n] Einschränkung auf das Beobachtbare, auf die Dinge« (Neuhaus, 1979, 11) sprechen. Fehlende Detailfreude sowie Mangel an vordergründig gesellschaftlichen Bezügen heben Bachmanns Prosa sicherlich von den erfolgreichen Romanen der Jahre um 1960 ab. Die wenigsten Kritiker vermochten allerdings ihre Bedenken gegen *Das dreißigste Jahr* anders zu artikulieren als in der Betonung des (zweifellos) lyrischen Charakters der Erzählungen, den nur wenige positiv, die Mehrzahl jedoch negativ hervorkehren. Zu differenzierteren Beurteilungen gelangte kaum ein Rezensent. Walter Jens (1961, 13) hält die Erzählungen alles in allem für zu schematisch in ihrer Thematisierung der »Begegnung zwischen der bedingten Weltordnung und der anarchischen, zumal in der unbedingten Liebe sichtbaren Revolution«. Diese Schwäche, das Fehlen von »Objektivation«, schlage sich auch in der Sprache, in einem Stil nieder, der gekennzeichnet sei durch häufiges Abgleiten »ins Unverbindlich-Rhapsodische (*in eroticis* sogar bisweilen ins Süßliche)« bzw. – als »andere[s] Extrem« – »ins traktatartige Aussagen«. Zu einem ähnlichen Befund wie Jens kommt Marcel Reich-Ranicki (1966, 193), der die Autorin als ein »vornehmlich lyrisches Talent« betrachtet. Für ihn sind Bachmanns Erzählungen Ausdruck rein emotionaler Auflehnung gegen die Welt als Ganzes, daher ohne greifbaren Bezug zur Realität:

»Nicht konkrete Überlegungen, nicht Gedanken treiben die Helden zu ihrer schwermütigen Rebellion gegen die bestehende Ordnung, sondern Gefühle, die zwar sehr ehrbar sein mögen, sich aber leider einer rationalen Nachprüfung hartnäckig entziehen [...] Zur elegischen Klage über das Leben und zum Protest gegen die ›schimpfliche Ordnung‹ haben wir wahrlich heute mehr Anlaß denn je. Und gewiß ist die ›Lust, an der Verfassung zu rütteln‹, eine Triebfeder, der die Literatur oft ihre großen Werke verdankte. Nichts gegen diese Motive, aber sie müssen wirkungslos bleiben, wenn ausgiebig und ein wenig selbstgefällig mit Begriffen wie etwa ›Wahrheit‹ oder ›Schuld‹ operiert wird, die sich meist als unzulängliche Bezeichnungen [...] erweisen« (Reich-Ranicki, 1961, 14).

Jens und Reich-Ranicki artikulieren beispielhaft für die Mehrzahl der Kritiker ihre Bedenken gegen eine Erzählprosa, deren Fundament bloß »ein lockeres Gewebe aus Ahnungen, Befürchtungen und Hoffnungen« (ebda) sei, und erhalten indirekt Bestätigung auch durch Interpretationen, die die Problematik der Erzählungen existentialistisch deuten (vgl. z.B. Doppler, 1963). In einer Zeit, da die Teilung Deutschlands durch den Mauerbau betoniert wird und nicht nur marxistische Autoren neonazistische Aktionen sowie militaristische und obrigkeitsstaatliche Tendenzen in der Bundesrepublik Deutschland anprangern, genügt der Literaturkritik die – wie es scheint – rein gefühlsmäßig motivierte Rebellion ohne Reflexion auf die gesellschaftlichen Verhältnisse und Mechanismen, gegen die sich die Revolte richten soll, nicht mehr.

Die Erwartungshaltung gegenüber Literatur wandelt sich gegen Ende der fünfziger Jahre und vor allem im folgenden Jahrzehnt zusehends. Karl Krolow (1971, 51) hat in seiner Rezension des Romans *Malina* diese Entwicklung rückblickend kurz umrissen,

»die vieles von dem, was bis dahin erreicht worden war, in Frage stellte. Der Prozeß literarischen Engagements und artistischer Progression ist inzwischen allgemein geworden. Die politische Auseinandersetzung hat in den zehn Jahren, die hinter uns liegen, das Bild dieser Literatur entscheidend mitbestimmt. Nicht nur jüngere Autoren sind hier betroffen, auch ältere haben [...] sich derartigem Eindringen des Politischen gestellt. Man ist heute sehr schnell dabei, als Esoterik und ›Innerlichkeit‹ abzuqualifizieren, was einmal als bedeutende Individualleistung angesehen wurde. Kein literarischer Bereich – vom Gedicht bis zum Hörspiel – ist ausgenommen, schon gar nicht der sich immer mehr problematisierende Roman«.

Der konservative, beinahe wehmütige Kommentar Krolows zeichnet die Situation recht genau: ausgelöst unter anderem durch den Auschwitz-Prozeß, die Rezeption der Kritischen Theorie der Frankfurter Schule, durch zunehmenden Überdruß an der Wirtschaftswundergesellschaft und aufgerüttelt durch neue Greuelkriege wie den in Vietnam begann im Laufe der sechziger Jahre in der Bundesrepublik im Kontext eines weltweiten Jugendprotestes eine lebhafte Auseinandersetzung einerseits mit der jüngsten deutschen Vergangenheit, die sich die wissenschaftliche Erklärung der Phänomene Faschismus bzw. Nationalsozialismus zum Ziel setzte, und andererseits

9

mit der sozialen und ökonomischen Struktur des westlichen Deutschland. In der Folge der gegen die seit 1966 regierende große Koalition von CDU und SPD gerichteten Außerparlamentarischen Opposition und vor allem der Studentenrevolte mit ihrem Höhepunkt 1967/68 wuchs das politische Bewußtsein in einer breiteren Öffentlichkeit, besonders an den Universitäten und im Kulturbetrieb, so daß zunehmend alle Wissenschaftsbereiche, Journalistik etc. »politisiert« wurden. Auch die Literatur wurde nun – und das nicht nur von diversen marxistischen Positionen her – auf ihre gesellschaftliche Relevanz als Ideologie- bzw. sozialkritisches Erkenntnisinstrumentarium geprüft, im berühmten Kursbuch 15 von 1968 sogar in ihrer herkömmlichen Form und gesellschaftlichen Funktionsweise als überlebt erklärt.

Im Nachlaß von Bachmann findet sich übrigens der Entwurf zu einem Antwortbrief auf Karl Markus Michels Grabrede auf die Literatur (vgl. Michel, 1968, 169 ff.). Von den insgesamt sieben Blättern des Entwurfs ist allerdings nur eines für die Öffentlichkeit freigegeben. Der Tenor von Bachmanns Replik ist dennoch erkennbar. Sie bemängelt die Ausdrucksschwäche politischer Propagandaliteratur: »das sind liebe Wünsche, aber es ist schlecht ausgedrückt und schlimmer noch, es läßt sich verwechseln mit allem« (NN, 1529). Die Autorin, die selbst übrigens im Kursbuch 15 vier Gedichte veröffentlichte, darunter *Keine Delikatessen*, das ebenso wie schon die Frankfurter Vorlesungen (IV, 198 f.) eine klare Absage an l'art pour l'art und poetischen Zauber formuliert, opponiert offensichtlich gegen den neuerlichen, diesmal radikalen, kulturrevolutionären »Kahlschlag« in der Literatur und spricht sich gegen vordergründiges Engagement aus (so auch die Preisrede zur Verleihung des Wildganspreises 1972 – vgl. IV, 269 f.)

Bachmanns Roman *Malina*, den man als bloß Innenwelt erfassendes Psychogramm einer unter Kindheitstraumata leidenden Schriftstellerin auffassen konnte, mußte 1971, gemessen an dem skizzierten Erwartungshorizont, anachronistisch wirken und wurde auch entsprechend als »radikal unzeitgemäß« (Kaiser, 1971, 1), antimodisch (vgl. Hartlaub, 1971, 561) und gegen die zeitgenössischen Erwartungen geschrieben eingestuft (vgl. Baumgart, 1971, 536). Selbst wohlwollende Kritiker – und das beweist, wie fixiert die Literaturkritik Anfang der siebziger Jahre auf die Frage nach der sogenannten gesellschaftlichen Relevanz von Literatur war – konstatierten das Fehlen konkreter Wirklichkeit und die Tendenz zu Subjektivität und reiner Innerlichkeit (z.B. Krolow, 1971, 51). Während diese Kritiker darin eine positive Distanz zu einem modischen Trend erblickten, stieß sich die Mehrzahl ihrer Kollegen, mit Heißenbüttel (1971, 26), an der – wie sie es sehen – Ablehnung der »soziale[n] Wirklichkeit«, des »Objektive[n] sozial bedingter Existenz« und am »absoluten

10

Herrschaftsanspruch der emotionalisierten Subjektivität«, die »die Integration in den gesellschaftlichen Zusammenhang unmöglich« machen. Die scharf ablehnenden Reaktionen reichen bis zur Beurteilung des Romans, der die Ursachen von Schmerz und Verzweiflung nicht erkennbar werden lasse, als ein Werk am Rande des Trivialen (vergleichbar mit Segals *Love Story*), das allerdings »im gewichtigeren Gewande einer existentialphilosophischen Ichbeschreibung daherkommt« (Gebert, 1971, IV). Wie schon an den Erzählungen des *Dreißigsten Jahrs* ein Jahrzehnt vorher, wurde auch an *Malina* überwiegend – und vor allem in den dominant meinungsbildenden Feuilletons – mangelndes episches Vermögen der Autorin und die Tendenz zu Lyrismen als unmittelbare Folge des Fehlens von Außenwelt und der Fixierung auf das Innenleben der Ich-Erzählerin kritisiert (vgl. z.B. Blöcker, 1971, 396). Resümierend bewertet Elke Atzler (1983, 167) die *Malina*-Rezeption so:

»Sowohl in der journalistischen Kritik als auch in der Literaturessayistik ist die Auseinandersetzung mit dem Roman mit wenigen Ausnahmen gekennzeichnet:
a) durch mangelnde Sachlichkeit
b) durch vulgär-biographische bzw. vulgär-soziologische Interpretationen
c) durch einander widersprechende Fabeldeutungen
d) durch mangelnde Kohärenz zwischen stilistischer Analyse und inhaltlicher Fabelbestimmung
e) durch Unterschätzung der ästhetischen Qualität und Eigenart *Malinas*
f) durch Nichtbeachtung der gesellschaftskritischen Tendenzen, der Zeitrepräsentanz
g) durch die Nichtzurkenntnisnahme des ›weiblichen Diskurses‹, der für den Roman konstitutiv ist«.

Diese Einschätzungen wirken nach bis zu Werner Schroeters filmischer Interpretation des Romans (s. unten).

1.3 Das neuerwachte Interesse an Ingeborg Bachmann: Die »Simultan«-Erzählungen – Werkausgabe – Frauenbewegung – »Malina«-Verfilmung – Kritische Ausgabe des »Todesarten«-Projekts

Die genannten, zu Topoi gewordenen Haupteinwände gegen die Prosaschriften von Bachmann werden auch gegen den nur ein Jahr nach *Malina* veröffentlichten Erzählzyklus *Simultan* erhoben. Die Autorin wird als »eine gefallene Lyrikerin« (Reich-Ranicki, 1972, Lit. 8) beurteilt, den Erzählungen wiederum das »solide realistische

Fundament« (Gregor-Dellin, 1972, 8) abgesprochen. Doch die meisten Kritiker gestehen der Verfasserin diesmal im Gegensatz zu *Malina* zu, daß ihr »die Absicherung des lyrischen Höhenflugs im Empirischen« (Blöcker, 1972, 1039), die Verbindung von »Innenweltschau« und Wirklichkeit (Wallmann, 1972, 31), »die Vergewisserung der lyrischen Aussage an der prosaischen österreichischen Realität« (Rainer, 1972, II), die Rückgewinnung der »Distanz zur subjektiven Erfahrung« (Drewitz, 1972, 57) gelungen sei. Die alten Vorbehalte sind auch in diesen positiven Reaktionen noch erkennbar, jedoch wirkt sich bereits eine neuerliche Veränderung des gesellschaftlichen Bewußtseins aus, die allgemein mit dem Schlagwort »Tendenzwende« bezeichnet wird und deren Ursachen einerseits zu sehen sind im Erwachen aus den unfinanzierbaren Reformträumen der späten sechziger und frühen siebziger Jahre sowie in der Enttäuschung über die Entwicklung eines Teils der politischen Aufbruchbewegung zum Terrorismus. Der damit zusammenhängende politische Klimawechsel führte zum Rückzug ins Private und zu einer zunehmenden Scheu vor politischer Stellungnahme. Während man dem Roman *Malina* ebenso wie den Erzählungen des ersten Bandes vorwarf, daß sie nicht nur keine realistische Substanz besäßen, sondern auch keine gesellschaftlichen Lösungen sichtbar werden ließen, solche vielmehr ausdrücklich und absolut ausschlössen (vgl. Heißenbüttel, 1971, 26 f.), akzeptiert man jetzt mehr oder weniger und etwas resigniert das angeblich fehlende politische und gesellschaftliche Engagement der Autorin (vgl. z.B. Drewitz, 1972, 57 oder Vormweg, 1972). Von dieser Gegenposition aus wird man dem erzählerischen Werk Bachmanns aber wiederum nicht gerecht. Es wird um seine Brisanz gebracht.

Die vierbändige Ausgabe der *Werke* löste 1978 abermals eine Vielzahl von Reaktionen aus, die zum Teil im Fahrwasser der alten Kritik blieben wie Hamm (1978, 200), der »die zehn oder fünfzehn großen Gedichte, die Ingeborg Bachmann hinterlassen hat«, im »Gesamtausgabengrab« verschüttet sieht. Hierher gehört auch Neumanns eingangs zitierte Rezension, die mit der Suche nach den Gründen der Befangenheit gegenüber Bachmanns Werk eine Art Summe der Kritik zieht. Interessant ist im zeithistorischen Kontext der späten siebziger Jahre vor allem Neumanns offenes Bekenntnis (1978, 1130), von der »*Weiblichkeit* der Dichterin« verwirrt zu sein. Der Kritiker fühlt sich durch den schon in der Erzählung *Undine geht* angeblich voll zum Ausdruck kommenden »Männerhaß« (ebda, 1134) der Dichterin und durch den »beharrlichen Appell an ein geschlechtsspezifisches Einverständnis« (ebda, 1135) im Roman *Malina* irritiert und außerstande, ein unbefangenes ästhetisches Urteil zu fällen. Diese stark emotional bestimmte Reaktion, die selbst das ist, was sie ihrem kritisierten Objekt vorwirft, nämlich ein »Appell an ein geschlechtsspezifisches Einverständnis«, konnte selbstverständlich in einer Zeit feministischer Emanzipationsbestrebungen so nicht unwidersprochen bleiben. Gisela Lindemann (1979, 271) konstatiert an Neumanns wie auch an anderen Auseinandersetzungen mit den Werken Bachmanns »eine Vermischung der inhaltlichen Reaktion mit ästhetischer Kritik« und gibt zu bedenken, daß man damit im »*Vorfeld literarischer* Beurteilung« verharre. Schon einige Monate vor dem Erscheinen von Neumanns Besprechung machte Ursula Püschel (1978, 108) in einem Aufsatz, der sich wie eine vorweggenommene Antwort auf Neumann liest, der ja aber eben nur offen ausspricht, was die Wertungen auch anderer implizit bestimmt, auf die frauenfeindliche Haltung der Bachmann-Kritik aufmerksam. Deren Beurteilungen seien nicht zuletzt durch private Verhältnisse der Autorin beeinflußt: »Und wer würde es wagen, Freund- oder Liebschaften eines männlichen Dichters bei der Bewertung seiner literarischen Potenz zu erwähnen?«. Und Püschels Resümee, daß »die Gesellschaft [...] für die Kundschafterin, die ihre heimlichen Todesarten bekanntmachte, viele Tode bereit«-hielt, signalisiert ein neues Bemühen, dem zeitkritischen und zeitantizipierenden Aspekt von Bachmanns Werken gerecht zu werden, sie als Vertreterin bzw. Vorläuferin der in den siebziger Jahren aktuellen Frauenliteratur (vgl. Weigel, 1984, 5) zu verstehen. Dies zurecht, wenn man an die vielen bekannten und weniger bekannten Autorinnen denkt, die sich produktiv mit Bachmann auseinandersetzen (vgl. Wolf, 1975, 1977, 1983; Struck, 1977, 1993; Adam, 1980; Wolfmayr, 1981 u.v.a. – vgl. dazu auch Pfeiffer, 1989, und Van Vliet, 1995).

Zweifellos kann auch die vielbeschworene »neue Subjektivität« als eine Ursache für die Wende in der Bachmann-Rezeption angesehen werden. Michael Rutschky beschreibt in seinem Essay über die siebziger Jahre *Erfahrungshunger* (1980) die Ablösung der von ihm sogenannten »Utopien der Allgemeinbegriffe« durch »Utopien der Unbestimmtheit«. Diese sind charakterisiert durch eine neuerliche Hingabe an sinnliche Eindrücke und an ästhetische Erlebnisse sowie vom Ernstnehmen individueller leidvoller Erfahrungen. Dementsprechend sind die bevorzugten Themen dieser neuen Subjektivität autobiographische Erfahrungen, insbesondere Kindheitserinnerungen, und der Leidensdruck des einzelnen Ichs. Im »Zeit«-Feuilleton zieht Fritz J. Raddatz (1981, 29) das bezeichnende Resümee: »Die deutschsprachige Literatur der aktuellen Gegenwart führt vor: Verletzungen. Und das Zürückweichen davor [...] Das Menschenbild der Gegenwartsliteratur führt einen versehrten Menschen vor«. Dieser Kontext kommt der Rezeption des Werkes von Bachmann sehr entgegen, die programmatisch (*Die Wahrheit ist dem Menschen zumutbar*) von der Dichtung die Darstellung des »großen geheimen Schmerz[es], mit dem der Mensch vor allen anderen Geschöpfen ausgezeichnet ist« (IV, 275), und subjektiver Erfahrungen gefordert hat.

Im Rahmen dieser Tendenzen sind auch die Entwicklungen in der literaturwissenschaftlichen Auseinandersetzung mit dem Bachmann-Werk seit den späten siebziger Jahren zu sehen, die – mit Verspätung und den Klischees der Literaturkritik anhängend (vgl. Jakubowicz-Pisarek, 1984, 28 passim) – die Lyrikerin (allenfalls auch Hörspielautorin) Bachmann in den Klassikerhimmel erhob und die erzählende Prosa überhaupt ignorierte oder in Hinblick auf die Lyrik untersuchte (vgl. ebda, 28 bzw. 44). Fragen nach der *Bildsprache der Lyrik* (vgl. Thiem, 1972) oder der Thematisierung der Sprache (vgl. u. a. Doppler, 1963; Fehl, 1970; Angst-Hürlimann, 1971) dominierten in der Bachmann-Forschung bis zum Erscheinen der Werkausgabe von 1978. Dazu kam die immer noch nicht ganz überwundene Neigung zu autobiographischer Lesart, die durch die Tendenz zum Autobiographischen in der Literatur der siebziger Jahre zusätzlich gefördert wurde.

Diese Tendenz zur autobiographischen Lesart ist nicht nur bei dem von Bartsch (1979, 33 f.) kritisierten Holger Pausch (1975) und bei dem von Irmela von der Lühe (1982, 122 und 130/Anm. 29) sowie Marta Jakubowicz-Pisarek (1984, 44) beanstandeten Bernd Witte (1980 und 1980a), sondern auch bei Manfred Jurgensen (1981) und in dem literaturpsychologischen Versuch von Susanne Bothner (1986) sowie vor allem bei der selbst den autobiographischen Trend nutzenden Autorin Ursula Adam (1985) anzufinden. Neue Nahrung erhielt dieser Trend durch die biographistisch angehauchte filmische *Malina*-Interpretation Werner Schroeters (vgl. dazu Bartsch, 1993). Sie und das Drehbuch von Elfriede Jelinek, von dem der Film markant abweicht, lösten 1991 heftige Diskussionen aus. Die Ablehnungsfront in Kritik und Wissenschaft war breit – vgl. u.a. Koschel/Weidenbaum (1991), die Diskussion in der »Wochenzeitung«: Schelbert, Marti, Koch (1991), Haas (1991), Heidelberger-Leonard (1993), Schmid-Bortenschlager (1996). Schmid-Bortenschlager sieht bei Jelinek eine grundsätzlich gleiche Intention, die Darstellung des Kriegs der Geschlechter jedoch radikalisiert und die Komponente der Sexualität zuungunsten der Spannung von Intellektualität, Kreativität und Sexualität verstärkt. Schroeters Selbsteinschätzung, den Roman gewissermaßen für die Gegenwart gerettet zu haben (so in einer »Aspekte«-Sendung des ZDF vom 20.12.1990), erwies sich als Selbstüberschätzung. Zwar besticht sein Werk durch eine raffinierte Filmsprache, jedoch inszeniert er – gegen Bachmanns Roman – einen

Selbstvernichtungsprozeß einer hysterischen Frau unter Ausklammerung des für den *Malina*-Text so zentralen Ringens um Erinnerung, Erzählen, Schreiben, Leben. Die Bachmann-Forschung blieb von den Interpretationen Jelineks und Schroeters unbeeindruckt, wohl aber wirkt die biographistische Lesart, wenn auch nicht die Visualisierung eines wahnsinnigen Sich-zu-Tode-Verbrennens wie im Film, in Versuchen nach, Bachmann-Texte auf der Bühne umzusetzen. Das gilt auch für den bekanntesten und meistbeachteten Versuch, die von Claus Peymann am Wiener Burgtheater gestaltete Collage *Ingeborg Bachmann. Wer?* (Premiere: 11. November 1995). Genregemäß nicht dieser Versuchung verfallen ist die Radio-Oper *Malina-Suite* von Otto Brusatti (Erstsendung 1985).

Die Ausgabe der *Werke* von 1978 hat der Forschung zweifellos neue Impulse vermittelt, doch hat sich vor allem im oben skizzierten Kontext das Erkenntnisinteresse deutlich verschoben. »Vorschläge zu einer neuen Lektüre des Werks« (Höller, 1982) wurden unterbreitet. Diese rückten einerseits den Aspekt der geschichtlichen Erfahrung im Werk jener Dichterin in den Vordergrund, von der Thomas Bernhard (1978, 167) in seinem Bachmann-Nekrolog *In Rom* mit Recht behauptete, sie sei »über den Gang der Welt und den Ablauf der Geschichte [...] zeitlebens erschrocken gewesen«. Die Frage, welche Rolle »die deutsche Geschichte in Bachmanns literarischer Arbeit« gespielt habe, wird mit neuen Akzentsetzungen von Holger Gehle (1994, 12) gestellt. Andererseits wurden Anregungen durch die feministische Kulturkritik, aber auch »durch den Poststrukturalismus« (Weigel, 1984, 5) aufgegriffen und von dieser Position auch die zuvor genannten Lesarten in ein kritisches Licht gerückt. Jedenfalls sind die späteren Erzählwerke der Autorin, der *Todesarten*- und der *Simultan*-Zyklus, in das Zentrum des literaturwissenschaftlichen Interesses gerückt. Eine vorläufige Summe der *Malina*-Rezeption und –Forschung zieht der allerdings etwas aufgeblähte Materialienband von Andrea Stoll (1992). Das *Franza*-Fragment ist ebenso Gegenstand zahlreicher, insbesondere auch monographischer Studien (Gutjahr, 1988; Zeller, 1988, u.a.) geworden. Die frühere Prosa ist neu bewertet worden. Ein Kritiker meint, »den Höhepunkt seiner Aktualität« habe »*Das Dreißigste Jahr* womöglich noch gar nicht erreicht«, sein Rang sei jedenfalls mittlerweile unbestritten (D. Bachmann, 1994, 51). Das Interesse verlagerte sich so sehr auf erzählende Prosa, daß schon die Gefahr beschworen wurde, die Lyrik werde völlig aus dem Blickfeld verloren (vgl. Strobl, 1983, 32 ff.). Der Trend zur vorrangigen literaturwissenschaftlichen Aufarbeitung der Prosa, der späten Prosa vor allem, war bis Mitte der achtziger Jahre unverkennbar, doch wirken die Bemühungen um eine neue Lesart der Bachmann-Werke innerhalb und außerhalb der Frauenbewegung sehr wohl auf das Verständnis der Lyrik zurück, die nun nicht mehr in einem geschichtsfreien Raum und auf ihre Schönheit reduziert gesehen wurde (vgl. Mechtenberg, 1978; Strobl, 1983; Höller, 1982; Bürger, 1984; Svandrlik, 1984; Bothner, 1986). In den neunziger Jahren kann von einer Minderbeachtung der Lyrik nicht mehr gesprochen werden, wie insbesondere die Schwerpunktsetzungen bei zahlreichen Symposien erkennen lassen (vgl. u.a. Pichl/Stillmark, 1994, oder insbesondere Reitani, 1996).

Ein besonderes Interesse der Forschung gilt in jüngster Zeit Fragen der Intertextualität und der Musik, die für Bachmanns Texte eine große Rolle spielen, sowie Vergleichen mit anderen Dichtern und Dichterinnen (beispielhaft sei auf diverse Beiträge in den Symposionsbänden von Göttsche/Ohl, 1993, Pichl/Stillmark, 1994, Brokoph-Mauch/Daigger, 1995, und Böschenstein/Weigel, 1997, verwiesen).

Neue Impulse für die Forschung sind von der kritischen Edition des nun sogenannten »*Todesarten*«-*Projekts* (1995) zu erwarten. Ob sie allerdings eine ähnliche »Revolution« wie die Ausgabe von 1978 auslöst und wiederum eine Schwerpunktverlagerung des Interesses auf die spätere Erzählprosa bewirkt, bleibt abzuwarten.

2. Theoretisches

»Aber ich habe nie beim Schreiben von Gedichten an Ludwig Wittgenstein gedacht« (GuI, 83) – diese Interviewäußerung Bachmanns
aus dem Jahr 1971 kann man argumentativ gegen alle Versuche
wenden, das Werk der Autorin vor dem Horizont der Philosophie
Wittgensteins oder auch Martin Heideggers zu interpretieren. Tatsächlich wäre es ein ziemlich dürftiges Literaturverständnis, wollte
man »in der Poesie nur die Umsetzung philosophischer Sätze« erkennen (Weigel, 1984a, 59). So sehr jedoch eine solche Lesart un-
befriedigend bliebe, die lediglich den Einflüssen irgendeiner Philosophie detektivisch nachzuspüren versuchte, so sehr verkürzte auch
diejenige, die das geistige Spannungsfeld mißachtete, in dem Bachmann steht. Nach ihrer Dissertation über *Die kritische Aufnahme der
Existentialphilosophie Martin Heideggers*, mit der sie 1950 an der
Universität Wien promovierte, veröffentlichte sie 1952 einen Rund-
funkbeitrag über den *Wiener Kreis* (NN 5274-5298) sowie 1953
zwei Essays über Wittgenstein (einen für den Hörfunk) und konzi-
pierte ungefähr zu dieser Zeit noch einen Radio-Essay über *Philosophie der Gegenwart*, der nur unvollständig überliefert ist (NN 831,
580-593). Bachmann setzt sich also mit Heidegger und Wittgenstein, zwei Schlüsselgestalten der jüngsten Philosophiegeschichte, gerade in jenen Jahren intensiv auseinander, in denen sie ihre eigenständige literarische Position entwickelt. D. h. nicht, daß sie ein
»philosophisches System«, eine systematische Ästhetik oder Poetik
entwirft. Im Gegenteil – sie sähe darin eine Kompetenzüberschrei-
tung: »Der Dichter kann und soll nicht bis zum philosophischen
System vordringen«, so zitiert sie Robert Musil zustimmend (IV,
24). Es wäre aber naiv zu meinen, die poetologischen Reflexionen
der Autorin könnten völlig unbeeindruckt von ihren philosophischen Interessen geblieben sein. So bezeichnete sie auch selbst 1955
als »wichtigste« ihrer »geistige[n] Begegnungen« diejenige »mit dem
Werk des Philosophen Ludwig Wittgenstein« (GuI, 12) und hebt
knapp vor ihrem Tod – die Möglichkeit direkter Einflußnahme von
sich weisend – nochmals nachdrücklich die überragende Bedeutung
dieses Denkers und des Wiener Kreises für ihr »ungeheuer genaues
Denken und einen klaren Ausdruck« (GuI, 136) hervor. Zudem verweist Bachmann mehrfach »ausdrücklich auf die zunehmende Bedeutung des Denkens, der Reflexion, der Theorie als *integralen* Be-

standteil der Dichtung« (Oelmann, 1980, 86). Es ist durchaus nicht abwegig, »die Existenz einer Art ›philosophischer Grammatik‹ des literarischen Textes in bezug auf die Sprache« in ihrem Werk zu behaupten (Agnese, 1996, 20). In welchem geistigen Spannungsfeld sie steht, verrät schon ihre Doktorarbeit.

2.1 Abgrenzung von Philosophie und Literatur: Die Dissertation und die Wittgenstein-Essays

Da hier ausschließlich der Wert der philosophischen Tätigkeit von Bachmann für die Entwicklung ihrer poetologischen Position interessiert, können die Fragen nach der Bedeutung ihrer Dissertation für die Fachphilosophie bzw. nach der Richtigkeit ihrer Thesen zwar nicht völlig ignoriert, aber doch als sekundär angesehen werden, z.b. die Frage, ob es wirklich das »Anliegen« Heideggers war, »Metaphysik geben zu wollen« (KA, 127), und nicht vielmehr, die abendländische Metaphysik zu überwinden, oder die Frage, ob Bachmann den Wahrheitsbegriff des Existentialphilosophen und den Wissenschaftsbegriff Wittgensteins richtig verstanden hat (vgl. Wallner, 1985, 180 bzw. 187f.).

Die Autorin hat in einem ihrer letzten Interviews 1973 gemeint, sie habe »gegen Heidegger dissertiert« (GuI, 137). Ihr gesamtes späteres Werk scheint einen »stetigen und schwierigen Ferndialog« zu bestätigen (Agnese, 1996, 87. Vgl. auch 82, 90, 95 in bezug auf die Frankfurter Vorlesungen, die späten Gedichte und *Malina*). Was die Dissertation betrifft, kann man es so sehen wie die Autorin, weil sie tatsächlich die gesamte ihr zugängliche zeitgenössische Kritik an ihm zusammenfaßt. Man kann aber auch mit Recht behaupten, daß die Arbeit »an Heidegger vorbeigeführt« hat (Wallner, 1985, 185), wenn man als geheimes Interesse der Verfasserin die Klärung des Verhältnisses von Philosophie und Kunst sieht, das sich ihr durch die Lektüre von Wittgensteins *Tractatus logico-philosophicus* problematisierte. Bachmann erfaßt in der Dissertation ebenso wie in dem unvollständigen Typoskript über die *Philosophie der Gegenwart* das Panorama der zeitgenössischen Philosophie, mit deutlicher Präferenz für die Leistungen des Wiener Kreises. Aber die in der Einleitung der Doktorarbeit geäußerte Absicht, »abschließend, die aufgefundenen Einwände« gegen die Existentialontologie Heideggers um eine »selbständig[e]« Perspektive zu erweitern (KA, 15), verfolgt sie nicht in dem Sinne, daß sie »den Kritikern ihre eigene Position entgegen«-hielte (Summerfield, 1978, 119). Vielmehr wendet sie sich der sie

18

bedrängenden, aber den Gegenstandsbereich ihrer Untersuchung überschreitenden Frage der Legitimation künstlerischer Tätigkeit zu.

Geprägt vom Rigorismus der Wiener Schule, insbesondere von Rudolf Carnap, mißt Bachmann den Existentialphilosophen Heidegger an einem streng wissenschaftlichen Begriff von Philosophie:

»Von den logisch-positivistischen wie von den kritisch-idealistischen Positionen aus gesehen muss es Vertretern einer Philosophie, die Wissenschaft sein will, unzulässig erscheinen, den Zugang zur ›Welt‹ zu suchen, zu ›transzendieren‹ und in eine Transzendenz (das ›Nichts‹) vorzustoßen: einerseits, weil nur intersubjektiv verifizierbare Sätze sinnvoll seien, andererseits, weil unsere Erkenntnis, wenn auch vor aller Erfahrung, nur auf mögliche Gegenstände gehen könne und die ›Dinge an sich‹ prinzipiell unerkennbar seien« (KA, 127).

Hier wird eine klare Grenze gezogen: die Autorin wendet sich in der Zusammenfassung ihrer Dissertation gegen die Erkenntnismethode Heideggers, die als intuitive zu Unrecht Anspruch auf Wissenschaftlichkeit und Allgemeingültigkeit erhebt, und spricht sich gegen »die Berechtigung einer ›zweiten Wissenschaft‹« (KA, 128) aus, »die die unaussprechbaren, unfixierbaren Unmittelbarkeiten des emotional-aktualen Bereichs des Menschen rational zu erfassen suchen darf, wie Heidegger dies tut« (KA, 128 f.). Mit Verweis auf Wittgenstein meint sie, daß es dabei immer zu »gefährliche[r] Halbrationalisierung« (KA, 129) kommen müsse. Denn: »Wovon man nicht sprechen kann, darüber muß man schweigen« (Wittgenstein, 1968, Satz 7). Aber Bachmann vertritt, wohl dank dem Einfluß ihres Doktorvaters Viktor Kraft (vgl. Wallner, 1985, 179), eine Position jenseits der Engstirnigkeit, der – wie sie allerdings nicht unbeeindruckt betont – »fruchtbaren Ignoranz« (IV, 13) eines Carnap oder Otto Neurath (vgl. IV, 15). Dabei kann⋅ sie sich auf die Autorität Moritz Schlicks berufen, des 1936 – und nicht 1934, wie Bachmann einmal fälschlich angibt (ebda) – von einem ehemaligen, psychisch gestörten Schüler ermordeten Begründers des neopositivistischen Wiener Kreises. Sie kann sich aber ebenso auf Wittgenstein berufen. Schlick (1979, 101) spricht schon 1918 in seiner *Allgemeinen Erkenntnislehre* von der möglichen »Enttäuschung«, die der eingeschränkte diskursive Erkenntnisbegriff zur Folge haben könnte:

»Bleibt damit der menschliche Geist den Dingen und Vorgängen und Beziehungen, die er erkennen will, nicht ewig fremd und fern? Kann er sich den Gegenständen dieser Welt, der er doch selbst als ein Glied angehört, nicht inniger vermählen? [...] Er kann wohl, aber sofern er es tut, verhält er sich nicht erkennend [...] Wer sich ihnen nähert, teilnimmt an ihrem Weben und Wirken, der steht im Leben, nicht im Erkennen«.

Dem korrespondiert der Satz 6.52 des *Tractatus*, in dem Wittgenstein konstatiert: »Wir fühlen, daß selbst, wenn alle *möglichen* wissenschaftlichen Fragen beantwortet sind, unsere Lebensprobleme noch gar nicht berührt sind«. An diese Auffassung schließt Bachmann an, wenn sie meint, daß »die Grunderlebnisse, um die es in der Existentialphilosophie geht [...] tatsächlich irgendwie im Menschen lebendig« sind und »nach Aussage« verlangen (KA, 129). Sie vollzieht daher den für sie bedeutsamen Gedankenschritt:

»Dem Bedürfnis nach Ausdruck dieses anderen [»emotional-aktualen«] Wirklichkeitsbereiches, der sich der Fixierung durch eine systematisierende Existentialphilosophie entzieht, kommt jedoch die Kunst mit ihren vielfältigen Möglichkeiten in ungleich höherem [im Orig. von 1949: höhrem] Mass entgegen« (KA, 130).

Für Bachmann gilt also, daß sie für die Philosophie die Grenzziehung zwischen dem in logisch-(natur-)wissenschaftlicher Sprache Verbalisierbaren und dem logisch nicht sinnvoll Sagbaren akzeptiert. *Sagbares und Unsagbares*, so lautet denn auch einer der beiden Wittgenstein-Essays. Der Rigorismus, mit dem Wittgenstein im *Tractatus* die Philosophie zum Schweigen über alle existentiellen Fragen verurteilt, stellt für sie als Dichterin allerdings auch eine Herausforderung dar. Bachmann ist fasziniert von Wittgensteins »verzweifelte[r] Bemühung um das Unaussprechliche, die den ›Tractatus‹ mit einer Spannung auflädt, in der er sich selbst aufhebt«, und die »ein erneutes, stets zu erneuerndes Mitdenken wert« ist (IV, 13). Wittgenstein beschränkt die philosophische Tätigkeit auf die logische Analyse der Sprache. Antworten auf die Frage nach dem Sinn des Daseins könne die Philosophie nicht geben. »›Sinn‹, der aus einer Erklärung kommen müßte, ist nicht in der Welt« (IV, 20), denn:

»Der Sinn der Welt muß außerhalb ihrer liegen. In der Welt ist alles wie es ist und geschieht alles wie es geschieht; es gibt *in* ihr keinen Wert – und wenn es ihn gäbe, so hätte er keinen Wert.
Wenn es einen Wert gibt, der Wert hat, so muß er außerhalb alles Geschehens und So-Seins liegen. Denn alles Geschehen und So-Sein ist zufällig« (Wittgenstein, 1968, Satz 6.41).

Mit dieser Aussage, aber deutlicher noch mit dem vielzitierten Satz 6.522 der *Logisch-philosophischen Abhandlung*, »Es gibt allerdings Unaussprechliches. Dies *zeigt* sich, es ist das Mystische«, überschreitet Wittgenstein streng genommen die selbstgezogene Grenze des Sagbaren und erzeugt jene »Spannung«, die Bachmann fasziniert. Sie geht in ihrer Interpretation des Ästhetischen als einer der »mystische[n] Erfahrungen des Herzens, die sich im Unsagbaren vollziehen« (IV, 120) und sich bloß »zeigen«, bewußt über die expliziten Ausführungen Wittgensteins hinaus.

In ihren Dichtungen thematisiert Bachmann sowohl die Akzeptanz der rigorosen Grenzziehung, wie sie der Philosoph vorgenommen hat, als auch den existentiellen Wunsch der Grenzüberschreitung: am Schluß der Erzählung *Jugend in einer österreichischen Stadt* findet sich der Ich-Erzähler »mit der Frage nach dem ›Sinn von Sein‹«, in Anspielung auf den den vorhin zitierten Satz 6.41 des *Tractatus*, auf sich »selbst verwiesen« (IV, 21) und erfährt nur in einem mystisch-ästhetischen Erlebnis die Ahnung eines sinnvollen Zusammenhangs (vgl. II, 93); in der Erzählung *Das dreißigste Jahr* wird der »Held« in der Wiener Nationalbibliothek an die Grenzen seiner Kenntnis- und Sprachmöglichkeiten gestoßen und nimmt diese – wiederum mit deutlichen Bezügen zum *Tractatus*, zu den Sätzen 5.6, 6.41 und 6.432 (vgl. II, 108 f.) – resignierend zur Kenntnis; im Roman *Malina* begegnet die Titelgestalt dem »Nachtwald voller Fragen« (III, 316) der Ich-Erzählerin mit geradezu Wittgensteinscher Haltung (vgl. III, 232 f., 250, 324).

Die angeführten Textstellen können als Beleg dafür genommen werden, daß Bachmann in ihren Dichtungen eine Grundproblematik immer mitreflektiert, die sie in ihrem Wittgenstein-Essay in Anlehnung an den Philosophen so formuliert hat:

»Diesseits der ›Grenzen‹ stehen wir, denken wir, sprechen wir. Das Gefühl der Welt als begrenztes Ganzes entsteht, weil wir selbst, als metaphysisches Subjekt, nicht mehr Teil der Welt, sondern ›Grenze‹ sind. Der Weg über die Grenze ist uns jedoch verstellt. Es ist uns nicht möglich, uns außerhalb der Welt aufzustellen« (IV, 20 f.).

Dieser vom Rationalitätsgebot der Wissenschaften geforderte Ausschluß des erkennenden Subjekts aus dem Erkenntnisprozeß – für Wittgenstein ausschließlich ein Problem der Sprache (vgl. *Tractatus*, Sätze 5.631 ff.), für Bachmann ein »Problem des Lebens« (Wallner, 1985, 190) – und die Beschränkung auf »intersubjektiv verifizierbare Sätze« (KA, 127), die die Eliminierung von Fragen nach dem Sinn von Dasein und des emotionalen Bereichs notwendig macht, führen zu einem existentiellen Vakuum. Die Kunst habe daher, wie Bachmann erstmals in der Zusammenfassung ihrer Dissertation fordert, die Aufgabe, sich dem anzunähern, was jenseits der Grenze des mit der logisch-(natur-)wissenschaftlichen Sprache sinnvoll Erfaßbaren liegt, also dem – in der Sprache Wittgensteins – »Unaussprechlichen«, dem »Mystischen«. Bachmann thematisiert durchgehend in ihrem Werk das existentielle Bedürfnis, die Grenzen der wissenschaftlichen Erkenntnis und der sprachlichen Erfaßbarkeit zu transzendieren:

»Wir aber wollen über Grenzen sprechen,
und gehn auch Grenzen noch durch jedes Wort:
wir werden sie vor Heimweh überschreiten
und dann im Einklang stehn mit jedem Ort .«
(*Von einem Land, einem Fluß und den Seen* – I, 89);

»Denn die Tatsachen, die die Welt ausmachen – sie brauchen das Nichttatsächliche, um von ihm aus erkannt zu werden« (*Der Fall Franza* – T II, 134).

Das von Bachmann an Wittgenstein konstatierte und für sie selbst charakteristische »verzweifelte Bemühen«, die Grenzen des Sagbaren (= Erkennbaren) zu überschreiten, ist für die Dichterin anders als für den Philosophen, nicht ausschließlich ein Problem der Sprache. Es könnte allerdings auch mißverständlich sein, von einem existentiellen (im Sinne von existenzialistischen) Problem zu sprechen. In einem Interview aus dem Jahr 1971 kommt die Autorin, ohne Wittgenstein explizit zu erwähnen, erneut auf die Grenzziehung zwischen Philosophie und Wissenschaften einerseits und Kunst andererseits zu sprechen: »die Sprachen der Wissenschaft können bestimmte Phänomene überhaupt nicht erreichen, auch nicht ausdrükken« (GuI, 90). Hier ist die Grenzziehung aber konkret bezogen auf *Malina* bzw. die *Todesarten* und deren zentrales Thema, darauf, daß mit logisch-wissenschaftlicher Sprache nicht erfaßbar ist, wie geschichtliche und gesellschaftliche Erfahrungen zerstörerisch »*im* Ich« (IV, 230) wirken und wie Hoffnung auf einen utopischen anderen Zustand entworfen wird, um die Existenz unter diesen Bedingungen überhaupt aufrechterhalten zu können. Bachmann sieht geradezu eine ethische Verpflichtung darin, das den Wissenschaften auferlegte Schweigen über den emotionalen Bereich zu brechen. Ganz in dem Sinne, wie es Christa Wolf (1977, 209) in dem mehrfach und wohl auch hierin auf Bachmann bezogenen achten Kapitel des Romans *Kindheitsmuster* fordert: »Wovon man nicht sprechen kann, darüber muß man allmählich zu schweigen aufhören«. Literatur richtet sich gegen das Verschweigen, leistet das Aufdecken der »verschwiegenen Erinnerung« (*Malina* – III, 23) sowie der auf »die wirklichen Schauplätze, die inwendigen« verlagerten »Verbrechen« (Vorrede zu *Der Fall Franza* – T II, 78) und überschreitet mithin den Horizont der

Welt der empirisch verifizierbaren Tatsachen. Diese dem streng wissenschaftlich verfahrenden Philosophen versagte Grenzüberschreitung dient – wie Bachmann in der Preisrede vor den Kriegsblinden, *Die Wahrheit ist dem Menschen zumutbar* (1959), fordert – einem besonderen Erkenntnisprozeß, der Sensibilisierung für eine »Wahrheit« jenseits des empirisch Verifizierbaren:

Es kann »nicht die Aufgabe des Schriftstellers sein, den Schmerz [den großen geheimen Schmerz, mit dem der Mensch vor allen anderen Geschöpfen ausgezeichnet ist«] zu leugnen, seine Spuren zu verwischen, über ihn hinwegzutäuschen. Er muß ihn, im Gegenteil, wahrhaben und noch einmal, damit wir sehen können, wahrmachen. Denn wir wollen alle sehend werden. Und jener geheime Schmerz macht uns erst für die Erfahrung empfindlich und insbesondere für die der Wahrheit. Wir sagen sehr einfach und richtig, wenn wir in diesen Zustand kommen, den hellen, wehen, in dem der Schmerz fruchtbar wird: Mir sind die Augen aufgegangen. Wir sagen das nicht, weil wir eine Sache oder einen Vorfall äußerlich wahrgenommen haben, sondern weil wir begreifen, was wir doch nicht sehen können. Und das sollte die Kunst zuwege bringen: daß uns, in diesem Sinne, die Augen aufgehen« (IV, 275).

Die Patenschaft Wittgensteins, gerade im letzten Abschnitt dieser Passage, ist unverkennbar. Ebenso aber auch, daß hier der Möglichkeit wissenschaftlicher Erkenntnis die eines ahnungsvollen Begreifens gegenübergestellt wird. Der »Schmerz«, den Bachmann hier – bezeichnenderweise vor Opfern des Krieges (vgl. Höller, 1987, 151 f.) – als Auslöser einer veränderten Wahrnehmung begreift, es ist der »zu frühe Schmerz« (GuI, 111), den die Autorin mit dem martialischen Schauspiel beim Einmarsch der Hitlertruppen in Klagenfurt zusammendenkt, es ist die frühe Erfahrung des Zerstörungswillens, des Kriegerischen im zwischenmenschlichen Dasein, es ist der sie seit der »frühen Dunkelhaft« (II, 93 bzw. auch IV, 277) verfolgende »dunkle Schatten« (zu diesem Bild vgl. das Kap. 3.1). Immer wieder streicht Bachmann, auch bei anderen Autoren wie Marcel Proust, Paul Celan, Sylvia Plath oder Thomas Bernhard, Schmerzerfahrung als Bedingung für Erkenntnis hervor, aber auch als Voraussetzung künstlerischer Tätigkeit, deren Funktion es ist, »sehend« (IV, 275) zu machen. Literatur, der »Leiderfahrung« (IV, 208) eingeschrieben ist, könne, wie Bachmann in Umkehrung des Appells von Kandaules an Gyges in Friedrich Hebbels Tragödie *Gyges und sein Ring* – »Nur rühre nimmer an den Schlaf der Welt« (Hebbel, 1901, 336) – meint, »an den Schlaf der Menschen rühren [...] Wir schlafen ja, sind Schläfer, aus Furcht, uns und unsere Welt wahrnehmen zu müssen« (IV, 197 f.). Nicht selten findet man bei Bachmann, vor allem in der Lyrik und ähnlich wie bei ihren Zeitgenossen Aichinger

(*Aufruf zum Mißtrauen*), Eich (*Träume*) oder auch Celan (vgl. IV, 215), Appelle zur Wachsamkeit.

Bachmann läßt mit der Forderung nach Darstellung intersubjektiv nicht überprüfbarer Erfahrungen (etwa in der von ihr häufig verwendeten Form der Traums) nicht nur die Position der streng wissenschaftlichen Philosophie hinter sich, sondern gewinnt auch über das Existentielle hinaus eine politische Dimension. Sie vertritt eine dem Existentialismus, in dessen Nähe sie häufig gerückt wurde (vgl. Hartung, 1960/61, oder Doppler, 1963 sowie in der Beurteilung kontrovers Gebert, 1971, VI, und Hartlaub, 1971, 22), konträre Auffassung, insofern sie die subjektivistische existentialistische Position als Aporie darstellt, weil sie den Menschen aus jeglicher gesellschaftlicher Verantwortung entlassen und auf sich selbst zurückgeworfen und rückgeführt auf ein fragwürdiges vorgesellschaftliches Allgemeinmenschliches sieht (vgl. vor allem die Erzählung *Das dreißigste Jahr*).

2.2 Literatur als Utopie: Die Musil-Essays und die Frankfurter Vorlesungen (I)

In den Vorlesungen über *Probleme zeitgenössischer Dichtung*, die Bachmann im Wintersemester 1959/60 an der Universität in Frankfurt am Main hielt, fordert sie eine Poesie, die »scharf von Erkenntnis und bitter von Sehnsucht« (IV, 197) sein solle. Der Horizont der Welt der Tatsachen wird demzufolge von der Autorin nicht nur im Hinblick auf intersubjektiv nicht verifizierbare Darstellung von Erfahrung hin überschritten, sondern auch auf die wissenschaftlich ebenso (im Sinne Wittgensteins) nicht sinnvoll verbalisierbare Ausrichtung auf einen utopischen anderen Zustand hin. Diese gehört jedoch zu den fundamentalen menschlichen Bedürfnissen: »Denn bei allem, was wir tun, denken und fühlen, möchten wir manchmal bis zum Äußersten gehen« (IV, 276). Zur Klärung, wie man diesem Bedürfnis literarisch begegnen könnte, hat die Auseinandersetzung mit einem österreichischen Autor beigetragen, dem sie sich ebenso verbunden fühlte wie Wittgenstein, nämlich Robert Musil (vgl. GuI, 79 f. Vgl. dazu auch Agnese, 1996, 103 ff.). Für dessen Roman *Der Mann ohne Eigenschaften*, der als poetisches Pendant zu Wittgensteins Protest gegen das vernunftfeindliche, »metaphysisch verseuchte westliche Denken, vor allem das deutsche« (IV, 126) angesehen werden kann, hat sie ebenso wie für das Gedankengebäude der *Logisch-philosophischen Abhandlung* zu einer Zeit ihr Interesse bekundet, als die beiden noch dem Vergessen anheimgefallen waren. Musil wurde allerdings bereits seit Ende des Jahres 1945 in Wiener literarischen Kreisen diskutiert (vgl. Schröder-Werle, 1975, 238 f.). Bachmann hat dem Autor des *Manns ohne Eigenschaften* ebenso wie Wittgenstein zwei, 1953 entstandene Essays (davon wiederum einen Entwurf für den Hörfunk) gewidmet und in den Frankfurter Vorlesungen ihre Auffassung von *Literatur als Utopie* im Anschluß an ihn entwickelt. Außerdem hat sie seine beiden Dramen, *Die Schwärmer* bzw. *Vinzenz und die Freundin bedeutender Männer*, für den Hörfunk eingerichtet.

Der Zusammenbruch der österreichisch-ungarischen Monarchie bedeutet für Musil den sichtbaren endgültigen Zusammenbruch auch einer alten Wertewelt, an deren Stelle noch keine neue getreten ist. Die Eigenschaftslosigkeit Ulrichs, des Mannes ohne Eigenschaften, bedeutet eine Grenzsituation, das Nichtmehr-Gebunden-Sein an alte Normen und das Noch-nicht-Gebunden-Sein an irgendeinen neuen Wert, eine (neue) Moral, wie es Bachmann auch an ihrem orientierungslosen Helden der Erzählung *Das dreißigste Jahr* oder dem Ich-Erzähler von *Unter Mördern und Irren* unter den veränderten geschichtlichen Bedingungen der fünfziger Jahre darstellt. Musils Romanfigur ist auf der Suche nach einem Ausweg aus diesem Zustand der »Anomie« (Böhme, 1974, 5) und nach einer »neuen Moral«, in der auch der Widerspruch zwischen Geist und Seele, Verstand und Gefühl aufgehoben wäre und der »ganzen Wirklichkeit« (IV, 126) Gerechtigkeit würde. Symptomatisch für die Orientierungslosigkeit der Zeit kann gelten, daß es trotz der verschiedensten vertretenen Ideologien nicht gelingt, eine tragende Idee für die Parallelaktion zu finden. Ulrich unterwirft die diversen Weltanschauungstypen, deren Konfiguration die »geistige Konstitution einer Zeit« (Musil, 1952, 1642) aufweist, seiner konstruktiven ideologiekritischen Ironie. Bachmanns eigene geschichtliche Erfahrung der zerstörerischen Wirkung der nationalsozialistischen Ideologie sowie der erstarrten ideologischen Fronten im sogenannten Kalten Krieg der fünfziger Jahre lassen sie an die ideologieskeptische Position Musils anknüpfen: »Nicht nur der Fall Kakanien hat gezeigt, daß das Denken in geschlossenen Ideologien direkt zum Krieg führt; und noch immer ist der permanente Glaubenskrieg aktuell« (IV, 27). An Musil ebenso wie an den Philosophen des Wiener Kreises und Wittgensteins, aber auch an den »genaue[n] Bestandsaufnahmen« des »Positivisten« Marcel Proust (IV, 175) schätzt Bachmann, daß sie jegliche Glücksverheißung durch eine antiirrationalistische Ideologie desavouieren (Musil und die Wiener Philosophen waren ja im weitesten Sinne Opfer einer solchen Ideologie, nämlich des deutschen

Faschismus). Gegen das »Denken in geschlossenen Ideologien« und das »Seinesgleichen geschieht« setzt Musil das Möglichkeitsdenken, den in einem dialektischen Verhältnis zum »Wirklichkeitssinn« stehenden »Möglichkeitssinn«. Unter diesem versteht er einen »bewußten Utopismus«, »der die Wirklichkeit nicht scheut, wohl aber als Aufgabe und Erfindung behandelt« (Musil, 1952, 16). Dieser Auffassung nun kann sich Bachmann in mehrfacher Hinsicht verbunden fühlen. Mit dem Hinweis darauf, »daß Dichten außerhalb der geschichtlichen Situation stattfindet, wird heute wohl niemand mehr glauben« (IV, 196), gibt sie zu verstehen, daß sie Literatur als realitätsbezogen versteht und nicht, wie manche Kritiker meinen (Holschuh, 1964, 9), in irgendeinem obskuren Reich des Schönen, in Wirklichkeitsferne angesiedelt wissen will. Es macht aber die besondere Qualität von Dichtung aus, daß sie es nicht nur unternimmt, ihre »Zeit zu repräsentieren«, vielmehr auch »etwas zu präsentieren, für das die Zeit noch nicht gekommen ist« (IV, 96), sich mithin dem zu öffnen, was Musil »Möglichkeitssinn« nennt. Sie übernimmt daher in ihren Vorlesungen von diesem Autor nicht nur die Vorstellung von der Notwendigkeit einer Moral »vor aller Moral« (IV, 192), vergleichbar dem kindheitlichen Zustand vor der Internalisierung gesellschaftlicher Normen, sondern auch explizit den Begriff »Utopismus«. Sie bezieht sich in ihren Ausführungen auf die verschiedenen Experimente der Utopien des »anderen Zustands«, des »anderen Lebens in Liebe« bzw. der »induktiven Gesinnung oder des gegebenen sozialen Zustands« (vgl. IV, 27 bzw. IV, 100 ff.). Mit Musil, der dem Wiener Kreis und Wittgenstein nahesteht (vgl. Nyiri, 1977), teilt die Autorin das induktive Weltbild, die Einsicht, daß die mystische »Utopie des anderen Zustands« bzw. eines »anderen Lebens in Liebe« als in der gesellschaftlichen Praxis nicht lebbare »Möglichkeit einer vorübergehenden Abweichung von der gewohnten Ordnung des Erlebens« (IV, 26) der »Utopie der induktiven Gesinnung« weichen müsse. Über das mystische Erlebnis des »anderen Zustands« kann nicht nur nicht in wissenschaftlich logischer Sprache sinnvoll gesprochen werden, es kann ihm auch nicht Dauer verliehen werden (IV, 27 bzw. 100). Die Autorin thematisiert dies beispielhaft im Hörspiel *Der gute Gott von Manhattan.* Der »Austritt aus der Gesellschaft« (IV, 276) ist nicht möglich, wohl jedoch die permanente Anstrengung der Annäherung an den »anderen Zustand«, das Wagnis, den Weg »aus der Gesellschaft in die absolute Freiheit« (IV, 27) zu gehen und aus dem »hergebrachten Schematismus« des Erlebens auszubrechen (IV, 87). Diese utopische Haltung wird von Bachmann als notwendige Aufgabe des Menschen, insbesondere des Schriftstellers, angesehen (vgl. IV, 276). Sie übernimmt von Musil die Auffassung, daß »Utopie nicht als Ziel, sondern als Richtung« zu verstehen sei (IV, 27). Das ist gemeint mit der wohl meistzitierten Äußerung der Autorin, mit der sie die Forderung erhebt, das »Spannungsverhältnis« zwischen dem »Unmöglichen« und dem »Möglichen«, das der in Wittgensteins *Tractatus* wahrgenommenen Spannung des Bemühens um das »Unaussprechliche«, das »Mystische« korrespondiert, immer wieder neu zu erzeugen und sich zu »orientieren an einem Ziel, das freilich, wenn wir uns nähern, sich noch einmal entfernt« (IV, 276). Diese Skepsis gegenüber der Möglichkeit, einen absoluten Zustand zu erreichen und die Wertsetzung des bloßen Approximationsversuches haben in der Geschichte der bürgerlichen Philosophie und Literatur eine lange, wenigstens bis Immanuel Kant und Gotthold Ephraim Lessing zurückreichende Tradition. Es ist auch Ausdruck eines tiefen Mißtrauens gegenüber Erstarrung in einem ideologischen System, die immer »direkt zum Krieg« zu führen droht (IV, 27).

Wenn Bachmann auch in ihrem Essay über *Musik und Dichtung* die »Annäherung an Vollkommenheit« als »hoffnungslos« (IV, 62) erkennt, sieht sie doch eine ethische Verpflichtung des Schriftstellers darin, sie immer wieder zu unternehmen. Und diese Bewegung bestimmt denn auch die Mehrzahl ihrer Texte wie auch ihrer Frankfurter Vorlesungen, die insgesamt in ihren einzelnen Abschnitten mit einem utopischen Gestus enden, sei es, daß sie ihr (schreibendes) Ich »als Platzhalter der menschlichen Stimme« (IV, 237) behauptet, sei es, daß sie Dichterkollegen zitiert, denen sie sich gleichgesinnt fühlt: Celan, der »wirklichkeitswund und wirklichkeitsuchend« die Hoffnung aufrechterhält (»... Ein / Stern / hat wohl noch Licht. / Nichts, / nichts ist verloren« – IV, 216), oder René Char, bei dem sie pointiert ihre Auffassung vorformuliert findet: »Auf den Zusammenbruch aller Beweise antwortet der Dichter mit einer Salve Zukunft« (IV, 271).

Was es heißt, sich der Wirklichkeit auszusetzen und aus diesem Sich-Aussetzen heraus Möglichkeitsdenken zu entwickeln, hat Bachmann in einem Rundfunkessay von 1955 am Beispiel von Simone Weil gezeigt. Weil machte nicht nur die leidvolle Erfahrung der nationalsozialistischen Besetzung Frankreichs und des Exils sowie eigener körperlicher Zerbrechlichkeit, sondern auch, obwohl aus wohlhabendem Hause stammend, also freiwillig, die der physischen, psychischen und moralischen Zerstörung der Menschen in der industriellen Arbeitswelt. Die »Manifestationen ihres Denkens« (IV, 132), die sich dem Mut verdanken, sich radikal auszusetzen, faszinieren Bachmann, obwohl ihr die religiöse Haltung der Französin fremd bleibt. Das Denken dieser Frau verkörpert für sie eine Ahnung von einem anderen, gewaltfreien (vgl. IV, 131), nicht auf Ausbeutung der menschlichen Arbeitskraft zielenden Dasein jenseits totalitärer Glücksverheißungen, welcher Spielart diese auch immer sein mögen (vgl. IV, 143, 150, 153 f.): »Von ihr erhellt, erblicken wir immer wieder, was uns die Dunkelheit verdeckt, das unzerstörbare Gesicht des Menschen in einer Welt, die sich zu seiner Zerstörung verschworen hat« (IV, 155).

Theo Mechtenberg (vgl. 1978, 17 f.) hat in seiner Studie über die Lyrik Bachmanns unter dem Titel *Utopie als ästhetische Kategorie* die Autorin mit der Ablehnung der Fixierung von Utopie in die Nähe Ernst Blochs gerückt und sich dagegen ausgesprochen, sie in zu enge Verbindung mit Musil und Wittgenstein zu bringen, ohne jedoch deren Bedeutung für sie leugnen zu können. Er behauptet allerdings auch, den Originalitatsanspruch für Bachmann hochhaltend, kein Abhängigkeitsverhältnis von Bloch. Dennoch ist es erhellend, dessen Utopieverständnis zum Vergleich heranzuziehen. Bachmann grenzt ganz entschieden Utopie als Staats- und Gesellschaftsmodell bzw. literarische Gattung von »utopischer Existenz« sowie von ästhetischer als utopischer Seinsweise des Kunstwerkes ab, die allein sie interessieren. Sie bezieht sich dabei in den Frankfurter Vorlesungen (vgl. IV, 270) bis in die wörtliche Formulierung auf eine Stelle aus dem Nachlaß zum *Mann ohne Eigenschaften*:

»Die Schreibenden haben nicht den Mut, sich für utopische Existenzen zu erklären. Sie nehmen ein Land Utopia an, in dem sie auf ihrem Platz wären; sie nennen es Kultur, Nation und so weiter. Eine Utopie ist aber kein Ziel, sondern eine Richtung« (Musil, 1952, 1636).

Dieses utopische Richtungnehmen ist für Bachmann eine, ja *die* entscheidende Funktion von Literatur. Ob sie in ihrer Preisrede vor den Kriegsblinden von den Erfahrungen »vom Menschen, der er selber [der Schriftsteller] oder die anderen sein können und wo er selber und die anderen am meisten Mensch sind« (IV, 276), spricht oder in den Frankfurter Vorlesungen die Literatur als »ein nach vorn geöffnetes Reich von unbekannten Grenzen« (IV, 258) charakterisiert, immer unterstreicht sie den utopischen Aspekt literarischer Produktion. »Literatur als Utopie« bezeichnet sie selbst noch eineinhalb Jahrzehnte nach den Vorlesungen als deren Fluchtpunkt (GuI, 139).

In der Erweiterung des Utopiebegriffs über eine Gattungsbezeichnung hinaus und in der Auffassung der Wirklichkeitsverbundenheit bzw. der Prozeßhaftigkeit des Utopischen stimmen Musil und Bachmann mit Bloch überein. Die durchaus vergleichbaren Bestimmungen Blochs aber, daß utopisches Bewußtseins auf gegenwär-

tiges »Dunkel« bezogen (Bloch, 1977, 11) und Utopie »Zielbild einer vollkommeneren Welt« (ebda, 13) sei, können nicht über einen,
den entscheidenden Unterschied hinwegtäuschen, der schon in der
Einleitung zum *Prinzip Hoffnung* unmißverständlich zum Ausdruck
kommt, und zwar in der Vorstellung von dem Weg, den die Gesellschaft in die Zukunft zu gehen habe:

»Dieser Weg ist und bleibt der des Sozialismus, er ist die Praxis der konkreten Utopie. Alles an Hoffnungsbildern Nicht-Illusionäre, Real-Mögliche
geht zu Marx, arbeitet [...] in der sozialistischen Weltveränderung« (ebda,
16).

Während also Bachmann bei Musil von »Richtbilder[n]« sprechen
kann, die »uns zu nichts verführen« wollen (IV, 28), hat Bloch ein
sehr konkretes Zielbild, und zwar das der »Glückswerdung«, die
»erst der Marxismus eröffnen« könne (Bloch, 1977, 16) und die als
objektiv Realisierbares im utopischen »Vor-Schein« des Kunstwerks
subjektiv antizipiert wird. Musils Begriff der »Utopie der induktiven
Gesinnung« entspricht wohl weitgehend dem der Blochschen von
der »*utopische[n] Funktion*«, daß »Vorhandenes in die zukünftigen
Möglichkeiten seines Andersseins, Besserseins antizipierend« fortgesetzt wird (ebda, 163 f.). Der Wirklichkeitsbezug Musils ebenso wie
der Bachmanns beschränkt sich auf die Kritik bzw. Negation der
vorgefundenen Realität. Sie bewegen sich, wenn man ihre Position
schon ungefähr einordnen will, zwischen der Auffassung Blochs und
der Theodor W. Adornos (bezüglich Kritische Theorie vgl. auch
Weigel, 1994, 20). Da Bachmann während ihrer Frankfurter Zeit
mit diesem in Kontakt stand (s. Kap. 4.1), darf angenommen werden, daß sie mit ihm die sie am meisten bewegenden Fragen diskutiert hat. Adorno zufolge entpuppt sich Utopie als bloße Negation:

»Das Neue ist die Sehnsucht nach dem Neuen, kaum es selbst, daran
krankt alles Neue. Was als Utopie sich fühlt, bleibt ein Negatives gegen das
Bestehende und diesem hörig« (Adorno, 1974, 55).

Bachmann fehlt (wie Musil) innerhalb ihres Utopie-Konzepts, da es
eines konkreten Zielbildes entbehrt, durchaus folgerichtig das zweite
Wirklichkeitsverhältnis der Blochschen Utopie, die Verwirklichungs-
intention (vgl. Schmidt, 1978, 221 f.). Das »Intentionale« von Musils und Bachmanns Utopiebegriff besteht in der »Ahnung« von einer »relative[n] Totale« (IV, 27), die in der »Utopie der induktiven
Gesinnung« lebendig bleibt. Diese ist nicht teleologisch, ist weder
die Utopie einer klassenlosen Gesellschaft noch etwa eine religiöse,
transzendentale, sondern eine Bewußtseinshaltung, die gegen die er-

starrten Ordnungen des in der Welt der Tatsachen Vorgefundenen
ist (vgl. auch IV, 70), weil diese in den Krieg führen. Diese Bewußtseinshaltung hatte sowohl die Existenz des Schriftstellers, für den die
Utopie als Voraussetzung seines Schreibens angenommen wird (vgl.
GuI, 145) – als auch die ästhetische Seinsweise des Kunstwerks zu
bestimmen (vgl. den Schluß der Frankfurter Vorlesungen – IV,
271).

2.3 Ein Utopia der Sprache:
Die Frankfurter Vorlesungen (II)

Bachmann beginnt ihre Frankfurter Vorlesungen mit der für den
Schriftsteller »erste[n] und schlimmste[n]« Frage (IV, 186) der nach
der Legitimation seiner literarischen Existenz. Diese Fragwürdigkeit
resultiert aus dem für den Menschen der Moderne erschütterten
Vertrauensverhältnis zwischen Ich und Sprache und Ding und mündet in »Selbstbezweiflung, Sprachverzweiflung und die Verzweiflung
über die fremde Übermacht der Dinge« (IV, 188). Diese Thematik
ist bekanntlich ein vorrangiges Problem in der europäischen Literatur der Moderne, über dessen Ursachen ebenso wie über die verschiedenen Ausrichtungen der Reflexion über die Sprache (Sprachskepsis, Sprachekel, Sprachverherrlichung etc.) von Literaten selbst,
von Philosophen (insbesondere auch aus dem Wiener Kreis und von
Wittgenstein sowie Heidegger) bzw. von Sprachwissenschaftlern
(z.B. Ferdinand de Saussure, Roman Jakobson) viel gehandelt wurde. Bachmann bezieht sich beispielhaft auf Hugo von Hofmannsthal
und zitiert eingangs ihrer Frankfurter Vorlesungen ausführlich aus
dem berühmten Chandos-Brief. Die Thematisierung von Sprachskepsis eröffnet mithin ihre poetologischen Ausführungen, Reflexionen über »ein Utopia der Sprache« (IV, 268) beschließen sie. Daraus
läßt sich folgendes schließen:
    1. Die Sprachproblematik ist zweifellos zentral im Werk der Au-
torin. Gemäß dem Statement, »alles ist eine Frage der Sprache« (Alles – II, 143), hat die Forschung dem Rechnung getragen und als
»die durchgehende Manifestation einer Problemkonstante« (IV, 193)
bei Bachmann eben die Sprachthematik erkannt (vgl. z.B. Doppler,
1963; Fehl, 1970; Angst-Hürlimann, 1971; Pichl, 1976; Hapkemeyer, 1982; Göttsche, 1987, 155 ff.).
    2. Diese Thematik bewegt sich zwischen den Polen Sprachskepsis
und Sprachhoffnung, eine Polarisierung, die sich bis in die Mikro-
struktur der Texte niederschlägt (vgl. ausführlich Fehl, 1970). Es ist

allerdings eine Bewegung von Sprachverzweiflung hin zu Sprachuto-
pie, die sehr viele Texte der Bachmann, beispielhaft das Gedicht
Rede und Nachrede (I, 116 f.), bestimmt.

3. Es »münden alle« poetologischen Überlegungen in die Forderung nach »Literatur als Utopie« (GuI, 139), auf die »Richtung« zu
nehmen sei: »Denn dies bleibt doch: sich anstrengen müssen mit
der schlechten Sprache, die wir vorfinden, auf diese eine Sprache
hin, die noch nie regiert hat, die aber unsere Ahnung regiert« (IV,
270), die »Ahnung« von einer »umfassendere[n] Sprache« (IV, 65)
jenseits des alltäglichen Sprachgebrauchs in der babylonischen
Sprachverwirrung, wie sie sich im Gestus des Verstummens oder
auch in der Musik (vgl. den Essay über *Musik und Dichtung* – IV,
59 ff.) zeigen kann. Immer wieder ist in den Frankfurter Vorlesungen ebenso wie in verschiedenen Texten der Bachmann von Verstummen und Schweigen die Rede. Das meint allerdings, und hierin
vertritt die Autorin eine ähnliche Position (mit allerdings recht ver-
schiedenem poetischen Ergebnis) wie Celan, nicht Sprachlosigkeit,
sondern stellt die Voraussetzung dar für ein neues, dem Alltagsgere-
de nicht verfallendes Reden (vgl. auch Agnese, 1996, 93f.). Im Essay über *Musik und Dichtung* hebt sie den utopischen Charakter der
durch das Schweigen hindurchgehenden Arbeit an der Sprache hervor:

»Wir, befaßt mit der Sprache, haben erfahren, was Sprachlosigkeit und
Stummheit sind – unsre, wenn man so will, reinsten Zustände! –, und sind
aus dem Niemandsland wiedergekehrt mit Sprache, die wir fortsetzen werden, solang Leben unsre Fortsetzung ist« (IV, 60).

4. Die Sprachproblematik im Werk der Bachmann darf nicht als
isoliertes Phänomen gesehen werden. Die Problematisierung des
Mediums ist Resultat der erwähnten Erschütterung des (wiederher-
zustellenden) »Vertrauensverhältnisses«, der komplexen Relationen
zwischen Subjekt, Objekt und Sprache. Die Skepsis bzw. die Hoffnung der Autorin hat wenigstens zwei Aspekte, einen »logisch-philosophischen« sowie einen »ethischen« (Fehl, 1970, 227). Der philosophische rührt her von der Akzeptanz der rigorosen Wittgensteinschen Grenzziehung: Die Sprache, wenigstens die logisch-(natur-)
wissenschaftliche Sprache ist in ihrer Funktion beschränkt auf die
Abbildung von Tatsachen und Sachverhalten. Weil aber damit die
Lebensproblematik noch nicht berührt ist, versucht die Dichtung
diese Grenze zu überschreiten und eine »Ahnung« von einer anderen
Sprache zu vermitteln. Der zweite, ethische Aspekt ist ein pragmati-
scher. Das, was Bachmann »schlechte Sprache« (IV, 268), »Nachrede« (I, 116), »Sterbenswörter« (I, 163), »Gaunersprache« (II, 108)

oder schlicht »Phrasen« (IV, 297) nennt, ist der schlechte, martialische oder auch kalligraphische Sprachgebrauch, das Gerede, das die
Wirklichkeit verstellt oder verzerrt und in dem sich die Leid erzeu-
genden zwischenmenschlichen Beziehungen niederschlagen. Gegen
diesen schuldhaften Sprachgebrauch gibt sich Literatur »als ein tau-
sendfacher und mehrtausendjähriger Verstoß« (IV, 268) zu erkennen: »Ein Schriftsteller hat die Phrasen zu vernichten« (IV, 297). In
diesem Zusammenhang ist es wichtig darauf hinzuweisen, daß
Bachmann die Auffassung Heideggers vom »Gerede« als einziges seiner Philosopheme, soweit sie diese überhaupt kennt (vgl. Wallners
Zweifel, 1985, 178), positiv beurteilt (vgl. KA, 129). Die Aufforderung zum Verstummen (vgl. z.B. die Gedichte *Rede und Nachrede* –
I, 116 f. – und *Ihr Worte* – I, 162 f.) entspringt einem ethischen Impuls (vgl. die nachdrückliche Betonung des Ethischen durch Agnese,
1996, 65 passim). Das Schweigen als Vernichtung des phrasenhaften
Sprachgebrauchs ist die Voraussetzung, um zu einer »neuen Sprache« zu gelangen.

Das »Richtung«-Nehmen auf »ein Utopia der Sprache« (IV, 268),
auf eine »neue Sprache« (IV, 192), auf die »schöne Sprache« (I, 92),
wie Bachmann es für die Literatur postuliert, meint nicht eine Veränderung des Sprachsystems, sondern des Sprachgebrauchs (vgl.
auch Berger, 1974, 159), denn:

> »Mit einer neuen Sprache wird der Wirklichkeit immer dort begegnet, wo
> ein moralischer, erkenntnishafter Ruck geschieht, und nicht, wo man ver-
> sucht, die Sprache an sich neu zu machen, als könnte die Sprache selber die
> Erkenntnis eintreiben und die Erfahrung kundtun, die man nie gehabt hat
> [...] Eine neue Sprache muß eine neue Gangart haben, und diese Gangart
> hat sie nur, wenn ein neuer Geist sie bewohnt« (IV, 192).

»Moralisch« hat der Ruck also einerseits zu sein, der der Annäherung an die Utopie der »schönen Sprache« vorauszugehen hat. Daher hegt die Autorin »Verdacht« gegen den Surrealismus, der seine
zweifellos neue »Sprache sich im Extrem mit der Sprache der Gewalt
berühren« ließ (IV, 205), und beruft sich auf die Autorität von Karl
Kraus (»Alle Vorzüge einer Sprache wurzeln in der Moral« – zit.
nach IV, 206). Andererseits fordert Bachmann einen »erkenntnishaften« Fortschritt, der in der Preisrede vor den Kriegsblinden mit dem
Ringen des Schriftstellers um die Wahrheit in Zusammenhang gebracht wird. Bachmann fordert die Korrespondenz von »neuem
Denken« und »neuer Sprache«, weil diese sonst für eine bloß äußer-
liche Veränderung stehe (vgl. IV, 212 f.). Einer neuen Ausdrucksform, die die Wahrnehmung sensibilisieren, erweitern, allgemein:
verändern soll, geht eine aus einer (Leid-)Erfahrung gewonnene Er-

kenntnis voraus. Wenn Bachmann auch nicht ausdrücklich darauf zu reden kommt, so wird doch in ihren Dankesworten an Opfer jenes Krieges, den die Nationalsozialisten verschuldet haben, deutlich, daß sie konkret die Erfahrung der geschichtlichen Wirkung des Faschismus und die Erkenntnis analoger Ereignisse meint.

2.4. Die Fragwürdigkeit des Ichs: Die Frankfurter Vorlesungen (III)

Für Wittgenstein gilt im *Tractatus*: »Alle Philosophie ist ›Sprachkritik‹« (Satz 4.0031), d.h., logische Analyse der Sprache. Daher versteht er auch das Problem der Ich-Identität als ein Scheinproblem, als ein Problem der Sprache (dessen Lösung allerdings in den zur Zeit der Frankfurter Vorlesungen der Dichterin auch schon bekannten *Philosophischen Untersuchungen* anders gesehen wird als im *Tractatus*). Für die Dichterin ist die Identitätsfrage hingegen ein auf die Entfremdung des Ichs von der Welt und von der Sprache rückführbares Lebensproblem. Nicht einmal die »banalste Identität« scheint der Autorin in der dritten, dem *schreibenden Ich* gewidmeten Frankfurter Vorlesung mehr garantiert (IV, 217) zu sein:

»Rhetorisierung und Formalisierung des Ichs und damit Verlust seiner Eindeutigkeit sind [...] Entsprechung zur Technologisierung und gleichzeitig zur Partialisierung der Kommunikation, in der das Ich nur mehr medial erscheint, transportiert wird und somit den unmittelbaren Bezug zum wirklichen Personalen verliert« (von der Lühe, 1982, 113).

Daß das aus »Myriaden von Partikeln« zusammengesetzt erscheinende Ich ein »Ich ohne Gewähr« bleibt (IV, 218), ist ein zentraler Aspekt. Spätestens seit Ernst Mach, der einer der Vorgänger Schlicks auf dem Wiener Lehrstuhl für Philosohie der induktiven Wissenschaften war und über den Musil seine Doktorarbeit verfaßte, mit dessen Philosophie Bachmann mithin zweifellos seit ihren Studien bei Kraft vertraut war, ist die obsolet gewordene Hochhaltung des Ichs als Bezugspunkt der abendländischen neuzeitlichen Philosophie und als Souverän seines Tuns radikal in Frage gestellt. Das Ich ist, Mach zufolge, nicht mehr als die Summe seiner momentanen Empfindungen. Während das 1942/43 entstandene Gedicht »Ich« der 16- bis 17jährigen Bachmann noch ein geradezu erschreckendes Selbstbewußtsein mit Widerstandspathos paart (I, 623), das sich wohl gegen die Sklaverei in der faschistischen Gesellschaft, insbesondere gegen die Unterdrückung subjektiver Entfaltung im Kollektiv richtet, läßt schon das Ende 1945 verfaßte Gedicht *Ich frage* (I, 626) eine deutliche Bewußtseinsveränderung und eine Identitätskrise aufgrund negativer Wirklichkeitserfahrungen erkennen. Diese bestimmen dann auch Gedichte der späteren vierziger Jahre wie *Entfremdung* (I, 13) oder *Hinter der Wand* (I, 15). Der Vers »Ich kann in keinem Weg mehr einen Weg sehen« (I, 13) findet sich in der über ein Jahrzehnt später geschriebenen Erzählung *Das dreißigste Jahr* wieder in einer Tagebuchaufzeichnung des Dreißigjährigen (II, 116), dessen Selbstsicht aus der Machschen Ich-Vorstellung entwickelt scheint:

»Ich, dieses Bündel aus Reflexen und einem gut erzogenen Willen, *Ich*, ernährt vom Abfall aus Geschichte, Abfällen von Trieb und Instinkt, *Ich* mit einem Fuß in der Wildnis und dem anderen auf der Hauptstraße zur ewigen Zivilisation. *Ich undurchdringlich*, aus allen Materialien gemischt, verfilzt, unlöslich und trotzdem auszulöschen durch einen Schlag auf den Hinterkopf. Zum Schweigen gebrachtes *Ich aus Schweigen* ...« (II, 102).

Bachmann konstatiert nicht nur theoretisch die Fragwürdigkeit des Ichs, die sich auch in der von ihr in der neueren Literatur erkannten Problematisierung der Namensgebung niedergeschlagen hat (vgl. die vierte der Frankfurter Vorlesungen über den *Umgang mit Namen* – IV, 238 ff.), sondern läßt auch deren Ursachen erkennen. So erzählt sie in der Vorlesung über *Das schreibende Ich* von einer Begebenheit, in der einem Kind in einem Akt quasi alltäglicher Gewaltsamkeit sein Ich bewußt gemacht wird: »Diese Szene war seltsam, weil da ein Ich entdeckt und zugleich bloßgestellt wurde« (IV, 219). Aus diesem »frühen Zustand« resultiert für den/die Ich-Sagende(n) »Beklommenheit, Staunen, Grauen, Zweifel, Unsicherheit«. Der Beginn der Ich-Findung und des Sozialisationsprozesses wird hier gleichgesetzt mit dem Beginn der Zerstörung des Ichs (vgl. Höller, 1984, 65). Strukturell entspricht dieser Episode die Ich-Vernichtung in *Malina*, die mit dem »erste[n] Schlag« in das Gesicht des Ichs einsetzt (III, 25), und auch das, was Bachmann von ihrem eigenen Ich-Bewußtwerden in einem Interview von 1971 gesagt hat. Sie führt darin das Einsetzen ihrer Erinnerung zurück auf »einen zu frühen Schmerz«, auf das ihre Kindheit zerstörende historische Ereignis der Machtübernahme Hitlers in Österreich (GuI, 111). Die »Geschichte *im* Ich« (IV, 230) verhindert die Ausbildung einer gesicherten Identität. Hier wie dort steht am Anfang der Ich-Konstitution der Verlust des Gefühls von Geborgenheit, der Verlust dessen, was man Heimat nennen könnte, sowie die Zerstörung des Vertrauens in die Welt und in die Sprache. Dem hält Dichtung entgegen, indem sie Erinnerungsarbeit leistet, die für die Identitätsfindung als fundamental angesehen werden kann, und indem sie der »verschwiegenen Erinnerung« an frühe Verletzungen Ausdruck verleiht und allen Widrigkeiten zum Trotz das Ich nach dem Motto: »Ich spreche, also bin ich« (IV, 225), als »Platzhalter der menschlichen Stimme« (IV, 237) behauptet. In der für Bachmann einzig möglichen Existenzform des Schreibens (vgl. IV, 294) wird mithin eine utopische Haltung bewahrt.

3. Das literarische Werk

3.1 Frühe Texte

Bachmann hat sehr früh mit dem Schreiben begonnen. Im Nachlaß findet sich eine Vielzahl von Texten verschiedener Gattungen und unterschiedlichster Qualität schon aus der Zeit zwischen 1942 und 1945. Es wäre ungerecht, wollte man diese ersten literarischen Versuche an den späteren Werken der Dichterin messen. Sie zeigen die übliche Orientierung von Anfängern an literarischen Vorbildern, konkret in der Lyrik an Goethe vor allem, dem eine *Faust*-Nachdichtung in der Form eines langen Gedichts mit dem verräterischen Titel *Zwei Seelen wohnen, ach! in meiner Brust* (1942) und mit einem schon aus dem Eingangsvers, »Oh, dieser Erde köstlich Leben«, deutlich erkennbaren übertriebenen Pathos (NN, 5391, 5391a, 5393) und ein weiteres schlicht *Goethe* (NN, 5388) genanntes Gedicht (wohl aus demselben Jahr) gewidmet sind. In diesem ist der Dichterfürst ins Übermenschliche erhoben. In anderen Gedichten, aber auch in ihrem dramatischen Versuch *Carmen Ruidera* lehnt sich Bachmann an das Vorbild Schillers an. An der Auseinandersetzung mit der klassischen deutschen Dichtung lassen sich jedoch nicht nur literarische Fingerübungen der 16- bis 19jährigen in fremden Formen und die langsame Emanzipation von diesen beobachten. Vielmehr fand die Dichterin in der »Dunkelhaft« (II, 93) der NS-Zeit besonders bei Schiller eine Möglichkeit der literarischen Oppositionshaltung und des Freiheitsstrebens für sich selbst vorformuliert (Hapkemeyer, 1983). An diesen Texten vor 1945 interessiert nicht so sehr, daß Bachmann erste formale Fortschritte in Richtung auf einen eigenständigen poetischen Ausdruck macht, sondern eher, daß sich ihre »Problemkonstante« herauskristallisiert. Sie entwickelt das, was sie im Gedicht *Ich frage* (1945) als »Lastbewußtsein« (I, 626) bezeichnet. Dessen »Woher« wird sie bis zu ihren letzten Werken aus dem Umkreis des *Todesarten*-Projekts immer wieder nachfragen. In einem schon zitierten Interview aus ihrer letzten Lebenszeit bezeichnet Bachmann den Einmarsch der Truppen Hitlers in Klagenfurt als das Schlüsselerlebnis ihres Lebens. Der zu »frühe Schmerz« (GuI, 111), den sie bei diesem martialischen Schauspiel erfahren hat, hat sie für ihr weiteres Leben geprägt, ja versehrt. Von ihm rührt ihr »Lastbewußtsein« her. Daß es sich dabei um ein nicht auf

diesen geschichtlichen Moment beschränktes, sondern die Alltagspraxis des menschlichen Zusammenlebens bestimmendes »Erfahrungsmuster« (Höller, 1987, 158) handelt, wird deutlich in der Geschichte des Ich-Bewußtwerdungsprozesses eines Kindes in der
Frankfurter Vorlesung über *Das schreibende Ich*, der mit der ersten
Erfahrung von Gewaltsamkeit gleichzeitig den Beginn der Ich-Zer-
störung markiert. Das manifestiert sich aber auch in dem strukturell
diesem Erlebnis entsprechenden Beginn der Vernichtung des weiblichen Ichs in *Malina* durch einen »erste[n] Schlag«, »die erste Erkenntnis des Schmerzes« (III, 25), sowie in der Rückführung des Faschismus als politischer Erscheinung auf privates Verhalten im *Franza*-Fragment: »denn irgendwo muß es ja anfangen« (T II, 53).

Die Entwicklung des »Lastbewußtseins« wird erkennbar im Vergleich des 1942/43 entstandenen Gedichts »*Ich*« mit dem drei Jahre
später verfaßten *Ich frage*, in dem dieses Bewußtsein dem Ich bereits
als unauslöschlich eingeschrieben erscheint (vgl. Höller, 1987, 172
f.). Das frühere Gedicht verleiht im Ton klassischer Hymnik dem
prometheischen Aufbegehren eines sich souverän setzenden Ichs
(»Ich bin immer ich«) gegen »Sklaverei« (I, 623) Ausdruck. Man
könnte dies als unbestimmtes Ausbruchsbedürfnis einer an der
Schwelle zum Erwachsensein stehenden Jugendlichen deuten. Und
das ist es wohl auch. Aber ebenso sehr ist im zeitgeschichtlichen
Kontext die »Sklaverei«, die Unterdrückung des Subjekts in der dik-
tatorischen Gesellschaftsordnung des Faschismus mitgemeint. Im
gleichzeitig mit »*Ich*« entstandenen Trauerspiel in fünf Akten *Carmen Ruidera* thematisiert Bachmann erstmals den Widerstand gegen
Fremdherrschaft, als welche das Hitler-Regime erfahren wird. Dessen Machtübernahme in Österreich, die die Zwölfjährige, dem späten Interview zufolge (GuI, 111), noch ohne politisches Verständnis
als schmerzlich erlebt hat, wird nun als Besetzung der Heimat bewußt. So beklagt sie in dem 1944 entstandenen Gedicht *An Kärnten*
ihr »heiliges, herrliches Heimatland« als »todwund von fremder, ver-
nichtender Hand« und appelliert in der im selben Jahr verfaßten Erzählung *Das Honditschkreuz* im historischen Gewand für Widerstand gegen Fremdherrschaft (so auch Beicken, 1988, 33; dagegen
Henninger, 1995, 128) .

Die beiden letztgenannten Werke könnten, auch unter dem
Aspekt des Sprachgebrauchs betrachtet, von einer lokalen Heimat-
dichterin stammen. Der – sieht man vom Roman *Malina* ab – längs-
te Prosatext Bachmanns, *Das Honditschkreuz*, erzählt »realistisch«,
»in einer schlichten«, von vielen Austriazismen, ja Carinthismen
durchsetzten Sprache von einem tragischen Zwiespalt, in dem sich
der Protagonist namens Franz aufgrund der napoleonischen Beset-

zung des Heimatlandes befindet. Wie in *Carmen Ruidera* der Konflikt der Titelheldin zwischen ihrem Haß auf die Napoleonische Fremdherrschaft und der Liebe zu einem französischen Besatzungsoffizier so kann auch der von Franz zwischen seiner geistlichen Berufung und der zum Widerstandskampf gewissermaßen nach dem Konzept der klassischen Dramaturgie Schillers lediglich durch den Tod gelöst werden. Hapkemeyer (1982a, 23) sieht in dem alles in allem sehr konventionell erzählten *Honditschkreuz* auch schon Ansätze zu später in Bachmannschen Texten immer wieder aufgegriffenen und variierten Themen. Zum einen ist es der Wunsch, »die Grenze [zu] verwischen, die Grenze des Landes, aber auch der Sprache, der Bräuche und Sitten« (II, 491) und vor der Folie eines positiven Nationalismus im Freiheitskampf das »übernationale« Bewußtsein eines elsässischen Geistlichen (Hapkemeyer, 1982a, 24) als Warnung vor den Gefahren nationalistischer Ideologie erscheinen zu lassen. Zum anderen werden im *Honditschkreuz* erstmals die Erzähl- und die Sprachproblematik thematisiert (vgl. ebda, 27). Das, was im späteren Werk als »ethische« Komponente in der Sprachkritik der Autorin (Fehl, 1970, 227) erscheint, ist hier schon angetönt. Das Erzählen eines Wanderhändlers wird in seiner Informations- und in seiner Unterhaltungsfunktion durchaus positiv, aufgrund des Fehlens seines soliden Wahrheitsgehaltes jedoch nicht weniger als fragwürdiges Sprechen bewertet (Hapkemeyer, 1982 a, 27). Da es sich bei dem Wanderhändler geradezu um den Prototyp des Erzählers handelt, kann man schon in diesem frühen Text der Bachmann den Beginn ihrer poetologischen Reflexionen ansetzen. Zum dritten deutet die Zeichnung der Figur Waba auf spätere Frauengestalten voraus, mit denen für Augenblicke ein realitätsentrückter und sprachloser Zustand absoluter Liebe verwirklichbar wie für den Protagonisten im *Dreißigsten Jahr* ein »Zustand des Außersichseins« mit einer Frau, deren Namen er bezeichnenderweise »nicht aussprechen« kann (II, 115), oder wie für den Richter Wildermuth die einzig wahrhaftige, weil ohne Worte stattfindende Beziehung mit Wanda (II, 245), einer Frau, die »fast ohne Sprache«, die eine »Gefangene fast ihrer Sprachlosigkeit« (II, 243) ist. In einer vergleichbaren Begegnung fühlt sich Franz im *Honditschkreuz* durch die sprachlose Sinnlichkeit der Waba in einen kurzen fiebrigen Erregungszustand versetzt (II, 563; vgl. auch Hapkemeyer, 1982 a, 19 f.). Henninger (1995, 124) sieht schließlich auch das »Motiv der abbrechenden Erblinie«, wie es später im *Franza*-Fragment und in *Drei Wege zum See* wiederkehrt, vorweggenommen. Er bewundert außerdem, »mit welcher Sicherheit die Autorin bei ihren ersten Schreibversuchen [meint bes. *Das Honditschkreuz*] freilegt, was im

Grunde weniger ein literarisches Thema, als die Ziffer ihres Daseins war« (ebda, 127).

Neben Texten, in denen Bachmann Widerstand gegen Fremdherrschaft thematisiert, ist auf solche zu verweisen, die in Ansätzen die Entwicklung einer eigenen Bildsprache erkennen lassen. Hapkemeyer (1982a, 30 ff.) schreibt diesbezüglich den Erzählungen *Die Fähre* (1945), *Die Karawane und die Auferstehung* (1949) sowie *Auch ich habe in Arkadien gelebt* (1952) eine Schlüsselstellung zu. Aber schon in der 1944 verfaßten lyrischen Prosaskizze *In meinem Herbst* (NN, 5522, 5628) und in dem gleichzeitig entstandenen Gedicht *Nach grauen Tagen* aus dem Zyklus *Bewegung des Herzens* (1944 – 1946), besonders dann aber in einer Reihe von Gedichten aus dem Jahr 1945, wie in dem schon zitierten *Ich frage*, in *Befreiung* oder *Ängste* trifft man die für die Aufarbeitung des »Lastbewußtseins« typische, durchaus der Tradition verpflichtete, aber auf neue konkrete Inhalte verweisende Kälte-, Einsamkeits-, Nacht- und Schattenmetaphorik an: Das lyrische Ich des Gedichts *Nach grauen Tagen* sucht »das Vergessen [...] der Bitterkeit langer Nächte [...] des Irrsinns« (I, 624), dasjenige in *Ich frage* fühlt die »Schatten« der Wirklichkeit »fester« in sich eingegraben (I, 626); das Gedicht *Befreiung* entwirft einen Moment der Erlösung »von schwarzen Schatten« (NN, 400a); im Gedicht mit dem Eingangsvers »Die Nacht entfaltet den trauernden Teil des Gesichts« (NN, 397, 397a) »setzt sich das Ich dem Widerhall kriegerischer Gewalt«, für die Bilder der Nacht und des Schattens stehen, »singend« aus (Höller, 1987, 175); in *Ängste* schließlich finden sich die bezeichnenden Verse (vgl. die Hervorhebung durch Höller, 1982):

»Der dunkle Schatten,
dem ich schon seit Anfang folge
führt mich in tiefe Wintereinsamkeiten« (NN, 6188).

Das Bild des »dunklen Schattens«, das von Susanne Bothner (1986, 360) wenig überzeugend als »genaueste symbolische Umsetzung des negativen Ödipuskomplexes« gedeutet wird, findet sich wieder in einer Seminararbeit der Dichterin zu geschichtsphilosophischen Übungen im Sommersemester, wo es explizit für die historische Last des deutschen Faschismus steht, die es zu überwinden gilt (NN, 6000a). Diese geschichtliche Erfahrung, in der Frühphase von Bachmann häufig in Naturbilder gefaßt, »in die Landschaft hinausprojiziert« (Höller, 1987, 174), ist die Ursache von negativem Wirklichkeitserleben, tiefen Bewußtseinskrisen, Orientierungslosigkeit, Isolation, Entfremdung und Todesangst. Dem begegnet man vom Gedicht *Ich frage* über die Lyrik der späten vierziger (z.B. *Entfremdung* und *Hinter der Wand*) und der fünfziger Jahre (z B. in den schon auf die *Todesarten* vorausweisenden *Liedern auf der Flucht*) bis zu den letzten Werken.

Die Texte der Jahre 1944/45 thematisieren wohl überwiegend die Traumata früher Verletzungen. In einigen von ihnen blitzt aber auch schon ein utopisches Moment auf, vermählt sich – der späteren Forderung in den Frankfurter Vorlesungen gemäß – scharfe Erkenntnis mit bitterer Sehnsucht und Hoffnung (vgl. IV, 197). In der Prosaskizze *In meinem Herbst* wird auch im »dunklen Winter«, »in toter Zeit« und »in unendlicher Not« die Hoffnung aufrechterhalten, »dass Bitternis vielleicht weiter trägt, als frühe Freuden, stärker macht als weiches Glück« und daß sich die Aussicht auf eine »neue Freiheit« eröffnet (NN, 5628). Dieselbe utopische Ausrichtung bestimmt die Gedichte *Nach grauen Tagen*, dessen Verse 1 bis 9 sowie 11/12 in der Prosaskizze variiert erscheinen, und *Befreiung*, in dem im geschichtlichen Moment des Kriegsendes 1945 »ein morgenfroher Himmel« die »Nacht« der jüngsten Vergangenheit ablöst und die Erde »von schwarzen Schatten frei« ist (NN, 400a).

Die in den Texten um 1944/45 angeschlagenen Themen und die da eingesetzten poetischen Mittel bleiben auch für die nächsten Jahre bestimmend:

1. im Ausdruck von Todesangst, von Zerstörung und von Vernichtetwerden:

> »Betrunkner Abend, voll vom blauen Licht,
> taumelt ins Fenster und beginnt zu singen.
> Die Scheiben brechen. Blutend im Gesicht
> dringt er herein, mit meinem Graun zu ringen«
> *(Betrunkner Abend* – I, 14);

> »Versunkne Schiffe mit verkohltem Mast,
> versunkne Schiffe mit zerschossner Brust,
> mit halbzerfetztem Leib
> [...]
> Wir werden sterben wie die Fischzüge,
> die rund um die breiten Wogen wiegen
> zu abertausend Leichen!«
> *(Vision* – I, 18);

> »Wer weiß, ob wir nicht lange, lang schon sterben?
> [...]
> Die dünne Luft lähmt heute schon die Hände,
> und wenn die Stimme bricht und unser Atem steht ... ?«
> *(Menschenlos* – I, 19).

Höller (1987, 183) verweist noch auf einige unveröffentlichte Gedichte bzw. Gedichtentwürfe aus dem Nachlaß, in denen die »destruktiven, traumatischen Schreibimpulse« jener Jahre um 1950 »besonders ungeschützt vor Augen« geführt werden:

> »die fallen in seine Gelenke
> und das Blut rinnt
> aus seinen Augen«
>
> (*die fallen in seine Gelenke* – NN, 343).

> »Du bist im Feindesland,
> sie mahlen schon Deine
> Knochen, Sie [? – Höller, 1987, 184, liest: zerstampfen]
> Deinen Blick
> sie treten Deine Blicke
> aus mit den Füßen
> brüllen dir ins Ohr
> mit den Alarmpfeifen
> Alarm«
>
> (*Das Feindesland* – NN, 286).

2. findet sich Kontinuität auch im Ausdruck von Orientierungs- und Ziellosigkeit sowie von gestörten Beziehungen eines entfremdeten Ichs:

> »Ich kann mit nichts als mir alleine sein«
>
> (*Abkehr* – NN, 6191).

> »Es könnte viel bedeuten: wir vergehen,
> wir kommen ungefragt und müssen weichen.
> Doch daß wir sprechen und uns nicht verstehen
> und keinen Augenblick des andern Hand erreichen,
> zerschlägt so viel: wir werden nicht bestehen«
>
> (*Es könnte viel bedeuten* – I, 12);

> »Ich kann in keinem Weg mehr einen Weg sehen«
>
> (*Entfremdung* – I, 13);

> »Ich bin der großen Weltangst Kind
> [...]
> Ich bin das Immerzu-ans-Sterben-Denken«
>
> (*Hinter der Wand* – I, 15);

> »Sie [»versunkne Schiffe«, mit deren Schicksal das des lyrischen
> Wir untrennbar verknüpft ist]
> haben keinen Weg, sie werden keinen finden,
> kein Wind wird wagen, fest in sie zu greifen,

kein Hafen wird sich öffnen
[...]
Wir werden sterben [...]«

(*Vision* – I, 18);

»Wir, in die Zeit verbannt
und aus dem Raum gestoßen,
wir, Flieger durch die Nacht und Bodenlose«

(*Menschenlos* – I, 19);

»Die Fahrt ist zu Ende,
doch ich bin mit nichts zu Ende gekommen«

(*Die Welt ist weit* – I, 22).

Auffällig ist in den Gedichten dieser Periode »das Fehlen jeder Bewegung des Widerstands« (Höller, 1987, 177) und die Fixierung auf
Gefährdungen des Ichs, die gelegentlich, wie in *Hinter der Wand* (I,
13) in der ausschließichen Konzentration auf das eigene Leid zur
weinerlichen Selbstbeschau zu werden droht. In den Gedichten des
Bandes *Die gestundete Zeit* (1953) wird dieser passive Zustand im
Ringen um den scharfen »Blick«, der es erlaubt, sich »im Nebel« zu
orientieren (*Die gestundete Zeit* – I, 37), und in Appellen zu aktivem
Eingreifen überwunden.

Die Lyrik, die vor jener der *Gestundeten Zeit* entsteht, entbehrt
weitgehend utopischer Momente, sieht man vielleicht ab von dem
1952 in einer Lesung für den NWDR Hamburg erstmals vorgetra-
genen Gedicht *Dem Abend gesagt*. Hier wird nicht nur Zerstörung
konstatiert und nach dem »Woher« des »Lastbewußtseins« gefragt,
sondern erstmals der »Schmerz« als Antrieb eines Erkenntnisprozes-
ses des lyrischen Ichs genannt, das einer jenseits empirischer Verifi-
zierbarkeit zu suchenden Wahrheit auf den Grund zu gehen versucht:

»Noch weiß ich nicht, wo mir der dunkle See
die Qual vollendet.
Ein Spiegel soll dort liegen,
klar und dicht,
und will uns,
funkelnd vor Schmerz,
die Gründe zeigen« (I, 17).

Diesem Text sind schon die Anfänge jener (im Kap. 2 dargestellten)
Reflexionen eingeschrieben, in denen Bachmann im Laufe der fünfziger Jahre ihre poetologischen Positionen findet. Der Dichtung
wird abgefordert, ahnungsvoll begreifen zu machen, was sich lo-

gisch-(natur)wissenschaftlicher Erklärung entzieht, und eine utopische Dimension zu eröffnen. In den Gedichten der *Gestundeten Zeit* wird das neue dichterische Selbstbewußtsein dann noch deutlicher greifbar.

Die Ausgabe der *Werke* von 1978 hat Einsichten ermöglicht, die unter anderem mit dem Klischee aufräumen ließen, Bachmann sei ursprünglich und genuin Lyrikerin und sei erst im Laufe der fünfziger Jahre zum Prosaschreiben gekommen. Die Erzähltexte aus der Zeit zwischen 1945 und 1952 nehmen, anders als die durch übersteigerten Gefühlsausdruck charakterisierten fiktiven *Briefe an Felician* (1945/46), in der Entwicklung der Autorin etwa denselben Stellenwert ein wie die gleichzeitige Lyrik. Schon die erste Erzählung dieser Periode, *Die Fähre* (1945), weist in formaler Hinsicht, in Komposition und Metaphorik, einen ähnlich hohen Standard auf. Hapkemeyer weist darauf hin, daß das von Ulrich Thiem (1972, 165) in der Lyrik der fünfziger Jahre als »›Richtung‹ des Denkens in Bildern« erkannte primäre Gestaltungsprinzip der Variation in Form von »Rückbezug, Umkreisung und Weiterführung« bereits in der frühesten Prosa der Autorin ausgeprägt ist (Hapkemeyer, 1982a, 44). Das verwundert insofern nicht, als hier wie in der frühen Lyrik schon die Bachmann-Themen bestimmend werden: Das Erfahrungsmuster der Alltäglichkeit des Zerstörerischen in den zwischenmenschlichen Beziehungen und das diesem entgegengehaltene Richtungnehmen auf einen utopischen anderen Zustand hin.

Die Fähre, entstanden im Juli 1945 (vgl. II, 602), vermittelt die Idylle eines strahlenden Tages »im hohen Sommer« (II, 10). Darin spricht sich wie im Bild des Erwachens der Natur und der Aufhellung der Schatten im Gedicht *Befreiung* aus demselben Jahr die Hoffnung aus, der »Dunkelhaft« (II, 93) des geschichtlichen Geschehens entronnen zu sein. Das Idyll ist jedoch nicht ungestört. Die trennende und d.h. einschränkend erfahrene Funktion des breiten Flusses, der die friedliche Sommerlandschaft durchströmt, wird an exponierten Stellen des Textes eingangs und wiederholt am Schluß hervorgehoben (vgl. II, 10 bzw. 14). Schon in der ein Jahr vor der *Fähre* entstandenen Erzählung *Das Honditschkreuz* hat Bachmann dem Wunsch Ausdruck verliehen, Grenzen zu »verwischen« (II, 491). Dabei geht es um die Utopie der Überwindung von Schranken zwischen Nationalitäten bzw. Volksgruppen und zwischen deren Existenzweisen. In der *Fähre* erscheint das Dasein in anderer Weise beschränkt. Der Fluß steht für die Grenze zwischen der reduzierten diesseitigen Existenz Josips und Marias und einer für sie unerreichbaren jenseitigen Lebensform. Maria trägt die Sehnsucht nach Teilhabe an dieser in sich, kann sich ihr jedoch – ebenso wie Josip – nur in dienender Funktion nähern. Der »Herr« bleibt für sie bezeichnenderweise namenlos, d.h. in seiner Eigenart fremd und unnahbar. Zwar wird er »gut« genannt, doch »er verbreitet Scheu und Ratlosigkeit« (II, 11). Im notwendigen Verzicht Marias auf die Erfüllung des Wunsches, ohne die Attribute der Dienerin (vgl. II, 13) an das andere Ufer des Flusses übergesetzt zu werden, ist vorweggenommen, was Bachmann später in den Frankfurter Vorlesungen und in der Preisrede vor den Kriegsblinden als programmatisch für ihre Dichtung bezeichnen wird: Ausdruck zu verleihen sowohl der Sehnsucht des Menschen, die Grenzen seiner Existenzform zu überschreiten, als auch den diesem Begehren objektiv entgegenstehenden Zwängen, im sozialen Kontext verbleiben zu müssen. Der Mensch ist mit »Erwartung«, »Bangen und Erregung« (II, 12) an die Grenzen gestellt. Von der anderen Existenzform hat er nur eine Ahnung, lebbar ist sie für ihn nicht. In den späteren Texten der Bachmann wird der andere Zustand meist als eine Utopie realitätsentrückter, absoluter Liebe und eines unentfremdeten Daseins oder grenzüberschreitender Erkenntnis angestrebt. In der *Fähre* gilt solches auch für Maria, doch entgeht die Erzählung nicht der Gefahr, die Lebensform der Herrschaft und mithin eine auf Ausbeutung ausgerichtete feudale oder kapitalistische Gesellschaftsordnung zu mystifizieren.

Maria kann auch als Opfer der männlichen Selbstsucht Josips gelten, der ihr die Überfahrt verweigert und sie damit in seiner Existenzform gefangenhalten will. Im Triumph Josips ist hier das Thema »Frau als Opfer« angetönt, das späterhin in Hörspielen, Erzählungen und vor allem in den *Todesarten* zentral wird und in einem anderen frühen Text, *Im Himmel und auf Erden* (1949), schon ganz im Sinne der späten Prosa erscheint. Diese Erzählung von der Vernichtung einer in ihrer Lebensform völlig an der Existenz ihres Mannes ausgerichteten Frau durch eben diesen Mann setzt mit einem Schlag ins Gesicht ein (vgl. II, 15) und endet mit Selbsttötung, in die sie durch das Verhalten ihres Mannes getrieben wird. In *Malina* wird dann der »erste Schlag« in das Gesicht als »erste Erkenntnis des Schmerzes« und als Beginn des Ich-Zerstörungsprozesses bezeichnet werden (III, 25). Deshalb und weil in der frühen Erzählung wie in *Malina* und im *Franza*-Buch das In-den-Tod-getrieben-Werden von Frauen als Mord erscheint, ohne daß die Mörder sich selbst die Hände schmutzig machten, kann der Text *Im Himmel und auf Erden* gewissermaßen als Vorläufer des *Todesarten*-Komplexes gelten. Im Sinne ihrer Vorrede zu *Franza* erbringt Bachmann schon hier »einen ersten Beweis« dafür, »daß noch heute sehr viele Menschen nicht sterben, sondern ermordet werden« (T II, 78).

In den Jahren zwischen 1947 und 1951 verfaßte Bachmann ihren ersten Roman, *Stadt ohne Namen*, der nach Ablehnung durch mehrere Verlage bis auf wenige Fragmente verschollen, in seiner Existenz als vollständiges Manuskript jedoch durch Heimito von Doderer und Hans Weigel bezeugt ist (vgl. II, 603). In der Ausgabe der *Werke* ist ein als Anfang des Romans (vgl. ebda) aufgefaßtes Fragment mit dem Titel *Der Kommandant* veröffentlicht. Die Herausgeber der kritischen *Todesarten*-Edition sehen darin eine »dem Roman vorausgehende Erzählung« (T I, 502) und veröffentlichen weiters zwei Textzeugen unter dem Titel *Anna-Fragment* aus dem Roman-Kontext. *Der Kommandant* vermittelt in der Form eines in seiner Logik bzw. Traumlogik bedrohlichen Alptraums die Erfahrung von einem durch Grenzen zerrissenen Land. Für diese Erfahrung mag das Österreich des ersten Nachkriegsjahrzehnts Modell gestanden haben. Der Versuch, durch einen Grenzübertritt Freiheit zu gewinnen, führt in ein schreckliches, total (fernseh)überwachtes Utopia (vgl. II, 34 bzw. 35), wie man es aus dem 1949 (dt. 1950) erschienenen Roman *1984* von George Orwell kennt, und innerhalb dieser bedrohlichen Ordnung in eine kafkaeske Situation. Kafkaesk insofern, als Alltagsrealität ins Rätselhafte und Unwirkliche verrückt erscheint, ohne daß der Betroffene, [S.!], jedoch darüber erstaunte und sich gegen die Festlegung in eine aufgezwungene Rolle wehrte. Das *Anna-Fragment* thematisiert traumatisierende Kriegserfahrungen, alptraumhaft zerstörerische Kräfte und Projektionen auf zwei Vater-Gestalten, eine mörderische (»Er ist nicht mein Vater ...« – T I, 22) und eine Licht-Figur, solcherart durch einzelne Motive und Formulierungen auf die *Todesarten* vorausdeutend.

Eine vergleichbare, von der Erfahrung des Lebens in einem totalitären Staatssystem geprägte politische Landschaft wie im *Kommandanten* stellt Bachmann in der kurzen Erzählung *Das Lächeln der Sphinx* (1949) dar, in der sie den antiken Mythos vom staatsbedrohenden, halb menschlichen, halb tierischen Ungeheuer aktualisiert. Dieses drängt den modernen Herrscher nicht nur zur umfassenden naturwissenschaftlichen Erforschung der Welt, sondern darüber hinaus zur lückenlosen Analyse des menschlichen Denkens, Gefühls- und Seelenlebens. Dieser Anspruch eines totalitären Herrschers auf totalen Zugriff auch auf die Innenwelt seiner Untergebenen ist unlösbar und führt daher in tödlicher Logik zur physischen Vernichtung des gesamten Volkes. Aus Angst vor den Folgen totaler Machtausübung, die sich Bewußtsein und Gefühle der Menschen unterordnet und diese durch Beraubung ihres individuellen Freiraums tödlich zu verletzen droht, fordert Bachmann, der wissenschaftlichen Erforschung eine deutliche Grenze zu setzen. Diese Grenze für wissenschaftliche Erkenntnis ist zugleich eine moralische, deren Überschreitung die tödliche Gefahr des Mißbrauchs für totalitäre Beherrschung in sich birgt. Darin sieht die Autorin die Bedrohung ihrer Zeit, das moderne Ungeheuer Sphinx. Bachmann ist zwar dem »Denken der Kritischen Theorie« verpflichtet (Weigel, 1994, 20), schlägt aber doch auch »deutlich einen eigenen Weg ein« (ebda, 23). Es wird »ein Rest bewahrt, der der Vernunft nicht zugänglich ist«, in dem mithin »nicht allein ein Umschlagen der Aufklärung in Mythologie, sondern auch ein Stück misslungener Aufklärung« dargestellt wird.

Wie in der Lyrik zwischen 1948 und 1953 so findet man auch in den erzählenden Prosatexten *Im Himmel und auf Erden*, *Das Lächeln der Sphinx* und *Der Kommandant* (soweit dessen fragmentarischer Charakter ein Urteil zuläßt) keine utopische Ausrichtung. Das gilt aber nicht für alle Erzählungen dieser Phase, insbesondere nicht für *Die Karawane und die Auferstehung* (1949) sowie für *Auch ich habe in Arkadien gelebt* und *Ein Geschäft mit Träumen* (beide 1952). Diesen sind bereits unverkennbar die poetologischen Reflexionen eingeschrieben, die Bachmann im Zusammenhang ihrer Auseinandersetzung mit der Wiener Schule, Wittgenstein und Heidegger angestellt hat.

Die Handlung der Erzählung *Die Karawane und die Auferstehung* ist in ein jenseitiges Totenreich verlagert. Ein Knabe, dessen »entstiegene Sehnsucht« ihn für die mystische Erfahrung eines »rauschenden, dröhnenden Klang[es]« (II, 26) empfänglich macht, bricht aus einer Karawane Jüngstverstorbener aus. Er wird in einen anderen Zustand versetzt, in dem er an den Moment gerät, seinen »ziellosen Weg zu beenden und heimzukehren, wo [... er] noch nie oder schon immer zu Hause gewesen« ist (ebda). Es ist ein »Zustand der Ek-stase« (Hapkemeyer, 1982a, 46), in dem er aus der babylonischen Sprachverwirrung herausgetreten ist, »alle Sprachen auf seinen Lippen« führt, »ohne eine einzige Sprache zu beherrschen« (II, 27), und über den er sich dennoch/daher anderen nicht mitzuteilen vermag. Man denkt an Wittgenstein (1968, Satz 6.521), der im *Tractatus* zur Erkenntnis kommt, daß der Sinn des Lebens, wenn er denn klar würde, sich doch nicht mitteilen ließe. Denn dieser müsse außerhalb der Welt liegen (Satz 6.41), deren Grenzen ja mit den Grenzen der Sprache koinzidieren (Satz 5.6). Der Knabe rührt also an »Mystisches«, das zwar ein »Unaussprechliches« ist, sich aber *zeigt* (Satz 6.522). Das nur ihm sich mitteilende akustische Ereignis erinnert an das Erlebnis Azweis in Musils Novelle *Die Amsel*, von der Bachmann möglicherweise angeregt wurde (der Text war für sie jedenfalls in der »Neuen Rundschau« von 1928 zugänglich). Auch

Azwei vernimmt ein akustisches Signal, das sich nur ihm vermittelt, und gelangt zu dem »Bewußtsein, an die Grenze des Beschreib- und Erkennbaren zu rühren« (Baur, 1973, 265). Ein Vergleichbares liegt noch darin, daß das Erlebnis des Knaben ebenso wie das Azweis als »säkularisierte Hierophanie« (ebda, 245) erscheint, insofern hier wie dort (und übrigens auch im V. Gedicht des Zyklus *Von einem Land, einem Fluß und den Seen* – I, 88 f.) auf das Pfingstwunder und in der *Karawane* auch auf die Auferstehung angespielt wird, ohne daß ein christlicher Glaubensinhalt vermittelt würde. Ähnlich säkularisierend verfährt Bachmann dann wieder ein Jahrzehnt später in der Erzählung *Jugend in einer österreichischen Stadt*, in der die Anspielung auf das Motiv des brennenden Dornbusches dieselbe Funktion der Annäherung an »Unaussprechliches« mittels lyrischem Bild übertragen ist.

Der Moment der vom Titel verheißenen Auferstehung ist ein mystischer, in dem die Faktizität der Realität aufgehoben ist und sich die Auflösung der körperlichen Existenz vollzieht, ausgedrückt in der der Tradition mystischer Literatur vertrauten Feuermetaphorik. Dieser Augenblick ist in mehrfacher Hinsicht auch ein utopischer: erstens wird der Knabe einer umfassenden Sprache mächtig, zweitens ist es ihm möglich, »heimzukehren« (II, 26), einzutreten in einen Zustand, den man mit dem Begriff »Heimat« umschreiben könnte, und drittens leuchtet »eine kleine Flamme im unermeßlichen Dunkel, das alles Zwielicht verschlungen hat« (II, 27). Dieses mystische Bild verweist auf eine nichtdiskursive, wissenschaftlich nicht verifizierbare und intersubjektiv nicht mitteilbare Erkenntnis. Dieser Überwindung des Diffusen (»Zwielicht«) und dem Eintritt in den Zustand scharfen Sehens geht bezeichnenderweise eine schmerzhafte Erfahrung, das als gewaltsam empfundene akustische Erlebnis, voraus.

In Musils Novelle *Die Amsel* wird die mystische Erfahrung Azweis zurückgeführt auf einen in der Kindheit bereits einmal erlebten unentfremdeten, mit der Mutter in Zusammenhang gebrachten Zustand der Geborgenheit (vgl. Musil, 1978, 562), auf etwas, »das allen in die Kindheit scheint und worin noch niemand war: Heimat« (Bloch, 1977, 1628). Und genau dies, der Verlust der Heimat und die Sehnsucht nach ihrem Wiedergewinn ist das Thema der von Bachmann 1952 veröffentlichten sehr kurzen Erzählung *Auch ich habe in Arkadien gelebt*. Der Ich-Erzähler hat »Arkadien«, seine Heimat, das Land seiner Jugend, verlassen, ohne die Werte dieses Landes (es ist von der nichtkonvertierbaren Währung die Rede – vgl. II, 38) mitnehmen zu können. Zweifellos vermag Bachmann das traditionelle Arkadien-Motiv aus der eigenen Erfahrung des Verlassens der vertrauten Heimat zu gestalten (vgl. Hapkemeyer, 1982 a, 51). Aber hier erhält das von ihr häufig in der Lyrik, in den Hörspielen und in der Prosa thematisierte Motiv der Ausfahrt eine zusätzliche Dimension durch die Kritik an der in den fünfziger Jahren restaurierten kapitalistischen Wettbewerbsgesellschaft. In einer solchen hat sich der Ich-Erzähler erfolgreich etabliert. Doch empfindet er sein Leben aufgrund der Unabkömmlichkeit im ökonomischen Wettringen als defizitär: er kann den Ort seiner Sehnsucht, das Meer, und er kann Arkadien nicht erreichen (vgl. II, 39). Der Zustand der Entfremdung des Ich-Erzählers wird auch indiziert durch eine durativ geraffte Schilderung seiner Existenz in einem Sprachgebrauch, für den Bachmann im *Dreißigsten Jahr* den Begriff »Gaunersprache« (II, 108) verwendet (vgl. auch Hapkemeyer, 1982a, 53 f.). In diese uneigentliche Existenz bricht das mystische Erlebnis eines Flöten- oder Glockentones ein, der ihm von irgendwoher, vielleicht auch aus seinem eigenen Inneren, zukommt. Dieser läßt ihn den Sinn des Daseins außerhalb der Ordnung, in die er sich gestellt sieht, erahnen. Man wird hier an die einige Jahre später verfaßte Erzählung *Jugend in einer österreichischen Stadt* denken, in der der Ich-Erzähler unter dem Eindruck eines als mystisch-ästhetisch zu bewertenden visuellen Erlebnisses in seinem Dasein plötzlich einen sinnvollen Zusammenhang sieht. So wie hier löst sich in der Erzählung *Auch ich habe in Arkadien gelebt* die durch die kapitalistische Gesellschaftsordnung bedingte Entfremdung des Ich-Erzählers in einem lyrisch-utopischen Bild auf. Doch kann sich der Erzähler nicht dazu entschließen, das in dieser Gesellschaft Erworbene aufzugeben, das in »Arkadien«, in der Utopie Heimat, keinen Wert besäße. Er verbleibt also im gegebenen Zustand, mit der Ahnung von und mit der Sehnsucht nach einem anderen Leben.

Dieser frühe Prosatext von Bachmann kommt den wenige Jahre später konzipierten Erzählungen des Bandes *Das dreißigste Jahr* in seiner gesamten Anlage schon sehr nahe, wenngleich er durch den mit dem Wechsel vom ländlichen »Arkadien« in die urbane Gesellschaft verbundenen sozialen Aufstieg und durch die von dem neuen Standpunkt aus zurückschauende Verklärung der Kindheit in einer ländlichen Idylle an ein Modell der Heimatdichtung erinnert. Solch ein Konzept findet sich sonst bei Bachmann nur in dem Nachlaß-Gedicht *Trauer* (1945), in dem das Leben in der verlorengegangenen idyllisierten Heimat gegen die Existenz in der »dunkle[n] Zeit« (NN, 6202a) gesetzt wird. In *Jugend in einer österreichischen Stadt* hingegen wird der Ort der Kindheit, eine Provinzstadt, negativ gefaßt und auch kein möglicher Fluchtpunkt erkennbar. Die Aufhebung der Entfremdung wird bloß vorübergehend durch eine Naturerfahrung bewirkt. Als positive Orte erscheinen in Bachmanns Werk nur hin und wieder »das erstgeborene Land« (I, 119) Italien bzw. Rom. »Arkadien« aber ist nach dem Verlust der Unschuld in der kapitalistischen Wettbewerbs- und Leistungsgesellschaft ein verlorenes, nicht wieder erreichbares Paradies, eben die Utopie Heimat. Der Ich-Erzähler dieses Textes kann sowenig das Gefühl des Daheim-Seins entwickeln wie andere literarische Gestalten aus dem Werk der Bachmann (vgl. bes. auch Elisabeth Matrei und Franz Joseph Trotta in *Drei Wege zum See*).

Mit einer weiteren Erzählung aus dem Jahr 1952, *Ein Geschäft mit Träumen*, klagt Bachmann über die Normierung und den Konformitätszwang, über den geringen Spielraum für individuelle Rollengestaltung und für die Verwirklichung von Liebe in einer traumfreien, d.h. individuelle Anspruchsverwirklichung zugunsten von Profit, Nützlichkeitsdenken und Sachzwängen verwehrenden Gesellschaftsordnung, wie sie sich Anfang der fünfziger Jahre in der Bundesrepublik Deutschland ebenso wie in Österreich wieder formiert hat. Unter den frühen Prosatexten von Bachmann nimmt *Ein Geschäft mit Träumen* insofern eine besondere Stellung ein, als die Autorin unter demselben Titel ein weitestgehend inhaltsgleiches, zeitlich nach der Erzählung entstandenes Hörspiel verfaßte (vgl. I, 661). Der Prosatext soll hier nicht weiter besprochen werden, weil im Funkstück der Gegensatz von bedrückender Realität einerseits und Traumwelt andererseits detaillierter und konkreter erfaßt ist. Aber auch in der Erzählung wird die Ich-Spaltung im Gegeneinander von wacher Perzeption und Traum, das Auseinanderklaffen von Ich-Ansprüchen und Wirklichkeitsdruck deutlich. Der Text thematisiert die Abweichung von der gegebenen sozialen Ordnung, die durch die geweckte Ahnung von den Möglichkeiten eines anderen Lebens und von einer relativen Ich-Autonomie sowie die Unmöglichkeit des konsequenten Austritts aus der Gesellschaft. *Ein Geschäft mit Träumen* verwirklicht damit bereits eine Struktur, die man besonders in den beiden späteren Hörspielen *Die Zikaden* und *Der gute Gott von Manhattan*, aber auch in mehreren Erzählungen des *Dreißigsten Jahrs* antrifft.

3.2. Das literarische Werk der fünfziger Jahre

3.2.1 Die Lyrik (1952-1961)

Bereits in den siebziger Jahren fiel es schwer, die zeitgenössischen Reaktionen zu verstehen, die das erste Auftreten von Bachmann bei der Gruppe 47 mit den vier später in der *Gestundeten Zeit* veröffentlichten Gedichten *Die große Fracht, Holz und Späne, Nachtflug* und *Große Landschaft bei Wien* sowie ihre beiden Lyrik-Bände *Die gestundete Zeit* (1953) und *Anrufung des Großen Bären* (1956) auslösten. Doch würde man den Fehler der »fragwürdige[n] Lobrednerei« (Conrady, 1971, 48) mit umgekehrten Vorzeichen wiederholen, wollte man die unkritische Begeisterung der damaligen Literaturkritik allein dem enthusiasmierenden Werk selbst anlasten. Wenn man die (literatur-)geschichtliche Situation Anfang der fünfziger Jahre mitbedenkt, sind die Reaktionen nicht unverständlich: die lyrische Szene nach dem Desaster des Dritten Reiches und des Zweiten Weltkrieges wurde geprägt von religiöser Lyrik, von Trostlyrik, von einer die Schwere der Alltagswirklichkeit scheinbar weitgehend ausklammernden Naturlyrik in der Nachfolge des 1941 verstorbenen Oskar Loerke und von der radikal realitätsenthobenen Artistik eines Gottfried Benn. In Opposition zu diesen Tendenzen stehen die von Bertolt Brecht schon in einer frühen Phase der Machtentfaltung des deutschen Faschismus aufgeworfene poetologische Frage, was denn »das für Zeiten« seien, in denen »ein Gespräch über Bäume fast ein Verbrechen ist / weil es ein Schweigen über so viele Untaten einschließt« (*An die Nachgeborenen*, 1938 – Brecht, 1967/IX, 723), und Theodor W. Adornos berühmtes Verdikt, daß das Schreiben von Gedichten nach Auschwitz barbarisch sei. Das meint allerdings, entgegen einem häufigen Mißverständnis, keine totale Absage an Lyrik, sondern an das im landläufigen Sinne »schöne«, feierliche, erbauende etc. Gedicht. Brecht und Adorno stecken, der historischen Situation entsprechend, die Grenzen lyrischer Möglichkeiten sehr eng. Die offizielle Literaturpolitik des Dritten Reiches hat eine ganze Tradition deutscher Literatur ins Zwielicht gebracht und Möglichkeiten verschüttet. Die antikalligraphische Tendenz der »Kahlschlag«- und »Trümmerliteratur« in den ersten Jahren nach dem Zusammenbruch der NS-Herrschaft ist eine Reaktion auf die Desavouierung dieser Tradition. Berühmt geworden sind Günter Eichs (1973/I, 35) trümmerbilanzierendes Gedicht *Inventur* sowie seine Absage an die »schöne« Metapher, an den »schönen« Reim und an eine Literatur, die ihre Funktion in der Schöpfung einer falschen Wirklichkeit sieht. Im Gedicht *Latrine* (vgl. ebda, 35 f.) provoziert Eich das von der klassisch-romantischen Literaturtradition geprägte Lyrikverständnis nicht nur durch Bilder aus dem Fäkalbereich und durch den Reim von »Urin« auf »Hölderlin«, sondern zitiert auch aus der Hymne *Andenken* des solcherart verunzierten Klassikers, die mit dem berühmten Vers schließt: »Was bleibet aber, stiften / die Dichter« (Hölderlin, 1951, 189). Angesichts des ideologischen Mißbrauchs, den der offizielle nationalsozialistische Kulturbetrieb mit einem der größten deutschsprachigen Lyriker betrieben hat, »schallen« solche Verse dem Dichter »irr [. . .] im Ohr« (Eich, 1973/I, 36).

In der kargen Landschaft der »Kahlschlag«-Literatur wirkte Bachmann, ähnlich wie Celan, sensationell. Ohne zeitkritische Ansprüche auszuschließen und Distanz zu kalligraphischer bzw. Trostliteratur aufzugeben, erweitern die beiden das Spektrum poetischer Möglichkeiten. Celan zieht in seiner vieldiskutierten *Todesfuge* alle Register rhetorischer Kunst, um – fugenhaft enggeführt – der unfaßbaren Gleichzeitigkeit normalmenschlichen Verhaltens von SS-Schergen in ihrer Liebe zu Frauen, zu Tieren sowie zu Musik einerseits und deren totaler Menschenverachtung und bedenkenloser Teilnahme an der KZ-Vernichtungsmaschinerie andererseits Ausdruck zu verleihen. Die Gedichte, mit denen Bachmann ins Bewußtsein einer breiteren literarischen Öffentlichkeit tritt, treffen die Gefühlslage der lost generation der »tausendjährigen« Politik sehr genau, indem ihnen deren geschichtliche Erfahrung eingeschrieben ist, aber auch Widerstand gegen neuerliche gesellschaftliche Fehlentwicklungen und Appell zur Wachsamkeit. Nicht darin jedoch lag für ihre Zeitgenossen die Sensation, sondern daß sie dies durch eine Verfahrensweise vermittelt, die aus dem poetischen Vorrat der Tradition ebenso schöpft, wie sie offen ist für modernen Ausdruckswillen (vgl. Knörrich, 1971, 244 bzw. auch Fried, 1983, 13). Erich Fried (ebda, 11f.) glaubt in seinem Nachruf auf die Autorin in deren Herkunft den Grund für ihre aus bundesdeutscher Sicht untypische literarische Entwicklung sehen zu können:

»In Deutschland empfanden viele das Jahr des Zusammenbruchs als das Jahr Null oder Jahr Eins, sprachen von *tabula rasa* und völligem Neubeginn. In Österreich sprach man von der Niederlage der Deutschen und von der Rückbesinnung auf die eigenen alten Werte. Beides war falsch. Das völlige Neubeginnen ist unmöglich (hätte auch Verzicht auf die Sprache vorausgesetzt), und die guten alten Werte Österreichs waren zum großen Teil nicht so gut. Für die Literatur aber wurde es wichtig, daß die beiden Mißverständnisse in einem Gegensatz zueinander standen. So konnte die deutsche Lyrik der ersten Nachkriegszeit in ihrer Zurückgenommenheit manchem entgegenwirken, was sich in der österreichischen Lyrik noch allzuviel Spielraum und Verspieltheit gestattete, während österreichische Dichter wie

Ilse Aichinger, Ingeborg Bachmann (auch Celan muß man da zur österreichischen Tradition rechnen) ein wichtiges Gegengewicht gegen die Zurücknahme und Armut der Dichtung darstellten, denn die deutsche Kahlschlaglyrik war bittere Medizin gewesen«.

Um Mißverständnissen vorzubeugen, wäre dem nur hinzuzufügen, daß Bachmann nie der Geschichtslüge anhing, Österreich sei das erste Opfer Hitler-Deutschlands gewesen, und daß sie in ihrer Dichtung nie zugunsten der »Schönheit« die Reflexion auf den Geschichtsprozeß suspendierte (vgl. zur Abwehr der l'art pour l'art-Haltung bes. *Herbstmanöver* – I, 36 – *Große Landschaft bei Wien* – I, 60 – oder den *Monolog des Fürsten Myschkin* – I, 62). Schon in den frühen Texten thematisiert sie das historisch vermittelte »Lastbewußtsein« (I, 626). Es bestimmt auch die Lyrik der fünfziger Jahre.

3.2.1.1 Die gestundete Zeit

Die gestundete Zeit ist nicht nur Bachmanns erster Gedichtband, sondern ihre erste Buchveröffentlichung überhaupt. Die Sammlung erschien 1953 in der von Alfred Andersch in der Frankfurter Verlagsanstalt herausgegebenen Reihe »Studio Frankfurt«. Dieses schmale Lyrikbändchen ist eine Rarität, weil wegen der Auflösung der zuständigen Verlagsabteilung wenige Tage nach Erscheinen der *Gestundeten Zeit* nur ein Bruchteil der Auflage ausgeliefert werden konnte (vgl. Bareiss, 1978, 7). Die (einschließlich dem als Motto vorangestellten Vierzeiler *Im Gewitter der Rosen*) 24 Gedichte und den *Monolog des Fürsten Myschkin zu der Balettpantomime* »Der Idiot« umfassende Sammlung erscheint seit 1957 bei Piper. Gegenüber der Erstveröffentlichung weist diese Ausgabe nicht nur eine Reihe von Textvarianten auf, sondern auch zwei Abweichungen im Textcorpus: *Beweis zu nichts* wird ausgeschieden, *Im Gewitter der Rosen* dafür in den Zyklus eingebaut.

In der *Gestundeten Zeit* macht Bachmann einen Schritt über die Lyrik aus der Phase zwischen 1944/45 und dem Anfang der fünfziger Jahre hinaus. Die hier dominanten Bilder des Todes, der Verlassenheit, der Öde und der radikalen Illusionslosigkeit über den Gang der menschlichen Geschichte sind nicht verschwunden (vgl. z.B. das Titelgedicht), aber deren zerstörerische Wirkung wird nicht mehr passiv erduldet und beklagt. Vielmehr setzt Bachmann aus dem zum Programm erhobenen Bewußtsein der Gestundetheit der Zeit – der geschichtlichen wie der subjektiven – utopische Akzente, die noch genauer zu bestimmen sein werden.
    In der etwa 1956/57 konzipierten Erzählung *Unter Mördern und Irren* aus der Sammlung *Das dreißigste Jahr* konstatiert die Autorin: »›Nach dem Krieg‹ – dies ist die Zeitrechnung« (II, 159). Sie gilt

auch für die Lyrik. In dem Gedicht *Früher Mittag* (I, 44 f.) wird die Klage erhoben:

> »Sieben Jahre später,
> in einem Totenhaus,
> trinken die Henker von gestern
> den goldenen Becher aus«.

Dies meint nach der gültigen »Zeitrechnung« nicht »sieben Jahre Faschismus in Österreich« (Bürger, 1984, 12), sondern exakt den historischen Moment der Entstehung des Gedichts »sieben Jahre« nach dem Zweiten Weltkrieg: 1952. Es ist die Zeit, in der ehemalige Größen des NS-Staates im westlichen Deutschland ebenso wie in Österreich gesellschaftliche Machtpositionen und Reputation erfolgreich zurückzuerobern beginnen und sich erneut militaristische Tendenzen bemerkbar machen (Vgl. *Alle Tage* – I, 46; *Einem Feldherrn* – I, 47). Es ist nicht »undifferenzierte Zeit- und Geschichtsfeindlichkeit« (Thiem, 1972, 213) und es sind nicht »Zufälligkeiten der zeitgenössischen Szenerie« (Holthusen, 1958, 257), sondern es sind »neue Zeichen für Wirklichkeit« (IV, 303), die Bachmann im *Frühen Mittag* setzt. Diese Wirklichkeit läßt keine ungebrochene Naturmetaphorik mehr zu wie etwa in dem paradigmatisch für romantische Lyriktradition herbeizitierten *Lindenbaum* aus Wilhelm Müllers Liederzyklus *Die Winterreise*. So erhebt die Autorin in einem Interview des Jahres 1962 auch zurecht »Widerspruch« gegen die Klassifizierung ihrer Gedichte als »Naturlyrik«:

»›Von der Natur‹, meint sie [Bachmann], ›wird dem lyrischen Ich etwas zugespielt.‹ Die Natur liefere auch nur die Gegenstände, Stichworte, Vokabeln – den Hintergrund für die Verse; müßte sie selbst ein charakterisierendes Stichwort beisteuern, würde sie bei den Bachmann-Versen das Geschichtsempfinden ausdrücklich konstatieren« (GuI, 32).

Naturbilder erfahren in diesen Gedichten »Transformationen in andere Bedeutungsbereiche« (Marsch, 1973, 516), Natur und Geschichte werden allegorisch verschränkt (vgl. Höller, 1987, 23). *Früher Mittag* kann nicht mehr als Volkslied im herkömmlichen romantischen Sinne gelingen. Doch wird diese lyrische Gattung durch das Gedicht *Früher Mittag* auch keineswegs, wie vielfach behauptet wird (vgl. Baier, 1964, 5; Bothner, 1986, 167) parodiert. Volkslied und volkstümliche Ballade (Goethes *König in Thule*) liefern Bruchstücke für eine Montage, die eben auf das Zerbrochene verweist: das scheinbar organisch aus des Volkes Mitte gewachsene Volkslied ist zerstört: das Eichendorffsche »Es war als hätt der Himmel / Die

Erde still geküßt« weicht dem Bachmannschen »Wo Deutschlands
Himmel die Erde schwärzt«. Das bedeutet aber auch, daß das Vertrauen in die Welt und in das Angebot von Ordnungen der Welt,
seien es göttliche, menschliche oder naturgesetzliche, nach den Erfahrungen mit der explizit angesprochenen Geschichte Deutschlands
zerstört ist. Das Bild von »den Scherben des Märchenvogels« weist
in dieselbe Richtung.

»Schon ist Mittag« – diese unmittelbar auf die Klage über die
Wiederkehr der »Henker von gestern« folgende und am Schluß des
Gedichts wiederholte Formel schlägt das nicht nur bei Bachmann,
sondern auch bei vielen ihrer Zeitgenossen (vgl. Höller, 1987, 31)
zentrale Thema der Gestundetheit der Zeit an: »Es kommen härtere
Tage«, so verkündet das Titelgedicht eingangs und am Schluß (I,
37). Angesichts dessen, daß die Menschheit mit der bedrohlichen
Polarisierung der Weltmächte im Kalten Krieg leben muß und im
westlichen Deutschland und in Österreich die kapitalistische Wettbewerbsgesellschaft restauriert wird, daß also die Gelegenheit eines
politischen und gesellschaftlichen Neubeginns nach der Befreiung
vom Nationalsozialismus ungenützt vorüberzugehen droht – »Die
auf Widerruf gestundete Zeit / wird sichtbar am Horizont« -, erscheint das, was Bilder des Vertrauten liefern könnte, »Hunde«, »Fi-
sche«, »Licht der Lupinen«, in Bildern der Verlassenheit:

> »Bald mußt du den Schuh schnüren
> und die Hunde zurückjagen in die Marschhöfe.
> Denn die Eingeweide der Fische
> sind kalt geworden im Wind.
> Ärmlich brennt das Licht der Lupinen.«

Auch die Liebe als ein wirklichkeitsenthobener Zustand vermag die
Stundung der Zeit nicht aufzuheben (2. Strophe), weil es ja – wie
Bachmann einige Jahre später in ihrer Preisrede vor den Kriegsblinden feststellen wird – »den Austritt aus der Gesellschaft nicht gibt«
(IV, 276). Das lyrische Ich verharrt aber nicht im passiven Erleiden,
sondern ringt um Erkenntnis (»Dein Blick spurt im Nebel«) und
begegnet den Zwängen (»Du *mußt*«), indem es eben der Erkenntnis
der Gestundetheit der Zeit (mit bezeichnenden intertextuellen Anspielungen auf Aristoteles und Heidegger – vgl. Dorowin, 1996,
61f.) und der Aussicht auf »härtere Tage« Rechnung trägt, sich nicht
im Vertrauten einrichtet, sondern das Unvermeidliche tut. Höller
erinnert die Aufforderung zu einem erneuten Aufbruch im Ton an
Brechts *Aus einem Lesebuch für Städtebewohner* (vgl. Höller, 1987,
22):

> »Sieh dich nicht um.
> Schnür deinen Schuh.
> Jag die Hunde zurück.
> Wirf die Fische ins Meer.
> Lösch die Lupinen!

Der Glaube an die Notwendigkeit eines Neubeginns prägt die Gedichte der *Gestundeten Zeit* durchwegs. Er spricht sich auch im Gedicht *Botschaft* (I, 49) aus, das fälschlicherweise als Beleg für Bachmanns »geschichtspessimistische Untergangssüchtigkeit« genannt wurde (Bothner, 1986, 162). Der deutsche Faschismus hat die abendländische Tradition desavouiert, die durch Anspielung auf antike Mythologie und christliche Glaubensvorstellungen in diesem Gedicht herbeizitiert wird. So wie *Früher Mittag* die Unmöglichkeit des ungebrochenen Anknüpfens an die klassisch-romantische Literatur thematisiert, so *Botschaft* einen Wendepunkt in der abendländischen Kultur, denn

> »[...] unsere Gottheit,
> die Geschichte, hat uns ein Grab bestellt,
> aus dem es keine Auferstehung gibt«.

In den Gedichten der *Gestundeten Zeit*, in denen Andrea Stoll (1991, 39) zurecht »die Ebene der kollektiven Erinnerung von zentraler Bedeutung« und Erinnerung als »subversive Kraft« (ebda, 44) sieht, ist ein geschichtlicher Moment angesprochen, in dem zwar noch keine neue Orientierung gefunden ist, in dem aber auch (s. Titelgedicht) die jüngste Entwicklung bzw. der erreichte Zustand nicht unwidersprochen hingenommen werden. Appelle zu Widerstand und zu Wachsamkeit (vergleichbar etwa denen in Eichs Hörspiel *Träume* von 1950) sowie das Motiv des Aufbruchs nehmen denn auch einen zentralen Stellenwert in dieser Gedichtsammlung ein. Die Aufforderungen im Titelgedicht klingen wie ein existentialistisches Bekenntnis zum absurden Trotzdem und eine Aufforderung zur Flucht aus der gesellschaftlichen Realität. Daß solches nicht gemeint ist, läßt sich aus anderen Gedichten wie *Ausfahrt, Abschied von England* oder *Herbstmanöver* ablesen. Das erste Gedicht der Sammlung, *Ausfahrt* (I, 28 f.), thematisiert das Verlassen des Festlandes, das – ähnlich auch in den Hörspielen der Autorin – den Verlust des festen Bodens unter den Füßen bedeutet. Wie im Gedicht *Die gestundete Zeit* wird ein Bereich des Vertrauten, werden »die kleine Fischerhütte« und das heimelige Leben in ihr und um sie herum sowie der verkrüppelte Baum am Ufer zurückgelassen, um sich der Ungewißheit des Meeres auszusetzen. Da das Wasser ein altes Bild für das Unbewußte des Menschen ist, hat Beatrice Angst-Hürlimann (vgl. 1971, 122) diese Ausfahrt als eine Auseinandersetzung mit dem Unbewußten interpretiert, als eine Ausfahrt mithin zur Selbsterkundung an der Grenze des eigenen Bewußtseins. Naheliegender ist bei Bachmann die Ausdeutung des Motivs der Ausfahrt als eines Sinnbildes für den Wunsch des Menschen, den Zwängen der Realität und des Daseins in seiner Zeitlichkeit zu entfliehen. Da aber eine solche Flucht, wie die Autorin in ihrer Preisrede vor den Kriegsblinden ausgeführt hat, »nicht möglich« (IV, 276) ist, führt die Schlußstrophe folgerichtig aus dem realitätsabgewandten, traumhaften Zustand zurück in die Alltäglichkeit, ins Konkrete. Dennoch ist die Spannung auf Zukünftiges, auf Utopisch-Hoffnungsvolles nicht aufgegeben. Der Schluß des Gedichts liest sich wie eine vorweggenommene Exemplifizierung der in der genannten Preisrede von 1959 erhobenen Forderung der Autorin, innerhalb der gegebenen Ordung »den Blick« auf eine utopische Größe auszurichten:

> »Das Beste ist, am Morgen,
> mit dem ersten Licht, hell zu werden,
> gegen den unverrückbaren Himmel zu stehen,
> der ungangbaren Wasser nicht zu achten
> und das Schiff über die Wellen zu heben,
> auf das immerwiederkehrende Sonnenufer zu«.

Schon allein innerhalb des Kontexts von Bachmanns Werk läßt sich erkennen, daß im Gedicht *Ausfahrt* nicht »Flucht als reine Setzung« (Thiem, 1972, 63) gemeint sein kann. Dagegen spricht außerdem, daß das hier gestaltete Motiv des Aufbruchs sowohl im zeitgenössischen »politische[n] Diskurs« (Höller, 1987, 28) als auch in der Literatur der Nachkriegszeit – Höller verweist besonders auf Wolfgang Koeppen (vgl. ebda, 28 ff.) – als Bild für die Notwendigkeit einer politischen und gesellschaftlichen Neuorientierung sehr beliebt war. Bachmanns Gedichten (wie den Hörspielen und Erzählungen des *Dreißigsten Jahrs*) ist das Bewußtsein eingeschrieben, daß Utopie wirklichkeitsbezogen bleiben muß, soll sie nicht unverbindlich sein:

> »Wir wissen,
> daß wir des Kontinents Gefangene bleiben
> und seinen Kränkungen wieder verfallen,
> und die Gezeiten der Wahrheit
> werden nicht seltener sein«
> (*Salz und Brot* – I, 57).

Dieselbe Haltung spricht aus dem Vers »Und der Fluchtweg nach Süden kommt uns nicht, / wie den Vögeln, zustatten« aus dem Gedicht *Herbstmanöver* (I, 36), dessen Naturbilder auf die geschichtliche Situation, auf das »Herbstmanöver der Zeit«, verweisen. Das Gedicht führt Klage über das Fortwirken der Vergangenheit:

> »In den Zeitungen lese ich viel von der Kälte
> und ihren Folgen, von Törichten und Toten,
> von Vertriebenen, Mördern und Myriaden
> von Eisschollen, aber wenig, was mir behagt«.

Und das Gedicht beklagt weiters, daß »man« sich die Auseinandersetzung mit den »Folgen« der politischen und gesellschaftlichen Entwicklung in Zeiten scheinbaren Friedens ersparen will. Die Flucht in ein Sonderangebot der Paradiese verheißenden Ferienindustrie kann nur ein vorübergehendes Verdrängen, das Vergessen der »unbeantworteten Briefe an das Gestern« leisten:

> »Die Zeit tut Wunder. Kommt sie uns aber unrecht,
> mit dem Pochen der Schuld: wir sind nicht zu Hause«.

Der zuletzt zitierte Halbsatz ist verräterisch doppeldeutig. Denn das »Nicht-zu-Hause-Sein« bedeutet ja nicht nur ein »Nicht-antreffbar-Sein«, sondern bezeichnet auch die Befindlichkeit derer, die der Wirklichkeit zu entfliehen suchen: sie sind »nicht zu Hause«, d.h. heimatlos. Auch das Gedicht *Früher Mittag* thematisiert Erinnerungsarbeit als Voraussetzung für die Bewältigung der Vergangenheit und dafür, daß der »erblindet im Licht« kauernden »Hoffnung« (I, 45) eine Zukunft eröffnet wird.

Die »Flucht aus der Realität« (Thiem, 1972, 63) kommt vor allem dem Dichter »nicht zustatten«. Er darf sich nicht durch »Schönheit« blenden lassen, nicht »der Schönheit verfallen« (*Große Landschaft bei Wien* – I, 60), weil sie »ihn zur Wahrnehmung der Welt unfähig« (Oelmann, 1980, 7) zu machen droht. Mit geschärften Sinnen, »offnen Augs« (*Die große Fracht* – I, 34) und »mit dem scharfen Gehör für den Fall« (*Große Landschaft bei Wien* – I, 61) setzt er sich dem »Licht« der Erkenntnis aus. Auffällig häufig begegnet man in den Gedichten der *Gestundeten Zeit* der Lichtmetapher (vgl. z.B. *Paris* – I, 33; *Die große Fracht* – I, 34). Sie steht für das Bewußtsein von der Gestundetheit der Zeit. Bachmann wird aber nicht von »Todessehnsucht« und »geschichtspessimistischer Untergangssüchtigkeit« (Bothner, 1986) geleitet. Ihrer Dichtung haftet auch nichts Resignatives an, im Gegenteil: Angesichts der Gestundetheit der Zeit verknüpft sich mit dem Ringen um eine neue Sprache Hoffnung (Schluß von *Früher Mittag*), und aus dem Bewußtsein der Unausweichlichkeit des Todes heraus dichtet sie in *Dunkles zu sagen* (I, 32) ein Bekenntnis zum Leben, das durch seine Verschränkung von Liebesthematik und poetologischer Reflexion (vgl. Oberle, 1990, 27ff.) sowie dem damit zusammenhängenden Celan-Bezug (vgl. Leeder, 1994, 15) einen besonderen Stellenwert einnimmt:

> »Aber wie Orpheus weiß ich
> auf der Seite des Todes das Leben,
> und mir blaut
> dein für immer geschlossenes Aug«.

Die Farbe »Blau«, von Bloch als »Gegenfarbe zum Orkus« (vgl. Mechtenberg, 1978, 53) bezeichnet, steht in ihrer »Positivität in starkem Kontrast zu ›Dunkles‹, ›dunklen Fluß‹, ›Schattenhaar‹, ›schwarze Flocke der Finsternis‹ und ›geschlossenes Auge‹« und transportiert eine »paradoxe Hoffnung« (Oelmann, 1980, 10). Trotz ihrer Einsicht auch in die Alltäglichkeit des Kriegerischen im Geschichtsverlauf (*Alle Tage* – I, 46), die auf die *Todesarten* vorausweist, thematisiert Bachmann schon in den Gedichten der *Gestundeten Zeit* (viel intensiver dann noch in denen der *Anrufung des Großen Bären*) die in den Frankfurter Vorlesungen als Notwendigkeit bestimmte Ausrichtung auf eine Utopie. So lenkt die Dichterin ihren Blick »auf das immerwiederkehrende Sonnenufer zu« (I, 29) und läßt das lyrische Ich »das Land meiner Seele« suchen, dessen »Boden« es »nie betreten« hat und wird (*Abschied von England* – I, 30). Dennoch drückt das Gedicht das ständige Bemühen um die Annäherung an das aus, »das allen in die Kindheit scheint und worin noch niemand war: Heimat« (Bloch, 1977, 1628).

Im Gedicht *Früher Mittag* steht der Vers: »Das Unsägliche geht, leise gesagt, übers Land« (I, 45). Das erinnert daran, daß die Texte der *Gestundeten Zeit* in den Jahren der intensiven Auseinandersetzung Bachmanns mit der Philosophie Wittgensteins entstehen. Die Sprachproblematik ist allerdings in dieser Gedichtsammlung noch nicht so sehr ins Zentrum gerückt wie dann in der *Anrufung des Großen Bären*. Das zeitlich parallel zur *Gestundeten Zeit* entstandene, aber nicht in diesen ersten Lyrikband aufgenommene Gedicht *Wie soll ich mich nennen* (I, 20) schließt mit den Versen:

> »Vielleicht kann ich mich einmal erkennen,
> eine Taube einen rollenden Stein ...
> Ein Wort nur fehlt! Wie soll ich mich nennen,
> ohne in anderer Sprache zu sein.«

Da der Sinn des Daseins, Wittgenstein zufolge, nicht in der Welt sein kann und die Grenzen der Sprache mit den Grenzen der Welt zusammenfallen, kann sich das Ich nicht »erkennen«. Die Dichtung aber trachtet, eine Ahnung von diesem »Unaussprechlichen« zu vermitteln. Sie geht durch das »Schweigen« (*Früher Mittag* – I, 45; *Große Landschaft bei Wien* – I, 59) hindurch, weil sie die Teilhabe an der »Gaunersprache« verweigert. Am entschiedensten spricht sich in der ersten Lyriksammlung Bachmanns deren Sprachauffassung in dem Gedicht *Holz und Späne* (I, 40 f.) aus. Wie in *Früher Mittag* spielt die Dichterin in der dritten und in der letzten auf Müllers *Lindenbaum* an, wie dort verwendet sie Naturmetaphorik nicht ungebrochen, transformiert diese vielmehr zu Zeichen für poetologische und ethische Probleme: »Auch hier dient die Natur nicht als reale Fluchtmöglichkeit aus der geschichtlichen Wirklichkeit, sondern als Potential von Bildern des Widerstands« (Oelmann, 1980, 58), und zwar gegen die »Gaunersprache«, gegen Klischee und Phrase, gegen die Sprache der Ideologien, die durch »die Maschine des Glaubens« Verbreitung findet. Angesichts der schleichenden Wiederkehr der »Henker von gestern«, die das Gedicht *Früher Mittag* beklagt, appelliert *Holz und Späne* zur Wachsamkeit. Der Dichtung verbietet sich das Mitmachen, d.h. auf ihrer Ebene das Mitsprechen der »Gaunersprache«, sie setzt ihr – im Sinne der Frankfurter Vorlesungen (vgl. IV, 197) – eine bittere Erkenntnis entgegen. Anders als im *Lindenbaum* wird nicht ein »liebe[s] Wort« (Müller, 1906, 114) in die Rinde geschnitzt: »Die Lockung zur ›Ruhe‹, jede Art von pseudoromantischer Dichtung, ›die uns schwächte‹, da sie zur Passivität, zur Flucht in eine schon damals illusionäre Harmonie rief, wird als Verführung erkannt, sie wird verwandelt zum Aufruf zum Widerstand« (Oelmann, 1980, 60). In Anspielung auf den Beginn des Johannes-Evangeliums in der vierten Strophe – »Im Anfang war das Wort, und das Wort war bei Gott« – verweist Bachmann darauf, daß es ihr auf nichts anderes als auf das »wahre« Wort ankommt:

> »Aber ins Holz,
> solang es noch grün ist, und mit der Galle,
> solang sie noch bitter ist, bin ich
> zu schreiben gewillt, was im Anfang war!«

Dem unbekümmerten Alltagssprachgebrauch und der Sprache der Ideologien wird aus ethischen Gründen entgegengewirkt. Dichtung versteht Bachmann ja als »Verstoß gegen die schlechte Sprache« (IV, 268). Neben dem »ethischen« hat die Sprachthematik in diesem Gedicht aber auch noch einen »logisch-philosophischen« Aspekt (Fehl, 1970, 227). Konsequent der strengen Grenzziehung Wittgensteins folgend, sucht die Autorin nach Bildern, die jenseits verifizierbarer Aussagen eine Ahnung vom »Unsagbaren«, von einer Wahrheit erzeugen, die »vom Papier am Fließband« und durch »die Maschine des Glaubens« nicht vermittelt wird. Dem »nie ganz zu verwirklichenden Ausdruckstraum« (IV, 268) des Dichters glaubt sich Bachmann in den Gedichten der *Gestundeten Zeit* annähern zu können durch Transformationen herkömmlicher Metaphorik (biblischer, naturlyrischer etc.) und durch Genitivmetaphern, die wahrscheinlich unter dem Eindruck der Lyrik Celans entstanden und von der Kritik vielfach als »billig« (Holthusen, 1958, 257), »montiert« (Bothner, 1986, 202) oder ähnlich abqualifiziert wurden. Lothar Baier hat allerdings auch darauf hingewiesen, daß es sich bei dieser Art der Metapher um eine »sprachliche Form« handelt, die die Bedeutung von »Trennung und Vereinigung zugleich« zu transportieren vermag, in der *Gestundeten Zeit* konkret: »Protest für und gegen die Gegenwart in einem« (Baier, 1964, 4). Dies ist nicht unrichtig, versucht doch Bachmann den Zustand der Welt in ihren Gedichten einzufangen und gleichzeitig aus dem Bewußtsein der Gestundetheit der Zeit zu Widerstand und utopischer Ausrichtung zu appellieren. Doch liegt außer dem Reiz der überraschenden Verknüpfung in der surrealistisch inspirierten Genitivmetapher (z.B. »Spreu des Hohns« – I, 36; »Felsen uralten Traums« – I, 45 u. ä.) auch die Gefahr der Willkür, alles und jedes miteinander zu verbinden. Man kann darin, wenn nicht schon »das Unvermögen, die vorgefundene Realität in Sprache zu fassen« (Görtz, 1971, 34), so doch eine Unsicherheit des Sagens erkennen, die allerdings auch geschichtlich vermittelt ist und der Bachmann durch einen »leidenschaftlich militante[n] Ton« (Svandrlik, 1984, 30) zu begegnen trachtet. In der *Anrufung des Großen Bären* sind dann sowohl diese Stilhaltung als auch die Genitivmetapher weitgehend aufgegeben.

3.2.1.2 Anrufung des Großen Bären und Gedichte 1957 bis 1961

Der zweite, zugleich letzte Gedichtband Bachmanns, *Anrufung des Großen Bären*, erschien in erster Auflage 1956 bei Piper. Diese Sammlung gliedert sich in vier Teile: der erste enthält drei Gedichte, u. a. das Titelgedicht, und den zehn Gedichte umfassenden Zyklus *Von einem Land, einem Fluß und den Seen*, der zweite Teil dreizehn, der dritte zwölf Gedichte sowie den aus fünf Gedichten bestehenden Zyklus *Lieder von einer Insel*; den vierten Teil schließlich bildet der umfangreichste, aus fünfzehn Gedichten zusammengesetzte Zyklus *Lieder auf der Flucht*.

Die Werkausgabe von 1978 veröffentlicht zwölf Gedichte der Zeit zwischen 1957 und 1961. Mit Ausnahme von *Ihr Worte*, das für eine 1961 erschienene Festgabe *Nelly Sachs zu Ehren* verfaßt wurde (vgl. I, 656), entstanden alle diese Gedichte 1956/57, also in unmittelbarer zeitlicher Nachbarschaft zur *Anrufung des Großen Bären* (vgl. Anm. der Herausgeber – I, 655 ff.).

Die Gedichte der zweiten Lyriksammlung Bachmanns wurden und
werden allgemein von der Kritik und der Literaturwissenschaft höher eingeschätzt als die der ersten: die frühere formale Unsicherheit
sei nun in metrischer Regelmäßigkeit und »höhere[r] Einfachheit
des Ausdrucks« (Holthusen, 1958, 257) aufgehoben; »die Bildsprache« habe sich, »im Gegensatz zu den überwiegend montierten Metaphern der ›Gestundeten Zeit‹, zu Vielschichtigkeit und komplex
angelegter Symbolik entwickelt« (Bothner, 1986, 202); in der jüngeren Gedichtsammlung trete »Utopismus« an die Stelle des vernei-
nenden Pathos, das die frühere kennzeichne (Holschuh, 1964, 47),
die Gedichte der *Anrufung* seien also »in weitaus stärkerem Maße
phantastisch-utopisch« ausgerichtet als die der *Gestundeten Zeit*
(ebda). Tatsächlich sind das Pathos und der appellativ »militante
Ton« (Svandrlik, 1984, 30) zurückgenommen und gewagte Genitivmetaphern wie »Axt der Nacht« (I, 90) – zugunsten einer Metaphorik selten geworden, die – nicht neu bei Bachmann, aber ausgepräg-
ter als in der *Gestundeten Zeit* – auf heterogene Mythen, auf Märchen, auf biblische Motive und weiterhin auch auf die Natur, nun
insbesondere auf die neu erfahrene mediterrane Landschaft als Bild-
spender zurückgreift. Anders als Benn, bei dem die »mediterrane
Thematik« in einer »hart ziselierten Klassizität« erstarrt (Marsch,
1973, 519) und Flucht aus dem Geschichtsprozeß meint, suspen-
diert Bachmann diesen in ihren Texten nicht: auch wenn die pathe-
tische Widerstandsgeste, die die Gedichte der *Gestundeten Zeit* aus-
zeichnet, nun weitgehend fehlt, so ist der neuen Lyrik doch nach
wie vor das Bewußtsein eingeschrieben, in einer bedrohten Welt
(vgl. das Titelgedicht – I, 95), in einer in Lieb- und Leblosigkeit er-
starrenden (vgl. *Landnahme* – I, 98), »verheerte[n] Welt« (*Mein Vogel* – I, 96) zu leben. Und diesen Gedichten ist Widerstand gegen
diesen Zustand eingeschrieben. In einigen poetologischen Gedichten spricht sich aber ein dichterisches Selbstbewußtsein aus, wie
man es in der *Gestundeten Zeit* noch kaum antrifft. Am stärksten
ausgeprägt erscheint es da in *Holz und Späne* (I, 40 f.), in dem der
Dichtung nicht nur eine appellative Funktion (»Seht zu, daß ihr
wach bleibt!«), sondern auch eine utopische zugeschrieben wird. Gegen die »Gaunersprache« hält sie »das Wort, in die Rinde geschnitten, wahr und vermessen«. Dieselbe poetologische Auffassung vertritt Bachmann nachdrücklich in dem Gedicht *Mein Vogel* (I, 96 f.),
das in mehrfacher Hinsicht bemerkenswert ist. Es läßt erkennen,
daß die Autorin mit Mythologemen (und im übrigen ja auch, wie
das Titelgedicht zeigt, mit biblischen Vorstellungen) ähnlich verfährt
wie mit Naturbildern, indem sie sie aus ihrem ursprünglichen Be-
deutungszusammenhang herauslöst und ihnen auf einer anderen Be-

deutungsebene eine vergleichbare Aussagefunktion zuordnet: Die Eule ist ein Symbol für Wachsamkeit und Klugheit. In der griechischen Mythologie galt sie als heiliges Tier der Pallas Athena, der Göttin sowohl des Krieges und des Friedens als auch und insbesondere der Weisheit, der Schirmherrin mithin der Philosophen, Dichter und Redner. Im Gedicht der Bachmann ist die Eule nun in Beziehung gesetzt zum Dichter bzw. zur Dichterin:

> »Mein eisgrauer Schultergenoß, meine Waffe,
> mit jener Feder besteckt, meiner einzigen Waffe!
> Mein einziger Schmuck: Schleier und Feder von dir«.

In der Ausdeutung des Gedichts ist die Eule meist als Symbol für die poetische Inspiration (vgl. Rasch, 1967, 275), jedoch auch als »Verkörperung des dichterischen Über-Ich« (Höller, 1987, 44) aufgefaßt worden. Darin liegt nur eine scheinbare Widersprüchlichkeit. Denn eindeutig nimmt Bachmann zwar Bezug auf romantische Dichtungsvorstellungen, die durch Feuermetaphorik evoziert werden (»wenn ich befeuert bin in der Nacht [...]«), doch stellt sie auch klar, daß es mit der Inspiration des Dichters allein nicht getan ist. In einer Zeit, in der »die verheerte Welt« zurückzusinken droht »in die Dämmerung«, darf sich der schöpferische Mensch in seinem Selbstverständnis, in Anspruch und Funktionsbestimmung seines Tuns, wie auch das 1957 erstveröffentlichte Gedicht *Geh, Gedanke* (vgl. I, 157) nachdrücklich in Abgrenzung von religiöser Glaubenshaltung fordert, nicht der Aufgabe entbinden, die Zustände der Welt mit seiner Ratio zu durchleuchten. Zwar setzt er sich weiterhin den sinnlichen Eindrücken aus (5. Strophe), doch läßt er sich – wie schon in *Holz und Späne* thematisiert – nicht dazu verführen, dem Ziel einer Dichtung aufzukündigen, die »scharf von Erkenntnis und bitter von Sehnsucht« (IV, 197) wäre. Bachmann strebt offenbar eine Verbindung von Sinnlichkeit und Rationalität an, wie sie Musil (1952, 610) vorgeschwebt hat, der Ulrich im *Mann ohne Eigenschaften* zur »geistigen Generalinventur« der Zeit ein »Erdensekretariat der Genauigkeit und Seele« fordern läßt und dessen kulturkritischen Aufsatz über *Das hilflose Europa* die Autorin in ihrem Rundfunkessay über den *Mann ohne Eigenschaften* herausragend zitiert: »Wir haben nicht zuviel Verstand und zu wenig Seele, sondern wir haben zu wenig Verstand in den Fragen der Seele« (nach IV, 95).

Bachmann entwirft am Schluß des Gedichts *Mein Vogel* ein Gegenbild zu der der Zerstörung anheimfallenden Welt, und zwar das Bild der »Erde«, die versponnen ist mit dem »Harz aus den Stämmen«, das »auf die Wunden träufelt«. Gedichtimmanent läßt sich dieses Bild kaum verstehen, wohl aber, wenn man sich daran erinnert, daß im Gedicht *Holz und Späne* das lyrische Subjekt klagt, »das Wort, in die Rinden geschnitten, / wahr und vermessen« nicht wiedererkennen zu können, und daß es die dichterische Tätigkeit als Annäherung an diese »wahre« Sprache versteht:

> »Aber ins Holz,
> solang es noch grün ist, und mit der Galle,
> solang sie noch bitter ist, bin ich
> zu schreiben gewillt, was im Anfang war!« (I, 40).

Der Gegenentwurf im Gedicht *Mein Vogel* bewegt sich im selben Bildbereich. Dichtung »rückt jene Warte ins Licht«, von der aus die Bedrohung der Welt durchschaut, von der aus aber auch eine utopische Gegenbewegung in Gang gesetzt werden kann, eine Utopie, die mit der »Erde« versponnen, d.h. realitätsbezogen und der Ratio verpflichtet sein soll. Eine ähnliche utopische Ausrichtung gegen die Verheerung der Welt thematisiert auch das Gedicht *Landnahme* (I, 98). In der »Nacht« des geschichtlichen Augenblicks droht das Leben zu erstarren:

> »Die Liebe graste nicht mehr,
> die Glocken waren verhallt
> und die Büschel verhärmt«.

Eine poetische »Landnahme« läßt neues Leben erwachen:

> »Um dieses Land mit Klängen
> ganz zu erfüllen,
> stieß ich ins Horn,
> willens im kommenden Wind
> und unter den wehenden Halmen
> jeder Herkunft zu leben!«

Die Opposition von »Dämmerung«/»Nacht« einerseits und »Licht« andererseits, die das Gedicht *Mein Vogel* explizit, *Landnahme* implizit prägt, ist für den gesamten zweiten Lyrikband von Bachmann und darüber hinaus etwa für *Freies Geleit* (*Aria II*) aus dem Jahr 1957 (vgl. I, 161) kennzeichnend. Wohl nicht zufällig ist es ein Nachtgedicht, das dieser Sammlung den Titel verleiht. *Anrufung des Großen Bären* hat durch seine Mehrdeutigkeit, durch Anspielungen auf das *Alte* und das *Neue Testament* sowie auf Homers *Ilias* verschiedenste Interpretationen herausgefordert, mythengeschichtliche (vgl. Schadewald, 1960, 109 ff.), theologische (vgl. Rasch, 1967, 282 ff.) und auch existentialistische (vgl. Bothner, 1986, 235). Das Sternbild des Großen Bären, schon im *Buch Hiob* und im 18. Gesang der *Ilias* ein bedeutungsbeladenes Mythologem (vgl. Rasch, Schadewald u. a.) steht jedenfalls im Bachmann-Gedicht als Zeichen für eine unheimliche, unabwägbare Bedrohung. Diese erscheint den Menschen numinos (vgl. Rasch, 1967, 285 f.). Doch der Rückgriff auf archaische, mythische und religiöse Vorstellungen dient Bachmann zum Ausdruck für die Erfahrung einer völlig heterogenen, zeitgenössischen Bedrohung, die von einer Dimension ist, daß sie der Dichterin mit der klischeehaften Sprache der Medien, der Politik, der Ideologien nicht adäquat erfaßbar scheint. Um dies annähernd leisten und eine Ahnung von der Gefahr vermitteln zu können, greift sie zurück auf Mythologeme.

Das Gedicht *Anrufung des Großen Bären* wurde erstmals Anfang 1955 veröffentlicht (vgl. I, 648). Etwa gleichzeitig wurde ein Radioessay der Autorin über Simone Weil gesendet (vgl. IV, 378), in dem sie sich im wesentlichen auf zwei 1952 bzw. 1953 in deutscher Sprache erschienene Bücher der Französin bezieht (vgl. IV, 379). Bachmann zeigt sich fasziniert von Weils Begriff »Großes Tier« zur Bezeichnung von Ideologien, der aus Platons *Politeia* übernommen ist (vgl. IV, 149 f. und 153). Die Bedrohung durch Ideologien, die allesamt zu totalitärer Vereinnahmung, Verfügbarkeit und Minderwertung des Menschen neigen (2. Strophe) und – wie Bachmann in Anlehnung an Musil meint – »direkt zum Krieg« führen (IV, 27), erscheint universal (vgl. auch das Gedicht *Verordnet diesem Geschlecht keinen Glauben* – I, 151). Daher wird die Heilsgeschichte als Geschichte (männlicher) zerstörerischer Gewalt herbeizitiert (2. – 4. Strophe). Die ersten beiden Strophen wurden von Walter Jens (1959, 231) treffend als »Wechselgesang zwischen Mörder und Opfer« charakterisiert. Mit dem Vers »Fürchtet euch oder fürchtet euch nicht«, der das Wort des Engels an die Hirten in der Nacht der Geburt Christi vor der Verkündung der Frohbotschaft variiert, wird eine Außenperspektive eingenommen, die das Bedrohliche des »Großen Tiers« (4. Strophe) hinter der Maske der suggerierten Harmlosigkeit (3. Strophe) erkennbar werden läßt. Voraussetzung für diese Erkenntnis ist aber die Bereitschaft, nicht nur »gebannt« auf die Bedrohung zu starren, sondern sich mit ihr auseinanderzusetzen, ihrem oberflächlich ungefährlichen Erscheinungsbild zu »mißtrauen«.

Anrufung des Großen Bären ist eines der wenigen Gedichte der Sammlung, die wie die meisten des ersten Lyrikbandes angesichts des Zustands der Welt die Gestundetheit der Zeit und die Notwendigkeit zu Wachsamkeit und Widerstand thematisieren, ohne explizit eine weitere utopische Perspektive zu eröffnen. Als Gegenpol zur Nacht, wie sie am bedrohlichsten im Titelgedicht entgegentritt, erscheint die Helligkeit der lichtdurchfluteten mediterranen Landschaft im dritten Teil der Sammlung. Dieser wird quasi eingerahmt von dem Gedicht *Das erstgeborene Land* (I, 119 f.), in dem das lyrische Ich durch das gleißende Licht schmerzhaft zu Erkenntnis, »zum Schauen«, ja zum »Leben« erweckt wird, und von dem Hymnus *An die Sonne* (I, 136 f.), der – absolutes Gegengedicht zur *Anrufung des Großen Bären* – durch den berühmten Vers »Nichts Schönres unter der Sonne als unter der Sonne zu sein ...« das elementare Dasein ohne Entfremdung und Unterdrückung als Utopie preist und sich wiederum der Lichtmetapher bedient, um auf den integrierenden Anteil rationaler Erkenntnis im literarischen Kunstwerk zu verweisen. Dieser verbietet einen ästhetizistischen Schönheitskult, dem außer den genannten Gedichten auch *Scherbenhügel* (I, 111), das Venedig-Gedicht *Schwarzer Walzer* (I, 131) und vor allem *Was wahr ist* (I, 118) abschwören. Der zuletzt genannte Text steht nicht nur in einem unmittelbaren Zusammenhang mit der programmatischen Kriegsblindenpreisrede *Die Wahrheit ist dem Menschen zumutbar*, sondern nimmt auch die Sprachthematisierung und vor allem die radikale antiästhetizistische Haltung der spätesten Gedichte wie *Keine Delikatessen* (I, 172 f.) und *Enigma* (I, 171) vorweg und deutet in seiner Bildhaftigkeit auf den Schluß des Romans *Malina*:

> »Was wahr ist, streut nicht Sand in deine Augen,
> was wahr ist, bitten Schlaf und Tod dir ab
> als eingefleischt, von jedem Schmerz beraten,
> was wahr ist, rückt den Stein von deinem Grab.
> [...]
> Du haftest in der Welt, beschwert von Ketten,
> doch treibt, was wahr ist, Sprünge in die Wand.
> Du wachst und siehst im Dunkeln nach dem Rechten,
> dem unbekannten Ausgang zugewandt.«

Nicht ästhetisierende Beruhigung mithin, sondern rationale Durchleuchtung des »Dunkels« und utopische Ausrichtung auf einen »unbekannten Ausgang« werden, wie in *Mein Vogel,* als Aufgaben der Dichtung bestimmt. Von der letzten Strophe dieses Gedichts fällt auch ein bezeichnendes Licht auf den Schluß von *Malina*. Er kann von hier aus als utopisch gedeutet werden. Gerade im Hinblick auf diesen Roman, der vielfach als Ausdruck von Resignation gesehen wurde (vgl. GuI, 118), betont Bachmann wie in den Frankfurter Vorlesungen die existentielle Notwendigkeit von utopischer Haltung (vgl. GuI, 128).

In der Lyriksammlung *Anrufung des Großen Bären* findet man in heterogenen »utopischen Bildern und Zeichen das versammelt, was die Menschen in ihrer bisherigen Geschichte gegen die entfremdete Welt aufgeboten haben: *Natur, Kunst, Religion, Volksmärchen* und utopische *Volksfeste, Liebe, Spiel* und *Arbeit*, sie bilden den Schatz an Vorstellungen, Klängen, Farben und Bewegungen zur Versinnbildlichung des augenblicklichen Anbruchs einer erlösten Welt« (Höller, 1987, 55). Auf einige dieser utopischen Zeichen wurde schon verwiesen. Werkübergreifend von besonderer Bedeutung ist zweifellos Liebe als Utopie. In einem Interview aus dem Jahr 1971 hat Bachmann festgestellt: »Liebe ist ein Kunstwerk« (GuI, 109). Das Gedicht *Landnahme* macht das Fehlen von Liebe (»Die Liebe graste nicht mehr« – I, 98) verantwortlich für die Verheerung der Welt, andere Gedichte zeichnen das Gegenbild einer absoluten Liebe. Das erste Gedicht der *Anrufung des Großen Bären, Das Spiel ist aus* (I, 82 f.), setzt wie das erste der *Gestundeten Zeit, Ausfahrt* (I, 28 f.), mit einem Aufbruch ein, diesmal in eine kindheitliche Welt voll phantastischer, märchenhafter Entwürfe und Bezüge. Höller (vgl. 1987, 40) hat unter Berufung auf Blochs *Das Prinzip Hoffnung* die poetisch-utopische Qualität dieser Kindheitsträume nachdrücklich hervorgehoben. Bloch erinnert an Märchen, in denen das »Himmelblau« ein »riesiges oberes Wasser« meint, das die phantastischsten Reisen erlaubt: »Sogar das ist möglich, daß sein Traum zeichnet, das ist, daß er eine förmliche Karte von seinen Küsten entwirft« (Bloch, 1977, 419), wie es auch im Bachmann-Gedicht geschieht (2. Strophe). Blochs Überschau über utopische »Phantasiebilder« (ebda), »Traummärchen« (ebda, 420) und die »Wunschgeographie« der Kindheit enthält einiges, was auch in der Lyrik von Bachmann anzutreffen ist. So erzeugt sie in ihren Texten die Ahnung von etwas, »das allen in die Kindheit scheint und worin noch niemand war: Heimat« (ebda, 1628). Es ist nicht ohne Bedeutung, daß im ersten Gedicht der zweiten Lyriksammlung und in dem auf dieses folgenden Zyklus *Von einem Land, einem Fluß und den Seen* (I, 84 ff., zu diesem ausführlicher Šlibar, 1996) die Erinnerung an die Kindheit bzw. an das Land der Kindheit Material für Zukunftsprojektionen liefert. Allerdings verknüpft sich mit dem Aufbruch in diese Zukunft das Bewußtsein der Bedrohtheit – »wir gehen unter« (*Das Spiel ist aus* – I, 82). Es sind aber nicht nur real mögliche Gefährdungen, für die der politische Alltag (2. Strophe) bzw. die Abenteuer- und Märchenliteratur (3. – 5. Strophe) Modelle liefern, sondern vor allem auch die Gefahr einer inzestuösen Beziehung (9. Strophe). Eine psychoanalytische Ausdeutung des Gedichts, wie sie z.B. Heinz Politzer (vgl. 1974, 171 ff.) unternommen hat, bietet sich an, umso mehr als das Motiv der Geschwisterliebe werkübergreifend (in *Von einem Land, einem Fluß und den Seen*, in *Drei Wege zum See* oder im

Fall Franza) wichtig ist (vgl. auch Bothner, 1986, 207). Zu warnen ist jedoch vor simplen biographischen Rückschlüssen. Denn zweifelsohne erlaubt sich Bachmann mit der Thematisierung der Geschwisterliebe eine literarische Anspielung auf Musils *Der Mann ohne Eigenschaften* sowie auf dessen Nachlaßgedicht *Isis und Osiris*. Besonders in ihrem Rundfunkessay über Musils Roman, in dem sie dieses Gedicht zitiert, widmet sie sich eingehend dieser Thematik (vgl. IV, 98 ff.). Die Geschwisterliebe, eine Beziehung, die alle übrigen zwischenmenschlichen Beziehungen an Vertrautheit übertrifft, wird als Zeichen der Utopie eines absoluten Verstehens und absoluter Liebe gesetzt, einer Utopie, die die Realität hinter sich läßt. Wiederholt hat Bachmann darauf hingewiesen bzw. in ihren Werken thematisiert, daß ein solch wirklichkeitsentrückter »anderer Zustand« nicht lebbar ist (vgl. vor allem die Preisrede vor den Kriegsblinden – IV, 276 – oder im Kontext des zweiten Lyrikbandes das Gedicht *Tage in Weiß* – I, 112). In bezug auf das gescheiterte Experiment der Geschwisterliebe im *Mann ohne Eigenschaften* meint die Autorin: »Liebe als Verneinung, als Ausnahmezustand, kann nicht dauern. Das Außersichsein, die Ekstase währen – wie der Glaube – nur eine Stunde«, »die Utopie dieses anderen Lebens« kann »für die Praxis des Lebens keine Vorschriften« geben, aber es bleibt doch eine »Ahnung« von einem anderen Leben, »in der sich das Movens des Geistes ständig wach und bereit hält« (IV, 102). »Das Spiel ist aus«, weil es in der Alltagspraxis der Erwachsenenwelt zur schuldhaften Beziehung führte, und die Welt der »Wunschgeographie« hat kein Äquivalent in dieser Praxis, aber die »Ahnung« von einem unentfremdeten, frei projizierbaren Zustand wird im Gedicht aufrechterhalten, in der Sprache der Dichtung konserviert:

> »Nur wer an der goldenen Brücke für die Karfunkelfee
> das Wort noch weiß, hat gewonnen«.

Über den sich hier offenbarenden Sprachglauben der Dichterin, mit dem »Wort« die Grenzen des eingeschränkten Daseins überschreiten zu können – die »Brücke« erscheint wiederholt im Werk von Bachmann als Gegenbild zu Grenzen -, wird noch im Zusammenhang mit anderen Gedichten aus der *Anrufung des Großen Bären* zu handeln sein.

Einen Lobgesang auf die Liebe und gleichzeitig eine elegische Klage darüber, daß sie für den vernunftbegabten Menschen ein unerfüllbares Verlangen bleibt, stimmt Bachmann in dem Gedicht *Erklär mir, Liebe* (I, 109 f.) an. Die Ratio bzw. ein rein »zweckgerichtet[es]« Dasein, in dem der Mensch zum »Objekt fremder Zwecke« (Wolf, 1983, 123) wird, schließen ihn aus dem universalen Liebesvermögen aus, er erscheint desintegriert:

> »Dein Hut lüftet sich leis, grüßt, schwebt im Wind,
> dein unbedeckter Kopf hat's Wolken angetan,
> dein Herz hat anderswo zu tun,
> dein Mund verleibt sich neue Sprachen ein«.

Während dem Menschen nach der babylonischen Sprachverwirrung *die* Sprache fehlt, die ihm eine unentfremdete Liebesbeziehung erlaubte, ist die »Kommunikation« in der organischen Natur (2. u. 3. Strophe) sowohl als auch in der anorganischen ungestört: »Wasser weiß zu reden, / die Welle nimmt die Welle an der Hand«, ja sogar: »Ein Stein weiß einen andern zu erweichen.« Damit wird die traditionelle Vorstellung von Stein bzw. Petrifikation als absolutem Gegenbild zu Liebe bzw. gefühlsmäßigen Bindungen ebenso unterlaufen wie die Phrase vom Steinerweichen und folglich auch das Genreübliche, und zwar sowohl das in der hymnischen Beschwörung eines universalen Liebeskosmos in der Natur Übliche, als auch das in der Klage über Liebesleid, über Verlassen- und Verschmähtsein.

Das Problem der unüberbrücklichen Polarität von Denken und Fühlen findet sich in zahlreichen Texten der Bachmann wieder, verbindet sich mit einer weiteren Polarisierung, nämlich der der Geschlechter. In *Erklär mir, Liebe* rückt das Weibliche als das fehlende Andere als nachdrücklich als männlich ausgewiesenen intellektuellen Ichs ins Bewußtsein und als solches in eine nicht unproblematische Nähe zu Natur als eben dieser Intellektualität entgegengesetzter Pol. Der den Geist absolut setzende Mann grenzt Natur, Sinnlichkeit, Sexualität aus seinem Selbstverständnis aus. Bachmann nennt einmal Otto Weininger, der in *Geschlecht und Charakter* die traditionell frauenfeindliche Geschlechterpolarisierung auf die Spitze getrieben hat, mit Musil, Kafka, Freud und Wittgenstein in einem Atemzug als einen, der ihre »geistige Formation« mitgeprägt habe (GuI, 79f.). Das kann in dem Sinne verstanden werden, daß Bachmanns Schreiben *auch* als Arbeit an der Denktradition zu verstehen ist, die sich mit dem Namen Weininger verbindet, aber nicht im Sinne der Fortschreibung der Geschlechtertypologisierung, sondern als Abarbeiten. In *Erklär mir, Liebe* verkörpert das intellektuelle Ich Männlichkeit im Sinne Weiningers, indem Natur, Weiblichkeit und Sinnlichkeit total ausgegrenzt sind. Dies führt folgerichtig zum Bild einer Abtötung. Der Schluß des Gedichts entwirft denn auch eine auf den ersten Blick befremdlich anmutende, irritierende Vorstellung von Gefühllosigkeit als utopischem Zustand (vgl. Wolf, 1983, 128, oder auch Pichl, 1996, 165 f.). Obwohl der Salamander eher die

Feuchte liebt, vertritt der bairische Aberglaube die Auffassung, er lebe im Feuer, weil seine Körperoberfläche von einer schleimartigen kühlen Drüsenflüssigkeit überzogen ist. Diese Vorstellung, im übrigen auch von Gaspara Stampa in dem Sonett vertreten, aus dem Bachmann in *Malina* zitiert (vgl. Summerfield, 1979, 212) wird hier von Bachmann aufgegriffen: das Feuer der Liebe berührt den Salamander nicht. Allerdings: im Italienischen ist der Salamander weiblich. Die Bildwahl darf daher dahingehend interpretiert werden, daß dieses Tier der geschlechtsmäßigen Festlegung enthoben oder zweigeschlechtlich aufzufassen ist. Das träfe sich mit der poetologischen Lesart des Gedichts durch Johanna Bossinade (1989, 194), die im Anschluß an Jacques Derridas Lektüre von Celans *Schibboleth* »das poetische Ich zweigeschlechtlich« ansieht.

Noch einmal wird Bachmann im Gedicht die Utopie der Alliebe in der Natur ähnlich wie in *Erklär mir, Liebe* beschwören. Im zweiten der Lieder, die Hans Werner Henze in den *Nachtstücken und Arien* vertont hat, in *Freies Geleit* (*Aria II*), wird sie als Gegenbild zur atomaren Bedrohung der Welt entworfen (vgl. I, 161). Aus der Gegenübersetzung der Vision einer atomaren Katastrophe und der universalen Liebesfähigkeit wird die Erkenntnis der Notwendigkeit eines immer wieder zu erneuernden Aufbruchs »aus der Nacht« des geschichtlichen Moments in ein utopisches »Morgen« abgeleitet.

In dem großen abschließenden Gedichtzyklus der *Anrufung des Großen Bären, Lieder auf der Flucht* (I, 138 ff.), sind nochmals alle in dieser Sammlung angeschlagenen Themen aufgegriffen. Auch die helle mediterrane Landschaft, die im dritten Teil des Bandes als möglicher utopischer Gegenort erscheint, ist von der Verheerung der Welt gefährdet. Das Bild des gewaltsamen Einbruchs der Kälte in die südlichen Gefilde steht, wie schon in den frühen Gedichten, für kriegerische Bedrohung (I. – IV. Gedicht). Widerstand gegen die Gewalt und die drohende Erstarrung (V: »Fort mit dem Schnee [...]«) äußert sich in mythisch überhöhter und realitätsenthobener Liebe (VI, VII) und in der Dichtung, die als Erinnerungsarbeit vor der Zerstörung rettet (VIII):

> »Von meinen Worten umklammert
> die Erde,
> von meinem letzten Wort noch umklammert
> das Meer und der Himmel!« (I, 143)

Liebe als »Ausnahmezustand« ist aber nicht lebbar, sie wird vielmehr zerstört (X-XII), und zwar in einer Weise, die vorausdeutet auf die *Todesarten*:

»Mund, der in meinem Mund genächtigt hat,
Aug, das mein Aug bewachte,
Hand –

und die mich schleiften, die Augen!
Mund, der das Urteil sprach,
Hand, die mich hinrichtete!« (I, 145)

Eros und Thanatos erscheinen, wie dann auch im Gedicht *Liebe:
Dunkler Erdteil* (I, 158 f.), untrennbar zusammengehörig. Das Verhalten der »Liebenden« gegenüber der Geliebten in den *Liedern auf
der Flucht* entspricht dem Dr. Jordans gegenüber seiner Frau Franza
– es wird als Mord empfunden:

»Modellhaft entwirft Bachmann die gegensätzliche Einheit von Zärtlichkeit
und Brutalität, von Liebe und Gewalt, nicht zuletzt aber auch von privatem
Verhalten und gesellschaftlicher Konsequenz. Die intime Hingabe an den
geliebten Partner wird zur öffentlichen Hinrichtung. Das Gedicht vereinigt
auf engstem Raum die für Bachmann so charakteristische Gegenüberstel-
lung der Gewalt des Eros mit dem Eros der Gewalt« (Jurgensen, 1981, 51).

Der erneuten Erstarrung der Welt in der Kälte der Lieblosigkeit
(XIII) wird als Utopie die Wiederkehr der Sprache und der Dichtung aus dem Verstummen entgegengesetzt (XIV, XV). »Mein Teil,
es soll verloren gehen« (I, 173), so wird Bachmann später in dem
Gedicht *Keine Delikatessen* postulieren. In den *Liedern auf der Flucht*
heißt es schon: »Wart meinen Tod ab und dann hör mich wieder«
(I, 147). Diese paradoxe Formel verweist darauf, daß die Autorin
nicht auf persönliches Glück, sondern auf die gesellschaftliche Wirkung ihrer Dichtung abzielt, sie deutet auch auf eine Situation hin,
wie sie ähnlich am Schluß des Romans *Malina* gegeben ist. Zwar
verschwindet die Ich-Erzählerin in der Wand, Malina, das rationale
alter ego jedoch wird weiterdichten von einer »Warte« aus, um das
Bild aus dem Gedicht *Mein Vogel* aufzugreifen, die »ins Licht« gerückt ist (I, 97). Daher heißt es auch im XIV. und XV. Gedicht der
Lieder auf der Flucht:

»Erwart dir viel!

Silben im Oleander,
Wort im Akaziengrün
Kaskaden aus der Wand.
[...]
Die Liebe hat einen Triumph und der Tod hat einen,
die Zeit und die Zeit danach.
Wir haben keinen.

70

Nur das Sinken um uns von Gestirnen. Abglanz und Schweigen.
Doch das Lied überm Staub danach
wird uns übersteigen.« (I, 147)

Das »Sinken um uns von Gestirnen«, eine Anspielung im übrigen
auf Musils (von Bachmann in den fünfziger Jahren für den Hörfunk
eingerichtetes) Drama *Die Schwärmer* (vgl. Musil, 1957, 326), ist als
Bild zu verstehen für den geschichtlichen Moment, der nach der
Einsicht in die Wiederkehr der »Kälte«, d.h. in das Scheitern der
politischen und gesellschaftlichen Erneuerungsbestrebungen nach
der Befreiung vom Nationalsozialismus sowie in die universale Bedrohung durch die Polarisierung der Weltmächte im Kalten Krieg
ins Verstummen führt. Die »Wiederkehr aus dem Schweigen« (IV,
188) vollzieht sich in der Annäherung an eine neue Sprache, wie sie
am reinsten die Musik verwirklicht (vgl. *Musik und Dichtung* – IV,
59 ff.)

»ein Wohlklang schmilzt das Eis
[...]
Die Becken füllt,
hell und bewegt,
Musik« (I, 147).

Ethisch begründeter, ins Schweigen führender Sprachskepsis begegnet Bachmann mit dem Glauben, in der Dichtung – wie in der Musik – wenigstens partiell den »nie ganz zu verwirklichenden Ausdruckstraum« eines »Utopia der Sprache« (IV, 268) zu erfüllen und
mit einem neubegründeten Sprachgebrauch aus dem Verstummen
wiederkehren zu können. Diese Auffassung findet man wiederholt
ausgesprochen in Gedichten seit *Früher Mittag* und *Holz und Späne*
aus dem ersten Lyrikband bis zu späteren Gedichten wie *Exil* und
den spätesten wie *Wahrlich.*
    Geradezu modellhaft thematisiert Bachmann die Opposition von
dem, was sie das »wahre« Wort (*Holz und Späne* – I, 40) bzw. die
»schöne Sprache« (*Von einem Land ... VIII* – I, 92) oder eben »ein
Utopia der Sprache« nennt, mit der »schlechten Sprache« (ebda),
der »Gaunersprache« (*Das dreißigste Jahr* – II, 108) in den Gedichten *Reklame* (I, 114), *Rede und Nachrede* (I, 116 f.) und dem 1961
erstveröffentlichten *Ihr Worte* (I, 162 f.). In einem experimenteller
Dichtung angenäherten Verfahren kontrastiert die Autorin in *Reklame*, auch drucktechnisch hervorgehoben, dem Ausdruck eines existentiellen Krisenbewußtseins (normal gesetzt) typische Beschwichti-
gungsfloskeln aus Werbetexten (kursiv). Diese mögen über alle Probleme hinwegtäuschen, auf das Bewußtwerden der Gestundetheit

der Zeit jedoch wissen sie keine Antwort: »Wenn Totenstille // eintritt«, verstummen sie. Bezeichnend für den Sprachgebrauch der Werbung sind Stilfiguren der Wiederholung, Schlagwortcharakter sowie hypnotisierende und suggestive Formeln wie: *»ohne sorge sei ohne sorge«*. Der Befehlscharakter der Werbesprache signalisiert, daß die Angesprochenen gegenüber den Inhalten der Reklame wehrlos gemacht und *»in die Traumwäscherei«* versetzt werden sollen. Bachmann stellt in diesem Gedicht einen Sprachgebrauch aus, der über die existentiellen Probleme des Menschen hinwegtäuscht, Optimismus suggeriert, entmündigt, der Manipulation aussetzt. In den Frankfurter Vorlesungen hat sie vom Wunsch der Menschen nach »Kino und Illustrierte[r]« und man könnte ergänzen: nach Werbung wie nach »Schlagsahne« beobachtet (IV, 197). Davon hebt sie Dichtung ab, die wie »Brot« zu sein hätte, das »zwischen den Zähnen knirschen« sollte: »Und diese Poesie wird scharf von Erkenntnis und bitter von Sehnsucht sein müssen, um an den Schlaf der Menschen rühren zu können. Wir schlafen ja, sind Schläfer, aus Furcht, uns und unsere Welt wahrnehmen zu müssen« (IV, 197 f.). Und darum, eine »Erkenntnis« jenseits wissenschaftlicher Begründungszusammenhänge zu vermitteln, geht es Bachmann erklärtermaßen in der Literatur. Im Gedicht *Reklame* werden konkret (im Sinne von »Konkreter Poesie«, erinnernd vor allem an Eugen Gomringers *schweigen*) konsumorientierte sprachliche Strategien entlarvt.

Eine andere Stoßrichtung von Bachmanns Kritik am schlechten Sprachgebrauch findet sich in dem Gedicht *Rede und Nachrede* (vgl. I, 116 f.), das wiederum einen ethischen Aspekt der Sprachproblematik thematisiert. Gegen das »Wort, das den Drachen sät«, das Mitmenschen zu »Gerüchtgestalten« (II, 98) entwürdigt, wird »ein Utopia der Sprache« (IV, 268) beschworen, das »Wort«, »freisinnig, deutlich, schön«. Die bildliche Veranschaulichung der »Nachrede« weist sprachliche und gedankliche Anklänge an die Erzählung *Das dreißigste Jahr*, und zwar an eine Traumszene dieses Textes auf, in der Wien als »Stadt ohne Gewähr«, »Strandgutstadt« (II, 126), »Endstadt«, »Scheiterhaufenstadt« (ebda, 127), »Peststadt« (ebda, 128) vor allem auch deshalb erscheint, weil in ihrer Gesellschaft »die üble Nachrede [...] mit dem weichen Herz im Vertrag« (ebda, 127) zu sein und »für eine Pointe [...] eine Wahrheit geopfert« (ebda, 128) zu werden pflegt. Jedes verantwortliche Reden, insbesondere das Dichten beginnt mit der Verweigerung, die »Gaunersprache« mitzusprechen:

> »Komm nicht aus unsrem Mund,
> Wort, das den Drachen sät.«

Kein anderes Gedicht der Bachmann offenbart mehr als *Rede und Nachrede* den Sprachglauben, den die Dichterin sich trotz der Einsicht in die üble Alltagspraxis erhalten hat und der in dem beschwörenden Schlußvers gipfelt: »Mein Wort, errette mich!«

Die Opposition von »Rede« und »Nachrede« ist auch das Thema des Gedichts *Ihr Worte* (I, 162 f.), hier – mit den grammatikalischen Möglichkeiten spielend – in den Gegensatz von »Sterbenswörter« und »Worte« gefaßt. Auffällig ist, daß Bachmann wie in *Rede und Nachrede* die Sprache beschwört, um eine utopische Bewegung in Gang zu setzen, hier aber fordert, es solle »zu keinem Ende gehen« . Das entspricht der von Musil übernommenen Auffassung, daß Utopie nicht eine Zielvorstellung, sondern ein Richtungnehmen meint. Der Anspruch von Wissenschaft und Logik, die Welt »endgültig« erklären zu können, wird in klarer, logischer Sprachform abgewiesen (2. Strophe). Gegen diese eingeschränkte, Endgültigkeit suggerierende Sprache, gegen die Nachrede und gegen die Sprache der Phrase, hier als »leeres Geröll« und »Sterbenswörter« bezeichnet, setzt die Autorin entschiedene Negationen (5. Strophe): diese ergeben keinen grammatikalisch und logisch richtigen Satz, es ist ein »Satz« ohne Abschluß, der in eine doppelte Negation mündet. Wittgenstein (1968, Satz 6.421) hat im *Tractatus* Ethik und Ästhetik als transzendental bezeichnet, d.h., sie gehen über das in der Sprache der Naturwissenschaften logisch Sagbare hinaus. Das »Unaussprechliche«, das »Mystische«, so Wittgenstein, gibt es aber, es »*zeigt*« sich (Satz 6.522). Im Gedicht, in der Sprache der Lyrik, in der »reinen« utopischen Sprache mithin ist die Welt des Sagbaren transzendiert und »zeigt« sich das »Unaussprechliche«:

> »bezeichnend nicht,
> so auch nicht zeichenlos –«,

so heißt es von den Worten, die dem Dichter/der Dichterin folgen sollen. Gegen den schlechten Sprachgebrauch, die »Sterbenswörter«, steht das Verstummen, die Utopie verbleibt, zumindest zunächst einmal im Negativen, in der Negation der schlechten Sprache. Es wird nicht dargestellt, wie der utopische Sprachgebrauch zu sein hätte, sondern nur, daß eine neue Sprache anzustreben ist. *Ihr Worte* thematisiert sowohl den logisch-philosophischen als auch den ethischen Aspekt der Sprachskepsis von Bachmann, läßt sich aber ebenso, ex negativo, wiederum als Bekenntnis ihres Glaubens an die Sprache verstehen. Diese für sie charakteristische Haltung (vgl. bes. Fehl, 1970) wird als durchgehende »Problemkonstante« ihres Werks bis zu den letzten Texten immer wieder begegnen.

3.2.2 Die Hörspiele

Im Zeitraum zwischen 1951/52 und 1957 verfaßte Bachmann drei Hörspiele (die Daten hier und im folgenden beziehen sich, sofern nicht andere Quellen angegeben werden, auf die Anmerkungen der Herausgeber der Werkausgabe – I, 661 f.):

Ein Geschäft mit Träumen (1951/52: urgesendet am 15. Februar 1952 im Nachtstudio des Senders Rot-Weiß-Rot Wien – vgl. Haider-Pregler, 1986, 41 – Erstdruck: postum 1976 bei Piper);

Die Zikaden (1954: urgesendet am 25. März 1955 beim Nordwestdeutschen Rundfunk Hamburg, Musik von Hans Werner Henze – Erstdruck: Hörspielbuch 1955);

Der gute Gott von Manhattan (1957: urgesendet am 29. Mai 1958 in einer Gemeinschaftsproduktion des Bayerischen Rundfunks München und des Norddeutschen Rundfunks Hamburg sowie zum selben Datum in einer Eigenproduktion des Südwestfunks Baden-Baden – Erstdruck: Piper-Bücherei 1958).

Hilde Haider-Pregler (1986, 24 ff.) informiert in detaillierten Analysen über die Produktionen der ersten beiden Hörspiele sowie über »zwei in ihrer Art exemplarische (monophone) Interpretationen« aus der Vielzahl der Funkrealisierungen des *Guten Gottes von Manhattan* (ebda, 63).

Auch alle übrigen Hörfunkarbeiten der durch ihre Tätigkeit bei der Sendergruppe Rot-Weiß-Rot in Wien mit dem Medium bestens vertrauten Autorin fallen in die fünfziger Jahre:

die Übersetzungen und Bearbeitungen der Hörspiele *Dark Tower* (dt. *Der schwarze Turm*) von Louis MacNeice und *Mannerhouse* (dt. *Herrschaftshaus*) von Thomas Wolfe. Besonders das erstgenannte enthält »Motive und Situationen«, die Bachmann in ihren Hörspielen aufgreift, u. a. das »Traummotiv« sowie die Situation vor einer Schiffahrt (ebda, 37).

Zwischen 1955 und 1958 bearbeitete die Dichterin Musils Theaterstücke *Die Schwärmer* sowie *Vinzenz und die Freundin bedeutender Männer*, deren letztgenanntes wiederum deutlich erkennbare Spuren [...] im Hörspielschaffen von Bachmann hinterlassen hat« (ebda, 39).

In den fünfziger Jahren entstanden außerdem eine Reihe von Radio-Essays, und zwar über Musils Roman *Der Mann ohne Eigenschaften*, über Wittgenstein, Weil, Proust, über den *Wiener Kreis. Logischer Positivismus – Philosophie als Wissenschaft* (ungedruckt), weiters nicht erhaltene, aber »durch Briefunterlagen dokumentierte Radio-Essays« (IV, 406) über *Logik als Mystik, Utopie contra Ideologie* – die wohl beide, so lassen die Titel vermuten, Positionen vertreten, wie sie aus den Musil- und Wittgenstein-Essays bekannt sind -, weiters über *Freud als Schriftsteller* (vgl. IV, 406 f.) sowie möglicherweise auch ein weder erhaltener, noch nachgewiesener über Heidegger.

Bachmanns Hörspielschaffen fällt zeitlich mit der Blütezeit der literarischen Rundfunkgattung im deutschen Sprachraum in den fünfziger Jahren zusammen. Die besondere Stellung des Hörspiels in dieser Zeit hat mit materiellen Bedingungen zu tun, damit, daß der Hörfunk das einzige Medium war, das nach den kriegsbedingten Zerstörungen des literarischen Distributionsapparates einen relativ großen Rezipientenkreis erreichen konnte (die Bevölkerung war noch aus der NS-Zeit mit Empfangsgeräten bestens versorgt), und daß es für die Autor(inn)en auch die finanziell einträglichste Veröffentlichungsmöglichkeit bot. Der Wiederaufbau des Verlagswesens gestaltete sich nach dem Zweiten Weltkrieg sowohl in Deutschland als auch in Österreich eher langsam, der Taschenbuchboom setzte erst Ende der fünfziger/Anfang der sechziger Jahre voll ein. Mit der Übernahme der Medienvorherrschaft durch das Fernsehen schwindet mit dem Interesse der Rezipienten auch das der Schriftsteller(innen) am Hörfunk. Das dürfte allerdings nur ein Grund dafür sein, daß so berühmte Namen wie Eich, Aichinger, Böll, Andersch und eben auch Bachmann nach 1960 kaum mehr mit Neuproduktionen in den Programmen der Rundfunkanstalten aufscheinen. Neue technische Errungenschaften (wie die Stereophonie) und das Wiederanknüpfen an Hörspieltraditionen, die durch die Kulturpolitik des Nationalsozialismus verschüttet waren – man denke an die Konzepte von Bertolt Brecht, Walter Benjamin und an Ansätze bei Kurt Schwitters – fordern zur Bemühung um ein die radiophonen Möglichkeiten stärker akzentuierendes »Neues Hörspiel« heraus.

Bachmanns Funkstücke gehören wie die der anderen genannten Autoren zu den bedeutendsten Repräsentanten des aus der Sicht des »Neuen Hörspiels« sogenannten »traditionellen Hörspiels«, ja *Der gute Gott von Manhattan* diente sogar zwei Vertretern der neuen Tendenzen, Wolf Wondratschek und Jürgen Becker, als Beispiel in einer Kontroverse, die im Jahr 1970 in der Zeitschrift »Merkur« über die provokante Frage ausgetragen wurde: *War das Hörspiel der Fünfziger Jahre reaktionär?* Wondratschek (1970, 190) kritisiert am *Guten Gott von Manhattan* die angeblich »reaktionäre«, »dem Apparat gegenüber [...] affirmativ[e]« Form, deren Zertrümmerung er in seinem eigenen Funkstück *Paul oder die Zerstörung eines Hörbeispiels* (1969 urgesendet) konkret thematisiert, und er wendet sich gegen den seines Erachtens illusionistischen und irrationalen Charakter der traditionellen Hörspiele. So sei der *Gute Gott von Manhattan* »ein Traum in beschädigten Bildern, auf den zutrifft, daß er die Realität nicht beschädigt«, daß er sich vielmehr ins »Niemandsland der reinen Empfindungen« (ebda), sprich: in die Innerlichkeit zurückzieht, ohne die realen gesellschaftlichen Bedingungen der Beschädigung zu reflektieren. Der Argumentationsstrategie Wondratscheks läßt sich sehr leicht ihre Ahistorizität vorwerfen. Der Autor operiert mit einem Hörspielbegriff, der aufgrund technischer und (damit funktional zusammenhängend) formaler Weiterentwicklungen in den sechziger Jahren neu definiert wurde und daher auf die traditionelle Ausprägung des Genres nicht anwendbar ist. Man kann Wondratschek außerdem vorhalten, daß er, verstellt von einem um 1970 aktuellen funktionalistischen Literaturverständnis, kein Sensorium für die poetische Zeichensprache der Bachmann zu entwickeln vermag. Dies leistet in der genannten Kontroverse Becker. Die Autorin selbst repliziert indirekt in einem Rundfunkinterview des Jahres 1971, indem sie auf der »rational[en]« Komposition ihres Hörspiels *Der gute Gott von Manhattan* insistiert (GuI, 86). Höller (1987, 115) weist darauf hin, daß die Vorwürfe eines Wondratschek »eher den restaurationsbesessenen literaturkritischen Mentoren der Dichterin hätten gelten müssen als ihrem Werk, das nur entstellt und bereits vorinterpretiert in den Blick geriet«. Für die Rezeption der Hörspiele von Bachmann gilt mithin dasselbe wie für die ihrer Lyrik der fünfziger Jahre, nämlich daß diese Texte entsprechend dem »Verinnerlichungspostulat« (Haider-Pregler, 1986, 25) dieses Dezenniums gedeutet werden, obwohl sie – wie unschwer zu beweisen ist – diesem entschieden opponieren.

Im Mittelpunkt des Rahmenhörspiels *Ein Geschäft mit Träumen* steht der kleine Angestellte Laurenz, dessen Alltag in realistischen Büro- und Straßenszenen des Rahmenteils eingefangen ist. Für ihn stellt das Leben, wie es in der Erzählung *Das dreißigste Jahr* lauten wird, eine »ungeheuerliche Kränkung« (II, 101) dar, denn, eingeübt in die kleinbürgerliche Tugend des Stillhaltens und ins passive Erdulden bestehender Verhältnisse, nimmt er widerspruchslos, weil auch sprachlos, die Erniedrigung seiner beruflichen Stellung und die Willkür des Vorgesetzten auf sich. Laurenz funktioniert quasi wie eine Maschine auf Knopfdruck. Bachmann zeichnet mit wenigen Strichen ein Bild von den Bedingungen der Arbeitswelt für kleine Angestellte, in der diese zwecks Gewinnoptimierung funktionalisiert sind, in der sich ihnen jedoch keine Möglichkeiten zu einem erfüllten, unentfremdeten Leben eröffnen, ja in der ihnen nicht einmal eigene Träume gestattet sind. Diese werden ersetzt durch die Produkte der großen Traumfabriken (vgl. die Anfälligkeit der kleinen Angestellten Anna für die in den Medien angebotenen Surrogate – I, 179 u. 182). Bezeichnenderweise ist deshalb das Träume offerierende Geschäft, in das Laurenz im Binnenteil des Hörspiels zufällig und wider Willen gerät, ein im Kontrast zum üblichen grellen Erscheinungsbild der kapitalistischen Konsumwelt unscheinbarer, schlecht erleuchteter Laden. In diesem nun wird Laurenz seinen geheimen Ängsten und Phantasien und seinen unterdrückten Wünschen konfrontiert und von »zuviel Licht« (I, 195), d.h., von zuviel Erkenntnis überflutet.

Bachmann verlagert das Geschehen wie vor ihr schon Eich in Träume. Zur Zeit der Abfassung ihres ersten Funkstücks allerdings konnte sie die 1951 erstgesendeten, sofort aufsehenerregenden und die deutschsprachige Hörspielszene einschneidend verändernden *Träume* noch nicht kennen. Wohl aber dürfte der Ruf dieses Radioereignisses damals schon bis zu ihr in das Studio des Senders Rot-Weiß-Rot in Wien gedrungen sein (vgl. Haider-Pregler, 1986, 37). Die Präferenz für den Traum als modus procedendi im Hörspiel hat zweifellos mit dem Selbstverständnis der traditionellen Ausprägung des literarischen Radiogenres, genuine Ausdrucksform für Konflikte zu sein, die auf einer »inneren Bühne« ausgetragen werden, und mit den dementsprechenden, in den fünfziger Jahren aktuellen hörspieldramaturgischen Vorstellungen zu tun. Die dem Medium Hörfunk wesenhafte »Abstraktion von einer sichtbar gegenständlichen Welt« (Klose, 1974, 77) und die Möglichkeit, dank der radiotechnischen Gestaltungsmittel und vermöge seiner akustischen Ausdrucksmittel zwischen verschiedenen Zeitebenen sowie zwischen realen, irrealen oder traumhaften Räumen auch überzeugend zu wechseln, erleichtern die Darstellung psychischer Grenzsituationen und existentieller, eben auf einer »inneren Bühne« stattfindender Konflikte. Die Verlagerung des Geschehens auf eine Traumebene bedeutet aber nicht eo ipso schon, wie Wondratschek und andere Kritiker meinen, Affirmation, Rückzug in die Innerlichkeit oder Flucht aus jeglichen sozialen Bindungen. Vielmehr wird der Traum – wie später von Bachmann erneut in *Todesarten*-Texten – durchaus im Sinne der Psychoanalyse als besondere Erkenntnisform eingesetzt, die es erlaubt, verdrängte Ängste, Wünsche etc. und damit Bedrohungen wahrzunehmen, die unter der Oberfläche einer scheinbar heilen Welt ihre Wirkung tun. Diesbezüglich stimmt die Autorin mit Eich überein, der sein Hörspiel als Appell zur gesellschaftlichen Wachsamkeit versteht:

»Sieh, was es gibt: Gefängnis und Folterung,
Blindheit und Lähmung, Tod in vieler Gestalt,
den körperlosen Schmerz und die Angst, die das Leben meint.
Die Seufzer aus vielen Münden sammelt die Erde,
und in den Augen der Menschen, die du liebst, wohnt die Bestürzung.
Alles was geschieht, geht dich an«

(Eich, 1973/II, 289).

Eich zielt auf Leiderfahrungen und existentielle Nöte, die sich sowohl wissenschaftlicher wie auch dokumentarischer Darstellung entziehen, die nichtsdestoweniger als gesellschaftlich Gemachtes erfahren werden. Deshalb der Appell Eichs am Schluß seines Hörspiels, »Seid unbequem, seid Sand, nicht das Öl im Getriebe der Welt!« (ebda, 322). Ähnlich dem Dichter, dem sie sich durch die gemeinsame Zugehörigkeit zur Gruppe 47 freundschaftlich verbunden gefühlt hat, verbietet Bachmann an einer zentralen Stelle ihrer poetologischen Reflexionen in der Preisrede vor den Kriegsblinden dem Schriftsteller,

»den Schmerz zu leugnen, seine Spuren zu verwischen, über ihn hinwegzutäuschen. Er muß ihn, im Gegenteil, wahrhaben und noch einmal, damit wir sehen können, wahrmachen. Denn wir wollen alle sehend werden. Und jener geheime Schmerz macht uns erst für die Erfahrung empfindlich und insbesondere für die der Wahrheit. Wir sagen sehr einfach und richtig, wenn wir in diesen Zustand kommen, den hellen, wehen, in dem der Schmerz fruchtbar wird: Mir sind die Augen aufgegangen. Wir sagen das nicht, weil wir eine Sache oder einen Vorfall äußerlich wahrgenommen haben, sondern weil wir begreifen, was wir doch nicht sehen können. Und das sollte die Kunst zuwege bringen: daß uns, in diesem Sinne, die Augen aufgehen« (IV, 275).

Konkret auf das Hörspiel *Ein Geschäft mit Träumen* bezogen heißt das, daß – vermittelt über die Träume der im wachen Zustand bewußtlosen, unter dem für die moderne Industriegesellschaft charakteristischen »Erfahrungsschwund« (GuI, 140) leidenden Figur des Laurenz – nicht nur nicht von realen Gegebenheiten abgelenkt wird, sondern durch »eine Steigerung der Wahrnehmungsleistung« (Höller, 1987, 86) das Bewußtsein von diesen geschärft werden soll.

Im Traum werden verdrängte Inhalte entfesselt, Ängste, Phantasien, Wünsche, die im wachen Alltag einer auf Fortschritt, bloße Nützlichkeit und Gewinn ausgerichteten Gesellschaft nicht zugelassen sind. Insofern Bachmanns Hörspiel eben dieses Verbot mitthematisiert, betreibt es auch »seinerseits nicht ein Geschäft mit Träumen« (Schuller, 1984, 52). Dies besorgt die Unterhaltungs- und Werbeindustrie der Konsumgesellschaft, die dem angesprochenen Verdrängungsprozeß zuarbeitet. Ohne es sich selbst einzugestehen, leiden die beiden kleinen Angestellten Laurenz und Anna unter den herrschenden sozialen Bedingungen, als deren Repräsentant im ersten Hörspiel der Bachmann noch nicht eine so symbolträchtige Gestalt wie der »gute Gott« oder eine überdimensionale Vaterfigur (vgl. *Malina*) erscheint, sondern ein Generaldirektor. Dessen autoritäre Persönlichkeitsstruktur läßt Rückschlüsse auf die gesellschaftliche Situation zu, die sowohl im ersten Traum, einem durch die »traumatisierte Sprache« (Höller, 1987, 79) bereits auf *Malina* vorausweisenden Alptraum, als auch in der Umkehrung und grotesken

Übersteigerung der realen Machtverhältnisse im zweiten Traum als faschistische entlarvt wird. Beide Träume leisten gerade durch die Verzerrungen der Traumlogik schon das, was Bachmann in der Vorrede zum *Franza*-Fragment als Programm ihres *Todesarten*-Projekts verkündet hat, nämlich die Sichtbarmachung von Verbrechen, die auf »inwendigen« als den »wirklichen Schauplätzen (T II, 78) stattfinden. Laurenz und Anna werden vorgeführt als Opfer eines »Denken[s], das zum Verbrechen führt«. Sie sind aber – wie auch späterhin die Frauengestalten in den *Todesarten*- und *Simultan*-Texten in demselben Denksystem wie die Täter verhaftet, d.h., in einem »Denken [...] das zum Sterben führt« (ebda). Sinnfällig wird dies dadurch, daß im zweiten Traum Laurenz »die sprachlichen Rituale [...] der patriarchalischen Allmacht« (Höller, 1987, 88) aufgreift und Anna in ihrem Verhalten »die Negativ-Formen patriarchalischer Allgewalt, eine Kette von Gesten und Zeichen der Unterwerfung, des Ausgeliefertseins, der Verzweiflung« (ebda, 89) erkennen läßt. Im Kontext des Bachmannschen Werkes – man denke an die Erzählung *Ein Schritt nach Gomorrha*, in der die »Sprache der Frauen« nicht weniger fragwürdig erscheint als die der Männer (II, 208) – darf man bezweifeln, daß Anna mit ihrem »schweifenden, vagabundierenden Reden [...] den Machtdiskurs außer Kraft setzt« (Šlibar, 1995, 117).

Die ersten beiden Träume, die durch ihre Krieg-im-Frieden-Thematik (vgl. auch ebda, 77) schon auf die *Todesarten* vorausweisen (im zweiten Traum eben dadurch verstärkt, daß Anna als Opfer patriarchalischer Herrschaftsverhältnisse gezeigt wird), sind denen in Eichs Hörspiel vergleichbar, das die Bedrohung des Menschen z. T. indefinit läßt, z. T. aber, ähnlich Bachmann, in autoritären Machtstrukturen und in innerer Aushöhlung des Menschen durch die Unterhaltungsindustrie erkennt. Im dritten Traum des Laurenz wird der latente Wunsch des kleinen Angestellten manifest, den kleinbürgerlichen Zwangsverhältnissen und den in der alltäglichen Realität verschleierten, in den ersten beiden Träumen jedoch aufgedeckten zerstörerischen Kräften zu entkommen und die Erfüllung in der totalen mystischen Vereinigung mit der geliebten Frau zu finden. Die utopische Ausrichtung auf ein realitätsentrücktes Leben in Liebe wird Bachmann beinahe zwei Jahrzehnte später im Roman *Malina* mit der aus Musils *Der Mann ohne Eigenschaften* übernommenen mystischen Vorstellung der Aufhebung von realer Raum- und Zeitbegrenzung verbinden. Hier heißt es: »Ihr schwimmt wie der Fisch im Wasser oder der Vogel in der Luft, aber es ist kein Ufer da und kein Ast und nichts als dieses Schwimmen« (Musil, 1952, 767). Dem korrespondiert in Bachmanns Roman die utopische Projektion eines künftigen Menschengeschlechts: »sie werden sich in die Lüfte erheben, sie werden unter die Wasser gehen« (III, 121). Die Utopie von der absoluten Freiheit und Liebe wird im Hörspiel *Ein Geschäft mit Träumen* durch das Bild des »Unter-die-Wasser-Gehens« veranschaulicht. Laurenz überwindet im dritten Traum seine kleinbürgerlichen Wünsche, Ängste und Wertvorstellungen und folgt Anna in »die Unendlichkeit des Meeres« (I, 206). Mit dem Eintauchen in das fremde Element und mit der Auflösung der Körperlichkeit vollzieht sich die mystische Vereinigung. Der Traum macht die Illusion eines Lebens in Liebe möglich, in dem alles Gewöhnliche abgestreift wird – »Ich will nicht mehr in die Berge, und ich will kein Haus für uns« (I, 212) – und alle Entfremdung für Laurenz – nicht jedoch für Anna (vgl. Šlibar, 1995, 118) – aufgehoben scheint. Erika Tunner (vgl. 1986, 214 ff. bzw. 1986 b, 87) verweist darauf, daß dieser Austritt aus den gegebenen Zusammenhängen, wiewohl er einen Untergang bedeutet, analog zu Richard Wagners *Tristan und Isolde* als Moment der höchsten Erfüllung erfahren wird. Auffällig ist vor allem der völlig veränderte Sprachgebrauch des Träumenden. Während Laurenz im Wachzustand kaum fähig ist, einen Satz auszuformulieren und im zweiten Traum die sonst gegen ihn gerichtete Sprache der Gewalt gegen seine Umwelt richtet, spricht er eine lyrisch bilderreiche, herrschaftsfreie, gelegentlich an Wagners *Tristan und Isolde* anklingende (vgl. Tunner, 1986, 216) Sprache, wenn er im dritten Traum die ewige Vereinigung in Liebe mit Anna beschwört (vgl. I, 212 f.).

Laurenz will den dritten Traum erwerben, doch Träume, die Gesetze der kapitalistischen Ökonomie außer Kraft setzend, sind nicht mit Geld zu bezahlen, sie kosten Zeit, manche sogar ein ganzes Leben (vgl. I, 213). An der Ablehnung des Handels – gerade Zeit meint Laurenz nicht entbehren zu können – macht Bachmann die nachhaltige Verinnerlichung der Normen- und Wertvorstellungen der Gesellschaft besonders durch den sogenannten »kleinen Mann« deutlich: Laurenz zögert keinen Augenblick, das freudlose Leben und die Arbeit unter entwürdigenden Bedingungen der Verwirklichung eines Wunschtraumes vorzuziehen. Mit seiner Rückkehr in die Alltäglichkeit der Realität und deren zerstörerische Zusammenhänge sowie in die Sprachlosigkeit schließt sich der Rahmen des Hörspiels: Für Laurenz hat sich nichts geändert. Er verdrängt weiterhin seine Wünsche, hat Angst vor dem Weiterwirken des Traums und möchte deshalb auch nicht darüber sprechen. Und er könnte es auch gar nicht, denn bei wachem Bewußtsein mangelt es ihm an Ausdrucksfähigkeit. Man läßt ihn nicht zu Wort kommen, man »überhört« ihn (I, 215).

In der Finalisierung unterscheidet sich das Hörspiel *Ein Geschäft mit Träumen* wesentlich von der gleichnamigen Erzählung. Zwar sucht auch der Ich-Erzähler, der dem Laurenz des Hörspiels entspricht, den Weg zurück in den Alltag. Er ist jedoch vom letzten Traum derart betroffen, daß er sich in den normalen Arbeitsprozeß nicht wieder einzugliedern vermag. Deshalb wird ihm gekündigt. Da er aber auch die Chance, seinen Traum zu leben, vertan hat, bleiben ihm abschließend nur die Feststellung, daß er nun »Zeit auf lange Zeit geschenkt« hat, und die verzweifelte Frage: »Zeit wofür?« (II, 47).

Schon die probeweise Annäherung an Träume stört den gewöhnlichen Tagesablauf. Würde dem dritten Traum des Laurenz Dauer verliehen, bedeutete dies »den Austritt aus der Gesellschaft« (IV, 276), und der ist, wie Bachmann klarstellt, nicht möglich. Nur im Traum kann Laurenz außerhalb der vernichtenden Wirkungen der Immer-Krieg-Gesellschaft und außerhalb der kapitalistischen Gesetzmäßigkeiten stehen. Der Traum hat mithin im ersten Hörspiel der Autorin eine zweifache Funktion: erstens durch traumlogische Verzerrung die in der wachen Alltagsrealität subtil verschleierten zerstörerischen Mechanismen deutlich erkennbar werden zu lassen und zweitens ein Gegenbild zu entwerfen, konkret das Gegenbild eines von absoluter Liebe bestimmten, von Herrschaft und Gewalt freien Lebens, das – wenn auch unerreichbar – als annähernswertes utopisches Ziel in der Alltagspraxis bewußt bleibt.

Die Ausrichtung auf eine vergleichbare utopische Vorstellung bestimmt auch das dritte, das berühmteste Hörspiel der Bachmann, *Der gute Gott von Manhattan*, für das die Dichterin 1959 den renommierten Hörspielpreis der Kriegsblinden erhielt. Dieses Funkstück, auf zwei Ebenen angelegt, verfährt analytisch (vgl. Best, 1974, 76). Von der Gerichtsverhandlung, bei der der sogenannte »Gute Gott« über einen Anschlag auf das Liebespaar Jan und Jennifer Rechenschaft ablegen muß, wird immer wieder zurückgeblendet auf verschiedene Stationen in der Entwicklung der Liebesbeziehung dieser beiden von einer harmlosen Begegnung auf dem Grand Central Bahnhof von New York bis zur jegliche Spielregel außer Kraft setzenden Ekstase, die bildhaft Ausdruck gewinnt im Aufstieg des Paares von einem ebenerdigen Zimmer in einem Stundenhotel über das siebente und dreißigste Stockwerk in die schwindelerregende Höhe der letzten, siebenundfünfzigsten Etage. Die Ekstase vollzieht sich im *Guten Gott von Manhattan* in der entgegengesetzten zu der in *Ein Geschäft mit Träumen*. Hier verknüpft sich die Utopie von absoluter Freiheit und Liebe mit der Vorstellung des »Unter die-Wasser-Gehens«, während im späteren Funkstück die zweite der im Roman *Malina* genannten Möglichkeiten der Grenzüberschreitung, das »Sich-in-die-Lüfte-Erheben«, durchgespielt wird. Der Gute Gott ist angeklagt, weil er dieser Ekstase ein gewaltsames Ende gesetzt hat. Ähnlich dem Generaldirektor im *Geschäft mit Träumen*, dem Vater in *Malina* oder Dr. Jordan im *Franza*-Fragment personifiziert er ein »gesellschaftliches Prinzip« (Becker, 1970, 193), jene gesellschaftlichen Zwänge und Kräfte, die individuelle Entfaltung bedrohen. Zurecht sieht Josef Strutz in ihm ein Äquivalent zu jener von Musil im *Mann ohne Eigenschaften* gezeichneten »Position des [*Seinesgleichen geschieht*], der totalen Entindividualisierung« (Strutz, 1985, 380). Nie und nimmer hingegen ist der Gute Gott, wie Wondratschek (1970, 191) in naiver Verkennung der Ironie meint, von einer »anderen Welt«. Nicht zufällig lokalisiert Bachmann das Hörspielgeschehen in New York, in der »Stadt der Städte« (I, 288) – wie sie bezeichnenderweise der Gute Gott, eben als Anwalt der Gesellschaft anerkennend nennt -, in jener Stadt also, die in den fünfziger Jahren den Maßstab der westlichen Zivilisation und den Inbegriff des Fortschritts verkörperte und deren Atmosphäre die Autorin mit poetischer Genauigkeit erfaßt hat (vgl. Bauschinger, 1975, 382 f.). Der Gute Gott dessen Apologie die Perspektive des Hörspiels bestimmt, sieht in der absoluten Liebe eine große Gefahr für die herrschende Ordnung, weil die Liebenden den »gesunden Menschenverstand« (I, 303) verlieren und »wie ein glühendes Zigarettenende in einen Teppich, in die verkrustete Welt ein Loch zu brennen« drohen (I, 291). Indem sie die Grenzen der vom Guten Gott als ewig und natürlich angesehenen Ordnung (vgl. I, 318) transzendieren, entziehen sie sich deren Zwängen und der in ihr herrschenden Entfremdung. Jan drückt dies in mystischer Diktion angenäherter Sprache aus: »Ich bin mit dir und gegen alles. Die Gegenzeit beginnt« (I, 317). In der mystischen Ekstase des im Du aufgehenden Ichs verlieren alle gesellschaftlichen Verbindlichkeiten und physikalischen Gesetze ihre Gültigkeit. Reale Zeit und realer Raum werden, wie ähnlich schon in den Träumen des ersten Hörspiels von Bachmann, aufgehoben. Mit dem Ausbruch der »Gegenzeit«, der Loslösung von den Bedingungen der Wirklichkeit, vollzieht sich ein »Grenzübertritt« der Liebenden in einen »anderen Zustand« (I, 317), wie der Gute Gott dem Richter, deutlich auf Musils Begriff von der »Utopie des anderen Zustands« bezugnehmend, erklärt. Die literarische Anspielung auf den *Mann ohne Eigenschaften* erschöpft sich jedoch nicht in diesem Zitat. Es kann vielmehr nachgewiesen werden, daß dem Hörspiel der Bachmann »als Grundmuster *Musils* [Reise ins Paradies] unterlegt ist« (Strutz, 1985, 378). Manhattan, im Text etymologisch von indianisch »Ma-na Hat-ta«, d. i.: »himmlische Erde« abgeleitet (I, 279; vgl. auch Strutz, 1985, 381), wäre dann ein Gegenort, abgehoben vom Wahnsinnsgetriebe der »Stadt der Städte«.

Der Gute Gott fürchtet die Sprengkraft der realitätstranszendierenden, mithin die von ihm vertretene Ordnung in Frage stellenden Liebe. »Ruhe und Sicherheit« und der gewohnte »Gang aller Dinge« (I, 319) sind durch sie gefährdet. Gegen die nicht disziplinierbare Liebe tritt er ein für leichtfertige Beziehungen (vgl. I, 286) und für die Ehe als »ein Heilmittelunternehmen gegen die Einsamkeit«, als »Kameradschaft und wirtschaftliche Interessengemeinschaft«, die »alles im Gleichgewicht und in der Ordnung« beläßt (I, 319). Gegenspielerin des Guten Gottes ist eine Zigeunerin, eine »außerhalb der Gesellschaft stehende Clocharde« (Best, 1974, 83), die Personifikation der anarchischen Liebe (vgl. auch ebda, 77). Der Gute Gott und seine Gehilfen, die bösartigen briefzustellenden Eichhörnchen, ein intertextuell auf René Schickeles Roman *Die Flaschenpost* bezogenes Motiv (vgl. Kohn-Wächter, 1997, 217, Anm. 29), bekommen die Zigeunerin Liebe nicht zu fassen, die ihrer Auffassung zufolge von der »Nachtseite der Welt« (I, 318) stammt, sich keinen gesellschaftlichen Spielregeln beugt und eine neue Welt fordert. In ihrem Sinn formuliert Jan seine ekstatische Liebeserklärung an Jennifer als Absage an die kapitalistische Ordnung. Entsprechend den in den Frankfurter Vorlesungen entwickelten theoretischen Positionen der Autorin und wie in den etwa gleichzeitig mit dem Hörspiel konzipierten Erzählungen des *Dreißigsten Jahrs* wird das Begehren Jans nach einer neuen, besseren Welt in unmittelbaren Zusammenhang gebracht mit dem Bemühen um eine »neue Sprache« (I, 321). Angst-Hürlimann (1971, 63) beobachtet an der Entwicklung des Hörspiels, daß sich »entsprechend dem Aufstieg in immer höher gelegene Stockwerke [...] auch die Sprache verändert, in der die beiden zueinander sprechen. Sie wird unwirklicher, und die bitter ironischen Stellen, die Jan zwischendurch immer noch gesprochen hat, werden seltener«. Zurecht jedoch bemerkt Wolfgang Hädecke (1971, 41) »das etwas hohle, an biblische Diktion gemahnende Pathos des jungen Mannes« und erkennt Otto F. Best (vgl. 1974, 79) das Klischeehafte der Rede Jans. Pathos und Phrasenhaftigkeit deuten darauf hin, daß er nur transitorisch aus der gegebenen Ordnung heraustritt und den »Kältesee« (I, 314) in seinem Herzen zum Abfließen bringt. Jan folgt den »Stimmen« der Gesellschaft, deren permanente, in anakoluthischer Verstümmelung vorgetragene Einflüsterungen die Liebenden während des gesamten Hörspiel-Geschehens, dieses strukturierend (vgl. Gäbler, 1964, 16), begleiten. Jan hebt die »Gegenzeit« wieder auf, indem er nach der realen Zeit und nach der

Zeitung fragt. Er bricht seinen Schwur, er werde »leben und sterben mit ihr [Jennifer], sich Ungewißheit und Not überantworten, seine Herkunft und seine Sprache vergessen und mit ihr reden in einer neuen bis ans Ende seiner Tage« (I, 275). Jans Verhalten steht für die Notwendigkeit der Rückkehr in den gegebenen sozialen Zustand. Aus der Sicht des Guten Gottes, also der bestehenden Ordnung, heißt es über Jan in überdeutlicher ironischer Anspielung auf Goethes *Faust*, auf den auch das Hinangezogenwerden des Mannes vom Ewig-Weiblichen »nicht ohne Ironie« Bezug nimmt (Tunner, 1986a, 305 bzw. 306): »Er war gerettet. Die Erde hatte ihn wieder« (I, 327). Allerdings kehrt Jan mit einer »Ahnung« (IV, 27) aus seiner »Reise ins Paradies«, in den »Ausnahmezustand« der ekstatischen Liebe, zurück, gemäß der von Bachmann in ihrem Musil-Essay getroffenen Feststellung, »daß die Utopie dieses anderen Lebens für die Praxis des Lebens keine Vorschriften gibt und für ein Leben in der Gesellschaft durch die Utopie des gegebenen sozialen Zustands [...] abgelöst werden muß« (IV, 27). Jan wird, wie die Zigeunerin schon zu Beginn seiner Liebesbeziehung mit Jennifer prophezeit hat, diese »nie vergessen« können (I, 280).

Wie die zeitlich parallel zum *Guten Gott von Manhattan* entstehende Erzählung *Undine geht* klagt das Hörspiel über das männliche, funktionalisierte, nützlichkeits- und profitorientierte Lebensmuster, in dem die weiblich konnotierten, emotionalen Ansprüche, die Ansprüche der Kunst unterdrückt, ja abgetötet werden. Nur Jennifer wird vom Anschlag des Guten Gottes getroffen. Dieser steht, so könnte man seine Funktion präzisieren, für das Gewaltprinzip in der Gesellschaft, dessen Opfer immer schon die Liebenden waren. Jennifers Todesart wird in Beziehung gesetzt zu den Schicksalen von fünf berühmten Liebespaaren der Weltliteratur, welche von den Eichhörnchen in einer Marionettentheateraufführung dargestellt werden (vgl. 294 f.). Viola Fischerova (1977, 288) bestimmt diese Szene als »strukturelles Zentrum des Spiels«, weil hier die strukturbestimmende »doppelte Frage« des Funkstücks aufgeworfen wird, »»wie es kam‹, daß nicht nur Jennifer, sondern eine ganze Reihe von Liebespaaren getötet wurde«, so daß der spezielle Fall »als neue Variante eines sich stets wiederholenden Geschehens erkennbar wird«. Das Bemerkenswerte an Bachmanns Hörspiel im Vergleich zu den herbeizitierten Tragödien der Weltliteratur ist die Variable, daß der Liebestod (als Konstante) nur die Frau trifft. Einige Jahre nach der Entstehung des *Guten Gottes von Manhattan* wird Bachmann in der Vorrede zum *Franza*-Fragment das Aufdecken von »Verbrechen« in den zwischenmenschlichen Beziehungen, vor allem zwischen den Geschlechtern, von »Verbrechen«, die auf »inwendigen« als den

»wirklichen Schauplätzen« (T II, 78) stattfinden, zum Programm ihres *Todesarten*-Projekts erklären. Das Hörspiel weist darauf voraus, insofern es, wie die späten Prosatexte, eine »Kriminalgeschichte der Liebe« (Höller, 1987, 108) zum Thema hat und insofern es hinter der Fassade des Fortschritts, für den exemplarisch New York steht, die gewaltsame Unterdrückung utopischer, nicht angepaßter Sehnsüchte und Hoffnungen erkennt. Diese fortgeschrittene Gesellschaft läßt nur die Alternative zu, den »Stimmen« der Gesellschaft, die ihre Ideologie transportieren, zu folgen, wie Jan, oder, so man das Spiel des Lebens nicht nach den Regeln der gegebenen gesellschaftlichen Ordnung mitzuspielen gedenkt, zerstört zu werden, wie Jennifer. Bachmanns Hörspiel markiert einen für das Individuum in der bürgerlichen Gesellschaft unaufhebbaren Widerspruch. Es liegt – wie die Autorin immer wieder betont (vgl. bes. IV, 276) – in der Logik dieser ausschließlich zweck- und gewinnorientierten Gesellschaftsform, die absolute Verwirklichung der Sehnsüchte einzelner nicht zulassen zu können, weil sie nicht integrierbar sind, vielmehr die für ihr klagloses Funktionieren unabdingbare Ordnung zu sprengen drohen. Trotz der Einsicht in die Unauflösbarkeit des Widerspruchs bleibt die Anklage Bachmanns gegen dieses gesellschaftliche Prinzip bestehen. Denn auch die Anklage gegen den Guten Gott »bleibt aufrechterhalten« (I, 327), wenngleich er, in Umkehrung der Entwicklung in Heinrich von Kleists analytischem Lustspiel *Der zerbrochene Krug*, vom Ankläger zum Richter wird, weil er sich im Bestreben, die bestehende Ordnung zu bewahren, mit dem beamteten Richter trifft. Dessen Vorbehalte gegen das zerstörerische Prinzip verstummen vor den Ansprüchen der Gesellschaft (vgl. I, 327).

Zwischen dem ersten und dem letzten Hörspiel der Bachmann bestehen (im Hinblick auf die Formulierung eines absoluten Liebesanspruchs) thematische und (die Rückkehr von Laurenz bzw. Jan in die gegebene Ordnung betreffend) auch strukturelle Ähnlichkeiten. In der Auffassung, innerhalb des gesellschaftlichen Zusammenhangs bleiben und Richtung auf einen utopischen anderen Zustand nehmen zu müssen, bezieht auch das entstehungsgeschichtlich zweite Hörspiel der Autorin, *Die Zikaden*, eine vergleichbare Position. Wie im *Guten Gott* wird außerdem die Perspektive durch einen Anwalt der Gesellschaft bestimmt. Allerdings (ver)urteilt die Erzählerfigur in den *Zikaden* nicht wie der Gute Gott von einem apriori durch eine »ewige Ordnung« vorgegebenen Wertstandpunkt aus, sondern setzt sich aufgrund eigener Erfahrung mit möglichen Motiven für einen Austritt aus der Gesellschaft auseinander. Abgeschreckt von Zikaden, ist er zur Einsicht in die Aporie des Versuchs gelangt, ein von allen sozialen Verpflichtungen losgelöstes Inseldasein zu führen:

85

»Denn die Zikaden waren einmal Menschen. Sie hörten auf zu essen, zu trinken und zu lieben, um immerfort singen zu können. Auf der Flucht in den Gesang wurden sie dürrer und kleiner, und nun singen sie, an ihre Sehnsucht verloren – verzaubert, aber auch verdammt, weil ihre Stimmen unmenschlich geworden sind« (I, 268).

Das Zikaden-Motiv, übernommen aus Platons Dialog *Phaidros* (vgl. dazu Funke, 1975, 20 ff.), hat eine doppelte Funktion. Einmal innerhalb des Hörspielgeschehens, dann in poetologischer Hinsicht (davon später). Das Beispiel der Zikaden dient dem Erzähler zur Warnung davor, »auf Inseln zu leben« (I, 267), sprich: vor Eskapismus. Die Menschen werden von recht unterschiedlichen Gründen dazu getrieben, Ausbruchsversuche zu unternehmen. Es sind dies, auf der einen Ebene des Hörspiels, sechs Personen, die, wie Bachmann in ihrer Anmerkung zu den *Zikaden* sagt, die Verwirklichung ganz »*konkrete[r] Wünsche*« (I, 219) anstreben, sowie ein vormals politisch Verfolgter, der nicht mehr die Kraft zur Rückkehr aus dem Exil besitzt. Ihnen ist Antonio gegenübergestellt, der – für unterschiedlichste Dienstleistungen verfügbar – als eine Art Stellvertreter des Erzählers und mithin auch als Sprachrohr der Gesellschaft fungiert. Neva Šlibar (1995, 119) spricht ihm eine »Spiegelfunktion«, »eine sonst der Frau zugeordnete Rolle« zu. Er gesteht den sechs Asylsuchenden alle möglichen Illusionen zu, läßt sie aber durch ein klares »Nein« auf ihre entscheidenden Forderungen unmißverständlich die Grenzen außergesellschaftlicher Wunscherfüllung wissen. Dem Exilanten Benedikt, dem Herausgeber der Inselzeitung, wunsch- und illusionslos, daher auch der einzige, der kein »Nein« von Antonio hört, kommt die Funktion zu, auch das gesellschaftlich zugelassene, weil die bestehende Ordnung nicht (jedenfalls nicht grundsätzlich) in Frage stellende illusionäre Denken als defizitär zu entlarven. Wenn er als entscheidendes Kriterium seiner redaktionellen Arbeit die Rücksichtnahme »auf die Träumer« (I, 265) nennt, verweist er auf die von Bachmann auch andernorts (vgl. *Ein Geschäft mit Träumen*, *Reklame*, Frankfurter Vorlesungen) angeprangerte Forderung falschen Bewußtseins durch Massenmedien und Kulturindustrie.

Das Leben der sechs Asylanten ist zwar als ein scheinhaftes dargestellt, aber auch als ein immerhin mögliches, weil noch in einer, wenngleich losen Beziehung zur Umwelt (Kontakte mit Antonio, Besuch von Gaststätten und Festen etc., Lektüre der Insel-Zeitung). Sie existieren quasi am Rande der Gesellschaft, ohne jedoch den letzten Schritt des totalen Abbruchs sozialer Bindungen zu tun. Auf der zweiten Ebene des Hörspiels wird der Versuch der radikalen Loslösung eines Mannes dargestellt, der von Benedikt »Robinson«

getauft wird, nicht ganz zurecht, weil er, anders als Daniel Defoes Robinson Crusoe die Insel als freiwilligen Zufluchtsort, mithin als Asyl und nicht Exil wählt. Er plant »den endgültigen Austritt aus einer Gesellschaft, die sich fortgesetzt an [... seinem] Leben vergriffen hat« (I, 259). Selbst den Kontakt zu seiner Frau, deren »Gaunersprache« (II, 108) – »unvorstellbar, diese Redensarten« (I, 242) – er unerträglich findet, will er abbrechen. Er droht zur Zikade zu werden: Der Gesang dieser Tiere

«klingt, wie es manchmal in mir [Robinson] zu klingen beginnt. Wenn die Stille eintritt, sind Hunger und Durst unspürbar; die Briefe können nicht mehr gelesen werden. Die Antwort bleibt aus. Es klingt so, wenn ich mich aus allen Umarmungen löse für eine andere Glückseligkeit« (I, 260 f.).

Wie auf der Ebene der Asylanten mit Antonio, so führt Bachmann auf der Robinson-Ebene einen Gegenspieler als Sprachrohr der Gesellschaft ein, ironischerweise einen Gefangenen, der sich, auf der Flucht zurück in die Gesellschaft, in die entgegengesetzte Richtung von Robinson bewegt. Ihm, der sich, obwohl »lebenslänglich« (I, 230) aus den sozialen Zusammenhängen verstoßen, doch nie ganz losgelöst aus ihnen empfunden hat, obliegt die Aufgabe, Robinson davon zu überzeugen, daß er »sich der Welt nicht entziehen« könne und dürfe (I, 230), weil trotz aller Zwänge, Einengungen und Verletzungen im gesellschaftlichen Alltag Selbstverwirklichung nicht in der totalen Isolation, sondern nur in der sozialen Auseinandersetzung zu finden sei.

Der abschließende Appell des Erzählers als des übergeordneten Sprachrohrs der Gesellschaft richtet sich über die Personen des Hörspiels hinaus auch an die Rezipienten, an alle diejenigen, denen der Sinn nach Evasion steht:

»Willst du nicht aufstehen und sehen, ob diese Hände zu gebrauchen sind? Oder willst du dir die Welt erlassen und die stolze Gefangenschaft? Such nicht zu vergessen! Erinnre dich! Und der dürre Gesang deiner Sehnsucht wird Fleisch« (I, 267).

Wie schon das Gedicht *Herbstmanöver* aus dem ersten Lyrikband der Bachmann (vgl. I, 36) richtet sich auch das Hörspiel *Die Zikaden* gegen die Trugbilder, die insbesondere durch die Versprechungen der Fremdenverkehrsindustrie erzeugt werden. Aber das Funkstück transportiert, wie schon angedeutet, auch eine poetologische Aussage. Der Hinweis des Erzählers auf die Gefahr, sich an den Gesang zu verlieren (vgl. I, 268), kann als Absage an Kunst als Selbstzweck gedeutet werden. Ein solches l'art pour l'art ist in den Augen der Autorin »unmenschlich« (ebda) und im Sinne ihrer Ausführungen in der ersten Frankfurter Vorlesung auch unmoralisch (vgl. bes. IV, 192 u. 198). Alle drei Hörspiele von Bachmann lassen sich, entgegen manchen Vorurteilen gegenüber diesen im besonderen bzw. gegenüber der traditionellen Ausprägung der literarischen Rundfunkgattung im allgemeinen (vgl. z.b. Wondratschek) ebenso wie das Gedicht *Reklame* (vgl. dazu auch Šlibar, 1995, 111-113) als Abwehr des Sich-Verlierens an Illusionen, Träume etc. verstehen. Notwendigerweise, so Šlibar, »bleibt« in jedem Fall »die Utopie leer« und »entzieht sich der Definierbarkeit«, widrigenfalls sie ebenfalls »instrumentalisiert« wäre (ebda, 120). Die Hörspiele betreiben jedoch, um eine auf das erste Funkstück gemünzte Formulierung von Marianne Schuller (vgl. 1984, 52) nochmals, nun auf das gesamte Hörspielschaffen der Bachmann bezogen, zu zitieren, kein »Geschäft mit Träumen«.

3.2.3 Libretti

Nach einem 1956 unternommenen, der Selbsteinschätzung Bachmanns zufolge mißlungenen Versuch, »für Hans Werner Henze ein Libretto zu schreiben« (I, 433), bearbeitet die Autorin 1958 für denselben Komponisten Heinrich von Kleists zwischen 1809 und 1811 entstandenes, 1821 postum uraufgeführtes Schauspiel *Prinz Friedrich von Homburg*. Im Programmheft zur Uraufführung der Oper unter dem leicht geänderten Titel *Der Prinz von Homburg* am 22. Mai 1960 an der Hamburger Staatsoper (vgl. I, 662) gibt Bachmann einige Hinweise zur *Entstehung eines Librettos* (vgl. l, 369 ff.). Den Anstoß, Kleists Schauspiel als Opernstoff in Erwägung zu ziehen, bekam Henze (vgl. 1976, 72) in einem Gespräch mit dem italienischen Filmregisseur Luchino Visconti. Ein weiteres Libretto für Henze, *Der junge Lord*, verfaßte Bachmann 1964 nach der kurzen Märchenerzählung *Der Affe als Mensch* aus Wilhelm Hauffs Märchenzyklus *Der Scheik von Allessandria und seine Sklaven* (1826). Anläßlich der Uraufführung am 7. April 1965 an der Deutschen Oper Berlin (vgl. I, 663) erschienen wiederum einige *Notizen zum Libretto* aus der Feder der Dichterin (vgl. I, 433 ff.).

Bachmann, die von sich selbst in einem Interview aus dem Jahr 1971 sagt, daß sie zur Musik »eine vielleicht noch intensivere Beziehung als zur Literatur habe« (GuI, 107), fand in ihrer Kindheit, nach eigener Aussage, über Kompositionsversuche zum Dichten:

»Ich habe als Kind zuerst zu komponieren angefangen. Und weil es gleich eine Oper sein sollte, habe ich nicht gewußt, wer mir dazu das [Textbuch] schreiben wird, was die Personen singen sollten, also habe ich es selbst schreiben müssen. Dann ist es lange Jahre nebenher gelaufen. Aber ich habe ganz plötzlich aufgehört, habe das Klavier zugemacht und alles weggeworfen, weil ich gewußt habe, daß es nicht reicht, daß die Begabung nicht groß genug ist. Und dann habe ich nur noch geschrieben [...] Was geblieben ist, ist vielleicht doch ein besonderes Verhältnis zur Musik. Aber viel dazugelernt habe ich eigentlich erst sehr viel später, als ich dann längst schon diese pedantische Genauigkeit gehabt habe« (GuI, 124).

Jenseits des Anekdotischen verweist diese Äußerung auf die lange zurückreichende Vertrautheit der Autorin mit beiden Medien, mit der Sprache sowohl als auch mit der Musik. Ihr entwickeltes Bewußtsein von den jeweiligen Möglichkeiten der beiden (vgl. vor allem den Essay *Musik und Dichtung* von 1959 – I, 59 ff.) bzw. von handwerklichen Notwendigkeiten prädestinierte Bachmann geradezu zur Librettistin. Es war daher naheliegend, daß die enge Freundschaft mit Henze zur Zusammenarbeit führte.

Bachmann verstand zwar ihre Arbeit an den Textvorlagen für Henzes Opern ganz im Dienste der Musik und hinter die Leistung des Komponisten zurücktretend (vgl. I, 373 bzw. 434), dennoch wecken ihre Libretti aufgrund der Stoffwahl das besondere Interesse auch des (seiner begrenzten Kompetenz in bezug auf Opernliteratur bewußten) Literarhistorikers. Innerhalb der wechselvollen Rezeptions- und Wirkungsgeschichte von Kleists Schauspiel *Prinz Friedrich von Homburg*, die der Librettistin zumindest teilweise bekannt war (sie weist auf Brecht und Heine hin – vgl. I, 369 f.) –, nimmt das Henze-/Bachmann-Opus eine beachtenswerte Stellung ein (vgl. Achberger, 1980, 123 f.). Die Autorin beabsichtigte zwar, »die Dichtung [Kleists] so unbeschädigt wie möglich der Musik zu übergeben« (I, 372). Doch die genrebedingt notwendigen Straffungen lassen »eine neue Gestalt« (Achberger, 1980, 124) entstehen: der ursprüngliche Text ist auf etwa ein Drittel reduziert, die Oper weist gegenüber den fünf Akten bzw. 36 Szenen des Schauspiels nur drei Akte mit zehn Szenen auf. Im großen und ganzen wird Bachmann von der Forschung attestiert, durch kluge und sorgfältige Transformation der Vorlage ein überzeugendes Libretto geschaffen zu haben (vgl. ebda oder Schlütter, 1977). Hans Joachim Kreutzer (vgl. 1977, 85 f., 90, 93 f.) beurteilt dieses aufgrund eines genauen Textvergleiches trotz einiger Vorbehalte im Detail sogar als »eine eigenständige Schöpfung der Dichterin Ingeborg Bachmann« und »nicht bloß [als] eine Adaption des Kleistschen Schauspiels« (ebda, 100). Mag sein, daß Henze – »wer hätte mir ein besseres Libretto geschrieben als mein Freund Heinrich von Kleist?« (1976, 72 f.) – trotz der Betonung der Kompetenz, mit der Bachmann die Transformation vorgenommen habe (vgl. ebda, 76), die Leistung der befreundeten Dichterin zu niedrig ansetzt, als »eigenständige Schöpfung« kann man sie aber denn doch nicht ansehen. Dies schon allein deshalb nicht, weil das sprachliche Material des Operntextes trotz stilistischer Modifikationen, die dem Musiktheater entgegenkommen (wie schlichtere Metaphorik und Verzicht auf den »Dialogstil des beständigen Zurückfragens« – Kreutzer, 1977, 77), weitgehend Kleistschen Ursprungs ist (vgl. ebda, 76 f.). Die für die Oper erforderlichen Kürzungen eröffneten Bachmann und Henze allerdings die Möglichkeit einer eigenständigen Interpretation der Vorlage. Durch die Reduktion und Vereinfachung der Handlung wird die Figur des Prinzen Friedrich als isolierter Monagonist zum absoluten Mittelpunkt des Dramas (vgl. dazu auch Schlütter, 1977, 243 und ebda, Anm. 12). Sein Antagonist im Schauspiel Kleists, der Kurfürst, ist – abgesehen vom Finale des ersten Akts, in dem er kurzzeitig seinerseits als isoliert hervortritt – integriert in das höfische »Ensemble« (Kreutzer, 1977, 73). Bachmann unterstreicht in ihrer Bearbeitung, was sie im Ursprungstext schon zu erkennen glaubt:

»Es gibt in diesem Schauspiel, und dies ist, glaube ich, noch nie recht bemerkt worden – keinen einzigen Bösewicht, keine Gestalt, die einer Niedrigkeit fähig wäre, einer Intrige, einer Schurkerei. Und es gibt nicht ein ›Schicksal‹, nichts Verfängliches, Unaufhaltsames. So mußte der Prinz uns erscheinen als der erste moderne Protagonist, schicksallos, selber entscheidend, mit sich allein in einer ›zerbrechlichen Welt‹ und uns darum nah, kein Held mehr, komplexes Ich und leidende Kreatur in einem, ein ›unaussprechlicher Mensch‹, wie Kleist selbst sich genannt hat, ein Träumer, Schlafwandler, der Herr seiner selbst wird« (I, 370 f .) .

Das klingt existentialistisch inspiriert. Tatsächlich evoziert schon Kleists Drama diese Deutung wenigstens durch die Erzählung jener existentiellen Grenzerfahrung von Todesangst, die der Prinz am offenen, für ihn bestimmten Grab macht und die ihn zur Entscheidung über sein weiteres Verhalten und zu Selbsttätigkeit herausfordert. Bachmann unterstreicht die Bedeutung dieser Erfahrung nachdrücklich, indem sie sie szenisch umsetzt und damit für die Zuschauer verlebendigt. Die Betonung der individualistischen Haltung des Prinzen sowie seiner träumerischen Veranlagung und des Gefühls- und Empfindungsmäßigen, bei Kleist durchaus auch schon angelegt, im Libretto gesteigert, kommt hier den antimilitaristischen, antipreußischen und antinationalistischen Tendenzen entgegen, die Henze und Bachmann zum Teil wiederum schon in der Vorlage erkennen (vgl. Henze, 1976, 73 bzw. I, 371 f.). Bachmann sieht in Kleists Stück eben nicht – wie eine im Nationalsozialismus gipfelnde Rezeptionsströmung – Militarismus und Obrigkeitsstaat verherrlicht, sondern die »Illegitimität« der Herrschaftsverhältnisse und

Machtstrukturen sowie der Grausamkeit in der deutschen Geschichte in einem Idealbild von Staat aufgehoben (I, 371). Kleist vermittle den Vorschein einer »noch nie verwirklichte[n Legitimität], durch die der Staat einsichtig werden« könnte, die Gerechtigkeit lebbar wird, Freimut kein Wagnis ist« (I, 371 f.). Die Autorin teilt offensichtlich Henzes Auffassung, der Brandenburg nicht als historisches Gebilde in Kleists Tagen versteht, sondern als ein antikes »Ideal-Land« (Henze, 1976, 75; vgl. auch ebda, 73). Von dieser Interpretation her erscheint auch der berühmte Schluß in einem anderen Licht. »In Staub mit allen Feinden Brandenburgs« hieße dann: mit allen Feinden des idealen Staatsgebildes (vgl. auch Achberger, 1980, 128). Trotz der Umdeutung blieb diese originalgetreue Finalisierung des Librettos für Bachmann problematisch (vgl. I, 374). Die martialische Ausdrucksweise widerstrebt der Dichterin, die sich durch die Erfahrung des kriegerisch-aggressiven Faschismus traumatisiert fühlt (vgl. GuI, 111). Gegen diesen und gegen neu aufkeimende obrigkeitsstaatliche und militaristische Tendenzen in den fünfziger Jahren opponiert das Henze-/Bachmann-Opus. Insofern verfehlt auch Kreutzer (vgl. 1977, 88 u. ö.), der dem Libretto Enthistorisierung vorwirft, eine wichtige Intention dieser Oper.

Anders als in ihrem ersten Libretto für Henze übernimmt Bachmann in ihrem zweiten, *Der junge Lord*, nur den Stoff, nicht aber auch das sprachliche Material der literarischen Vorlage. Sie entlehnt ihn Hauffs kurzer Märchenerzählung *Der Affe als Mensch*, »einer kleinen didaktischen Geschichte, die sich unter die Märchen verirrt hat« (I, 435). Die Autorin nimmt deren lehrhaften Ton zurück, indem sie das fabula docet der romantischen Märchenerzählung (vgl. Hauff, 1967, 231) wegläßt. Sie steigert hingegen die Heftigkeit der Kritik am »deutschen Spießbürgergeist« (Achberger, 1980, 182). Hauff (vgl. 1967, 211) hat schon die Enge und Engstirnigkeit des kleinbürgerlichen »Idylls« in einer süddeutschen Kleinstadt seiner Zeit, deren Irritationen durch fremde, abweichende Lebensmuster und die Vorurteile satirisch beleuchtet, die vorschnelle Verdächtigungen und Distanzierung oder unüberlegte Anpassung und Verehrung (vgl. ebda, 221) bis zur Blindheit gegenüber dem »Affen als Mensch« zur Folge haben. Bachmann und Henze wissen nach der Erfahrung des deutschen Faschismus, wohin kleinbürgerlich autoritäre Erziehung (vgl. die Erzählung *Jugend in einer österreichischen Stadt* sowie im Libretto I, 409 f. bzw. Henze, 1976, 196), Xenophobie und die Fixierung von Feindbildern führen (vgl. I, 407). Der Komponist erkennt »soviel Tödliches in dieser Gemütlichkeit« des kleinbürgerlichen Milieus (Henze, 1976, 196). Ihm und seiner Librettistin geht es daher in ihrer komischen Oper *Der junge Lord* darum aufzuzeigen, »welcher Mentalität, welchem Land sie ihre Komik verdankt und wes Geistes seine Kinder sind« (I, 435). Nicht diese »durch Ironie zu töten« ist die Absicht, vielmehr »leben und bestehen zu lassen in ihrer honorigen Beschränktheit, Arglosigkeit, ihrem provinziellen Charme und einigen fatalen Zügen auch, die sie für ein diabolisches Experiment geeignet machen« (I, 436). *Der junge Lord* führt die Defizite des Daseins in der Enge eines kleinbürgerlichen Idylls vor (»sehr viel seelischer Hunger« – Henze, 1976, 199) und die Gefahr der daraus resultierenden Verführbarkeit des Kleinbürgertums, hier: das Nachäffen des Äffischen, in der geschichtlichen Erfahrung der Autorin und des Komponisten: die Anfälligkeit des deutschen Kleinbürgertums für den Faschismus. Henze nennt als »wesentliche[n] Gegenstand« seiner Oper die milieubedingte »Lüge« (ebda, 197). Vor allem am (bis in die Liebesdialoge hinein – vgl. I, 405 f.) klischierten, phrasengesättigten und mit Klassiker-, insbesondere Goethe-Zitaten durchsetzten Sprachgebrauch demaskiert Bachmann das defizitäre kleinbürgerliche Bewußtsein. Vom Affen mühelos nachgeäfft, entlarvt sich dieser Sprachgebrauch als pervertiert.

Das Geschehen der Oper ist in die Zeit Hauffs verlegt, in »die Zeit einer Restauration«, wie Bachmann betont (I, 435). Die Autorin hat schon in den fünfziger Jahren erkennen lassen, daß sie die Chance eines gesellschaftlichen Neuanfangs nach der Befreiung von der nationalsozialistischen Herrschaft vertan sieht (vgl. die Gedichte der *Gestundeten Zeit*). Mit Besorgnis werden von ihr wie von anderen Intellektuellen restaurative Tendenzen in der politischen und gesellschaftlichen Entwicklung nach 1945 beobachtet. Die zweite Henze-/Bachmann-Oper reiht sich in diejenige zeitgenössische Literatur ein, die aufgrund der historischen Erfahrung vor diesen Tendenzen warnt, weil sie ihnen neuerlich die Gefahr der Verführbarkeit des Kleinbürgertums und der Anfälligkeit »für ein diabolisches Experiment« (I, 436) heraufzubeschwören scheinen.

3.2.4 Ungaretti-Übersetzungen

1961 erschienen, übrigens als erste Publikation bei Suhrkamp, Bachmanns Übersetzungen von 53 Gedichten Giuseppe Ungarettis, des heftig diskutierten und nach Gabriele d'Annunzio wohl bedeutendsten italienischen Lyrikers im 20. Jahrhundert. Persönlich lernte ihn die Autorin erst nach dieser Veröffentlichung kennen und – wie man dem Entwurf einer Hommage an ihn ablesen kann (vgl. IV, 331 f.) – in seiner menschlichen Größe schätzen. Mit ihren Übertragungen stellte sie Ungaretti erstmals in deutscher Sprache vor, 1968 erschien dann eine von Celan übersetzte, immer wieder zum Vergleich mit Bachmann herangezogene (vgl. Menapace, 1980, und Böschenstein, 1982) Auswahl.

Bachmanns Übertragungen der Ungaretti-Gedichte haben sehr unterschiedliche Bewertung erfahren. Werner Menapace (1980, 190) hält sie aufgrund seiner Detailanalyse der Übersetzungsarbeit vor allem im Vergleich mit denen Celans für »unausgereift« und für einen »unbedeutenden Teil ihres poetischen Werks [...], der keinen näheren Aufschluß über die dichterische Persönlichkeit, das künstlerische Temperament der Übersetzerin zu geben vermag« (ebda, 104). Demgegenüber beobachtet Bernhard Böschenstein (vgl. 1982, 317) nicht nur – wiederum im Vergleich zu Celan – die gelegentlich größere Nähe der Bachmann-Übertragungen zum Original, sondern vor allem ein sowohl in den Selektionsprinzipien der Texte als auch im Übersetzungsstil spezifisches, zum eigenen Werk der Autorin in Beziehung stehendes Interesse. Nicht zufällig stammen nahezu dreiviertel der ausgewählten Gedichte aus dem zwischen 1914 und 1919 entstandenen Lyrikband *L'allegria*, denn in ihm sind – so Bachmann in einem Nachwort zu ihrer Edition – »alle die neuen Töne und Gesten da, die wir zuerst kennenlernen sollten, alle die neuen Möglichkeiten, die Ungaretti in seiner Sprache entdeckte« (I, 618). An ihnen schätzt die Dichterin die im Anschluß an Tendenzen der Moderne, mit der der Italiener während seiner Studienzeit in Paris vertraut wurde (vgl. I, 616), vertretene antiästhetizistische Position, die Ablehnung »der autonomen rhetorisch-ästhetischen Fassade seiner Vorgänger« (Böschenstein, 1982, 320): »Das Wenigste wollte gesagt sein, weil wenig zu sagen blieb« (I, 616), so charakterisiert Bachmann die Reduktion der lyrischen Aussage des frühen Ungaretti auf das existentiell Wichtige. Böschenstein (1982, 309) verweist im übrigen zurecht darauf, daß *Ihr Worte*, »Bachmanns einziges Gedicht aus dem Jahr der Veröffentlichung der Übersetzungen [...] programmatisch genau zu Ungarettis grundlegender Erfahrung« stimmt. Aus dem während der Mussolini-Zeit entstandenen Lyrikband *Sentimento del tempo* wählte Bachmann folgerichtig nur eine sehr kleine Anzahl von Gedichten aus, weil er »nicht wenige Beispiele traditionsbezogener, wortreich pathetischer, ästhetisierender Sprache mit mythologischen Themen« (ebda, 307) enthält. Auch aus der noch späteren Lyrik, die zum Hermetischen tendiert und – naheliegend – Celan stärker herausgefordert hat, greift die Autorin nur einige Texte heraus. Celan reizt die Möglichkeit der Entfaltung »einer sprachlichen Eigenwelt« (ebda, 315), während Bachmann zugunsten der Verdeutlichung der in der Ungaretti-Lyrik thematisierten existentiellen Problematik die »Wortarbeit« (ebda, 311) hintanstellt. Sie faszinieren vor allem jene Gedichte, in denen Themen angeschlagen werden, die auch in ihrer eigenen Dichtung zentral sind: die schon erwähnte, bei Bachmann ethisch begründete Zurückhaltung des Sprechens, die »paradoxe Spannung zwischen Untergang und Fortleben« (ebda, 313) sowie die dem Gefühl des Exiliert-Seins entspringende Suche nach einem »unschuldigen Land« (I, 571).

3.2.5. Erzählprosa

1961 erschien der erste Erzählband von Bachmann: *Das dreißigste Jahr*. Die sieben darin versammelten Texte sind durchwegs »in den Jahren 1956 und 1957 entworfen« worden (IV, 605), gehören mithin derselben Schaffensperiode der Autorin an wie ein Teil der Lyrik aus der *Anrufung des Großen Bären* sowie der »Gedichte 1957 – 1961«, wie das Hörspiel *Der gute Gott von Manhattan* und wie auch die Frankfurter Poetik-Vorlesungen. Drei Erzähltexte, die aus derselben Zeit der zweiten Hälfte der fünfziger Jahre stammen und in der Werkausgabe erstveröffentlicht wurden, stehen deutlich im Kontext der Arbeit am *Dreißigsten Jahr*: das fragmentarische *Portrait von Anna Maria* (entstanden zwischen 1955 und 1957 – IV, 604), die erst von den Herausgebern betitelte Erzählung *Der Schweißer* (1959) sowie das kurze, ebenso erst von den Herausgebern betitelte Erzählfragment *Der Hinkende*. Die kritische *Todesarten*-Edition präsentiert außerdem mehrere Textzeugen von vier fragmentarisch gebliebenen Erzählprojekten, die ebenfalls zum Kontext des *Dreißigsten Jahrs* gezählt werden können: *Ein Fenster zum Ätna*, <*Eugen-Roman I*>, die *Geschichte einer Liebe* und *Zeit für Gomorrha*. Diese Fragmente thematisieren und sind das, was Bachmann in den späteren fünfziger Jahren und an der Wende zu den sechzigern bewegt. Zwar weisen einzelne thematische Momente, Motive und Handlungselemente schon auf die *Todesarten* voraus (daher der Veröffentlichungsort), aber die größere Nähe zum *Dreißigsten Jahr* ist offensichtlich.

Die Erzählung *Das dreißigste Jahr* verleiht nicht zufällig der gesamten ersten Erzählsammlung von Bachmann den Titel. Denn nicht nur ist sie die quantitativ gewichtigste (ein Viertel des Gesamtumfangs einnehmend), in ihr sind vielmehr alle bedeutsamen Themen zumindest kurz angetönt, die in den übrigen Erzählungen ausgefächert erscheinen. Zudem weist der Titel sowohl auf einen lebensgeschichtlich wichtigen Moment, der krisenhaft erlebt wird, als auch – auf Bachmanns eigenes Lebensalter bezogen – auf den geschichtlichen Ort in der zweiten Hälfte der fünfziger Jahre. Diese Zuweisung erhält auch eine Bestätigung durch die Erzählung *Unter Mördern und Irren*: »Wir sind in Wien, mehr als zehn Jahre nach dem Krieg. ›Nach dem Krieg‹ – dies ist die Zeitrechnung« (II,

159). Diese »Zeitrechnung gilt übrigens auch für die genannten vier Erzählfragmente, die die kritische Ausgabe erstveröffentlicht.

Das dreißigste Jahr ist nicht eine Sammlung bunt zusammengewürfelter Erzählungen, sondern ein Zyklus, insofern die einzelnen Texte, wie schon angedeutet, sehr eng aufeinander bezogen sind. Der kleinste gemeinsame thematische Nenner besteht in der Darstellung existentieller Krisen aufgrund des Widerspruchs von individuellen Ansprüchen und gesellschaftlichen Zwängen, der Spannung zwischen subjektivem Wunschverhalten und objektiven Sachverhalten, die durch diverse Ordnungen der Gesellschaft, der Sprache etc. vorgegeben sind, sowie des Widerspiels von Flucht aus der vorgefundenen Ordnung und notwendiger Integration. Geradezu modellhaft verallgemeinernd (vgl. den Einleitungssatz: »Wenn einer in sein dreißigstes Jahr geht [...]« – II, 94) führt diese Thematik die Titelgeschichte am Beispiel der existentiellen Krise eines Mannes aus, der sich an der Wende zum reifen Lebensalter stehen fühlt, seine jugendlichen Verhaltensweisen gleichwohl nicht aufgeben, sich nicht festlegen, nicht »in die Falle« (II, 96) gesellschaftlicher Anpassung gehen will. Die Situation des Bachmannschen Dreißigjährigen wurde u. a. verglichen mit Christus, Mohammed, Buddha (Triesch, 1967, 111), mit Dylan Thomas, Kafka (Angst-Hürlimann, 1971, 11) sowie mit der Biographie Arthur Rimbauds (Engler, 1961) und der Wittgensteins (Seidel, 1979, 267 ff.). Diese Vergleiche überzeugen im einzelnen kaum, lassen aber erkennen, daß in der Literatur des 20. Jahrhunderts das dreißigste Jahr häufig als eine »Lebensachse« (Ziolkowski, 1972, 230) aufgefaßt wird und »einen gewissen Symbolwert als kritischer Wendepunkt im menschlichen Leben« erhält, der – sehr allgemein ausgedrückt – für den »Verlust einer stabilen Wirklichkeit als zentrale Erfahrung des modernen Menschen« (ebda, 245 f.) steht. In diversen literarischen Gestaltungen dieser Erfahrung läßt sich bei aller Verschiedenheit der Texte eine typische Struktur beobachten:

Die »typologische Erfahrung des Dreißigjährigen beginnt mit einem Schock der Erkenntnis und endet mit einer bewußten Entscheidung. Zwischen diesem absoluten Anfang und diesem absoluten Ende lebt der Dreißigjährige in einem zeitlosen Schwebezustand, währenddessen alles Handeln gelähmt ist; die Analyse seiner eigenen Vergangenheit und seiner eigenen gegenwärtigen Existenz schiebt sich in den Vordergrund. Eben der Versuch, diese Erfahrung erzählerisch zu gestalten, hat das hervorgebracht, was der Roman des Dreißigjährigen heißen darf« (ebda, 234 f.).

Zweifellos kann Bachmanns Erzählung als Realisierung dieses Typus verstanden und im Kontext einer Reihe anderer Beispiele literarischer Gestaltungen gesehen werden, die einen »kritischen Wendepunkt« in diesem Lebensalter ansetzen:

Ziolkowski (1972, 243) nennt Josef K. aus Kafkas *Prozeß*, Franz Biberkopf aus Alfred Döblins *Berlin Alexanderplatz*, Pasenow, Esch und Hugenau aus Hermann Brochs *Schlafwandler*-Trilogie, Antoine Roquentin aus Jean Paul Sartres *La nausée*, Merseault aus *L'etranger* von Albert Camus, Oskar Matzerath aus der *Blechtrommel* von Grass, Rainer Maria Rilkes Malte Laurids Brigge sowie den dreißigjährigen Camus als Verfasser von *Le Mythe de Sisyphe*. Der »unvermittelte Bewußtseinsschock« des Dreißigjährigen der Bachmannschen Erzählung findet noch in weiteren, von Ziolkowski nicht genannten literarischen Zeugnissen seine Parallele. So spielt wohl die Situation des Erwachenden, der eines Morgens daliegt, »ohne sich erheben zu können, getroffen von harten Lichtstrahlen und entblößt jeder Waffe und jeden Muts für den neuen Tag« (II, 94) viel mehr auf den Gregor Samsa der Erzählung *Die Verwandlung* von Kafka an als auf die Eingangssequenz von dessen Roman *Der Prozeß*. Am deutlichsten jedoch ist die Parallele zu Italo Svevos Roman *Zeno Cosini*, auf den Bachmann in ihrer dritten Frankfurter Vorlesung über *Das schreibende Ich* ausführlich eingegangen ist (vgl. IV, 227 ff.). Der Protagonist dieses Romans erleidet durch den Tod seines Vaters einen existentiellen Schock: »Ich [d.i. Zeno Cosini] weilte nicht mehr im Paradiese. Ich wurde dreißig Jahre alt, zum fertigen Menschen. Auch ich, wie schon so viele andere: Zum erstenmal ward mir bewußt, daß der wichtigste, entscheidendste Weg des Lebens hinter mir lag, unabänderlich [...] Bis dahin war ich von Fakultät zu Fakultät, von Zigarette zu Zigarette im unerschütterlichen Glauben an meine Fähigkeiten gegangen« (Svevo, 1959, 33). Auch der Dreißigjährige der Bachmannschen Erzählung hat bislang »einfach von einem Tag zum andern gelebt« (II, 94), »hat so viele Möglichkeiten für sich gesehen und [...] gedacht, daß er alles mögliche werden könne« (II, 94 f.); er hat alle Beziehungen, ja sogar sich selbst als »kündbar« (II, 96) angesehen und wird sich jetzt bewußt, »daß auch er in der Falle ist«. Bachmanns Dreißigjähriger unterscheidet sich von Zeno Cosini allerdings dadurch, daß er trotz des Bewußtseins, »in der Falle« zu sein, noch einmal »seine Vergangenheit [zu] kündigen« und der Festlegung auf eine gesellschaftliche Rolle zu entfliehen versucht. Darin ähnelt er eher dem ebenfalls fast gleichaltrigen, nämlich zweiunddreißigjährigen Ulrich in Musils Roman *Der Mann ohne Eigenschaften*, der nach der Erprobung und Verwerfung verschiedener Tätigkeiten und Berufe erkennt, »daß alle von seiner Zeit begünstigten Fähigkeiten und Eigenschaften« zwar in ihm angelegt sind, daß ihm »aber die Möglichkeit ihrer Anwendung [...] abhanden gekommen« ist, und der beschließt, »sich ein Jahr Urlaub von seinem Leben zu nehmen« (Musil, 1952, 47) . Hier wie dort: ein Jahr der Krise, ein Jahr der Entscheidung.

Der Dreißigjährige befindet sich in einer Art »Schwebezustand«. Er erfährt die gesellschaftliche Wirklichkeit, die ihm die Festlegung in einer Rolle abverlangt, als einschränkend und verletzend. Die Beziehungen zu den Mitmenschen sind gestört, diese erscheinen entindividualisiert. Allenthalben trifft er auf Molls, hier und dort heißen die Frauen Helene/Elena/Leni. Die Molls sind ein »Symbol der Masse«, aber auch »manchmal gleichzeitig Spiegelung der Hauptgestalt« (Angst-Hürlimann, 1971, 12). Damit kommt ihnen etwa die gleiche Bedeutung zu wie den Nebengestalten in Musils *Mann ohne Eigenschaften*. Wie diese verwirklichen sie Eigenschaften und Verhaltensweisen, die der Dreißigjährige für sich nicht akzeptieren kann und auf die fixiert zu werden er als Gewaltakt gegen sich empfindet:

»Hinzuerworben hat er nur die Erfahrung, daß die Menschen sich an einem vergingen, daß man selbst sich auch an ihnen verging und daß es Augenblicke gibt, in denen man grau wird vor Kränkung – daß jeder gekränkt wird bis in den Tod von den anderen. Und daß sich alle vor dem Tod fürchten, in den allein sie sich retten können vor der ungeheuerlichen Kränkung, die das Leben ist« (II, 101).

Die Verletzungen des Ichs haben damit zu tun, daß es sich von den Anderen – wie Sartre es in *L'être et le néant* beschrieben hat – zum Objekt herabgewürdigt fühlt, fremdbestimmt und verhindert, authentische Erfahrungen zu machen. In der Frankfurter Vorlesung über *Das schreibende Ich* erscheint Bachmann nicht einmal die »banalste Identität [...] mehr garantiert« (IV, 217) und das aus »Myriaden von Partikeln« zusammengesetzte Subjekt ein »Ich ohne Gewähr« (IV, 218). Auch wenn die Autorin am Schluß dieser Vorlesung allen Widrigkeiten zum Trotz das dichtende Ich als »Platzhalter der menschlichen Stimme« (IV, 237) behauptet, so reiht sie sich doch ein in die radikale Infragestellung des Ichs als Mittelpunkt der abendländischen neuzeitlichen Philosophie und als Souverän seines Tuns. In der hochindustrialisierten und hochtechnisierten kapitalistischen Gesellschaft des 20. Jahrhunderts ist die Hochhaltung des Ichs obsolet geworden, wie die Autorin in einer Tour d'horizon durch die Literatur von Dostojewski und Tolstoj bis Beckett illustriert. Im *Dreißigsten Jahr* erfährt sich die Hauptgestalt folgerichtig keineswegs als gesicherte Identität, vielmehr atomisiert:

»Ich denke politisch, sozial und noch in ein paar anderen Kategorien und hier und da einsam und zwecklos, aber immer denke ich in einem Spiel mit vorgefundenen Spielregeln und vielleicht auch einmal daran, die Regeln zu ändern. Das Spiel nicht. Niemals!
Ich, dieses Bündel aus Reflexen und einem gut erzogenen Willen, *Ich* ernährt vom Abfall aus Geschichte, Abfällen von Trieb und Instinkt, *Ich* mit einem Fuß in der Wildnis und dem anderen auf der Hauptstraße zur ewigen Zivilisation. *Ich undurchdringlich,* aus allen Materialien gemischt, ver-

filzt, unlöslich und trotzdem auszulöschen durch einen Schlag auf den Hinterkopf. Zum Schweigen gebrachtes *Ich aus Schweigen* ...« (II, 102).

Über die Problematisierung des Ichs, die für alle Gestalten des Erzählbandes *Das dreißigste Jahr* gilt, hat Bachmann in den Frankfurter Vorlesungen ausführlich reflektiert. Dort setzt sie den Beginn der Ich-Findung und des Sozialisationsprozesses gleich mit dem Beginn der Zerstörung des Ichs. Den Wurzeln der Ich-Schwäche fragt sie innerhalb des Erzählzyklus *Das dreißigste Jahr* in der einleitenden Geschichte über die *Jugend in einer österreichischen Stadt* nach.

Diese Erzählung, vielfach reduziert autobiographisch gelesen (so von Pausch, 1975), soll aber gerade nichts weniger als autobiographisch verstanden werden (vgl. GuI, 26), auch wenn die Lokalisierung der Erzählung in Klagenfurt dazu verleitet. Wie die Titelgeschichte erhebt sie Verallgemeinerungsansprüche, u. a. durch das Zurücktreten des Ich-Erzählers hinter ein unpersönliches »man« bzw. das Kollektivum »Kinder«. Der dargestellte Entwicklungsprozeß wird nicht als Einzelfall, sondern als typisch für die Sozialisation in einer bestimmten Gesellschaftsschicht unter ganz spezifischen historischen Bedingungen erkennbar. *Jugend in einer österreichischen Stadt* ist eine Rahmenerzählung. Die Charakterisierung der psychischen Verfassung und des Bewußtseinszustandes des Ich-Erzählers in der Erzählgegenwart (Rahmen) ist der Fluchtpunkt von Erinnerungsepisoden (Binnenteil). Vom gegenwärtigen Ich erfährt man kaum etwas direkt, sehr viel aber von seiner Kindheit und Jugend, seinem »Kapital« (GuI, 79). Mittelbar wird so ein verletzter, seiner selbst unsicherer, zaghaft orientierungsloser Mensch erkennbar, der rückblickend und so gleichzeitig von der erzählten auf die Erzählebene, also auf die Erzählgegenwart vorausdeutend, die Lebensaussichten der »Kinder«, von denen die Erinnerungen handeln und zu denen er sich zählt, als »hoffnungslos« beurteilt: »Die Kinder haben keine Zukunft« (II, 86). Die Ursachen des »Selbst«-Mißtrauens des Ich-Erzählers werden in seiner Erinnerung an die primäre (familiäre) und die sekundäre (familiäre und schulische) Sozialisationsphase erhellt. Die »Kinder« gehören zur Generation der Mitte der zwanziger Jahre Geborenen, d.h., die gesellschaftlichen Bedingungen, unter denen sie aufwachsen, sind geprägt von wirtschaftlicher Depression, Arbeitslosigkeit, größten sozialen Spannungen und bürgerkriegsartigen Auseinandersetzungen in der ständestaatlichen Diktatur sowie nach 1938 vom NS-Terror und schließlich vom Zweiten Weltkrieg. Alle diese Bedingungen sind in der Erzählung wenigstens andeutungsweise thematisiert, in ihrer Wirkung verdichten sie sich im Sozialisations- und Identitätsfindungsprozeß der »Kinder« zu einer psychophysischen Krise (vgl. II, 89). Als Angehörige der ökonomisch und daher auch sozial schwächsten Gesellschaftsschicht, die in der Zwischenkriegszeit Proletariat und verarmten Mittelstand umfaßt, sind sie von der gesamtgesellschaftlichen und politischen Depression zwangsläufig am härtesten betroffen. Bewußt wird ihnen diese soziale Zurücksetzung in der Kindheit vorerst nur in eher Belanglosem – sie bekommen alte Äpfel statt Bananen zu essen (II, 87), haben nur Holzschlittschuhe statt Metallkufen zur Verfügung (II, 89 f.). Dies scheint nebensächlich, aber Sozialisation bedeutet vor allem auch Internalisierung von Interaktionsstrukturen und Verhaltenserwartungen (vgl. Caesar, 1972, 15 f.). Der Rückzug der »Kinder« vor den überlegenen, bananenessenden Nachbarskindern und das Ausweichen beim Eislaufen »in die verwehten Teichecken« (II, 90) signalisieren, daß sie bestimmte soziale Beziehungsstrukturen, Verhaltensmuster und die ihnen zugeschriebene gesellschaftliche Rolle schon frühzeitig verinnerlicht sowie kein Selbstbewußtsein und keine Fähigkeit entwickelt haben, sich durchzusetzen. Der Aufstieg vom Mietshaus, wo die »Kinder« dem autoritären Terror des Hausbesitzers ausgesetzt sind (vgl. II, 85), in ein »Haus ohne Hausherr« (II, 87) hat sich als ein scheinbarer erwiesen, sie verbleiben im kleinbürgerlich Perspektivelosen. Da sie die Rolle der sozial Zurückgesetzten und sich Bescheidenden internalisiert haben, ist ihre Situation »hoffnungslos«, haben sie »keine Zukunft« (II, 86).

Aus der Distanz erscheint dem Erzähler das gestörte Verhältnis zur Heimat als wesentlicher Aspekt der Hoffnungs- und Zukunftslosigkeit der »Kinder«. Sie seien früh »schon eingeweiht in die unbeständigen Gerüche der Ferne« (II, 85), in ihrer Existenz vergleichbar den Zigeunern, die sich, heimatlos und unbehaust, »im Niemandsland zwischen Friedhof und Flugplatz« niedergelassen haben. Es fehlt dem Ich das Gefühl der Geborgenheit, das ein Leben am Heimatort bieten könnte, die »Erdung« (II, 89 u. 92), der die »Welle« – gemeint wohl das Ich als eines sicheren Grundes bedürfte. Aber das Ich ist in seiner Heimatstadt nicht verwurzelt, ihr vielmehr entfremdet. Zwar spricht der Ich-Erzähler die Stadt als »Du mein Ort« an, doch nimmt er den Ton der Vertrautheit mit dem zweideutigen »Du kein Ort« (II, 92) sofort wieder zurück: »Kein Ort«, d. i. »U-topia«, Heimat als Utopie, zugleich »kein Ort«, der eine Lebensperspektive eröffnete. Sowenig wie der Ich-Erzähler in *Jugend in einer österreichischen Stadt* fühlt sich der Dreißigjährige der Titelerzählung an irgendeinem Ort beheimatet. Wien bezeichnet er zwar als die Stadt, »die er am meisten geliebt hatte«, der er aber doch das Prädikat »heim« vorenthält (II, 118), weil sie Ort der bittersten Enttäuschungen ist, wofür ein Traum, in dem er die Stadt aus den Fugen geraten erfährt, und wofür auch die Beschimpfungen Wiens als »Stadt ohne Gewähr«, »Strandgutstadt«, »Peststadt« etc. (II, 126 ff.) stehen. Mithin ist Wien scheinbar ein Ort, an den sich keine Hoffnungen knüpfen lassen, zugleich aber auch der Ort, mit dem sich die größten, allerdings unerfüllbaren Hoffnungen, die Utopie der Aufhebung von Leiden und Unzulänglichkeit verbinden (vgl. II, 128).

Mit der späteren Erzählung *Drei Wege zum See* aus *Simultan* verbindet *Jugend in einer österreichischen Stadt* die Thematisierung der Flucht aus der provinziellen Enge des Heimatorts. Man darf das aber nicht mißverstehen: weder hier noch dort will Bachmann mit Klagenfurt abrechnen. Es gilt vielmehr, was die Autorin Uwe Johnson anvertraut hat:

»Man müßte überhaupt ein Fremder sein, um einen Ort wie K[lagenfurt] länger als eine Stunde erträglich zu finden, oder immer hier leben, vor allem dürfte man nicht hier aufgewachsen sein und ich sein und dann auch noch wiederkommen« (nach Johnson, 1974, 15 u. 18).

Unmißverständlich ist hier ausgesprochen, wie wenig die Obsessionen der Autorin speziell mit Klagenfurt zu tun haben. Es ist eine beliebige österreichische Kleinstadt, in der eine Kindheit und Persönlichkeitsentwicklung unter den beschriebenen Bedingungen so oder ähnlich verlaufen konnte. In beiden Erzählungen verbindet sich aber mit dieser Stadt die Erinnerung an das traumatisch erfahrene Erlebnis vom Anschluß Österreichs an Hitler-Deutschland:

»Vor Kindern spricht man nur in Andeutungen. Sie können nicht erraten, daß das Land im Begriff ist, sich zu verkaufen und den Himmel dazu, an dem alle ziehen, bis er zerreißt und ein schwarzes Loch freigibt. [...] Auf den Straßen ziehen Kolonnen von Marschierenden. Die Fahnen schlagen über den Köpfen zusammen. ›... bis alles in Scherben fällt‹, so wird gesungen draußen. Das Zeitzeichen ertönt« (II, 88 f.).

Über ein Jahrzehnt nach Veröffentlichung von *Jugend in einer österreichischen Stadt* bestätigt Bachmann in einem Interview die Bedeutung des Anschluß-Erlebnisses für ihre eigene psychische Entwicklung:

»Es hat einen bestimmten Moment gegeben, der hat meine Kindheit zertrümmert. Der Einmarsch von Hitlers Truppen in Klagenfurt. Es war etwas so Entsetzliches, daß mit diesem Tag meine Erinnerung anfängt: durch einen zu frühen Schmerz, wie ich ihn in dieser Stärke vielleicht später überhaupt nie mehr hatte. Natürlich habe ich das alles nicht verstanden in dem Sinn, in dem es ein Erwachsener verstehen würde. Aber diese ungeheure Brutalität, die spürbar war, dieses Brüllen, Singen und Marschieren – das

Aufkommen meiner ersten Todesangst. Ein ganzes Heer kam da in unser stilles, friedliches Kärnten ...« (GuI, 111).

Die historische Erfahrung einer militärischen Machtübernahme ist das Schlüsselerlebnis für die Autorin und entscheidende Ursache für das Gefühl der Heimatlosigkeit ihrer literarischen Gestalten (ebenso wie ihrer eigenen).

»... bis alles in Scherben fällt«, diese in *Jugend in einer österreichischen Stadt* zitierte Liedzeile steht als »Zeitzeichen« für faschistische Machtdemonstration, für die Mythisierung des Brutalen und für destruktive Aggressivität, unter der die »Kinder« leiden und die ihren Höhepunkt im Zweiten Weltkrieg erleben: »sie [die ›Kinder‹] sind in der Krise, sind aufgegeben, sie hängen zwischen Tod und Leben, und eines Tages liegen sie fühllos und morsch da, mit neuen Gedanken über Alles. Man sagt ihnen, daß der Krieg ausgebrochen ist« (II, 89). Die Krise der »Kinder« ist nicht eine bloß physische (so Pausch, 1975, 11), sondern eine sehr komplexe, in die die allgemeine politische und soziale Lage ebenso hineinspielt wie die spezielle Situation in Familie und Schule, den beiden wichtigsten Sozialisationsinstitutionen, die für die Charakter-, Bewußtseins-, Intellekt- und Sprachentwicklung, für den Gewinn von sozialem Vertrauen und von Selbstwertgefühl sowie für die Herausbildung einer autonomen, gleichwohl gesellschaftlich integrierten, initiativen Individualität verantwortlich sind. Die Familie sollte ein Ort des Schutzes, intensiver zwischenmenschlicher Beziehungen und Kommunikation sein. Aber eben dieses leistet sie nicht, die »Kinder« sind nicht geborgen, sie »sind aufgegeben«. Die Erziehung wird als repressive dargestellt: »Still, seid still vor allem« (II, 92). Während Anpassung an die Realität ein zur Findung sozialer Identität durchaus notwendiges Erziehungsziel darstellt (vgl. Caesar, 1972, 136 f.), hemmen Repressionen, wie sie die »Kinder« erfahren, die Entfaltung einer eigenständigen Persönlichkeit. Für den faschistischen Staat hatte die Familie eine zweifache Funktion, eine bevölkerungspolitische und die der Verinnerlichung autoritärer Unterwürfigkeit. Ein Ort des Schutzes allerdings sollte sie unter den Nationalsozialisten nicht sein, denen vielmehr an der »Zerstörung auch des Mikrokosmos der bürgerlichen Familie« lag, um »Kinder wie Erwachsene unmittelbar der Partei, der Ideologie, den Normen des Staats subsumieren« zu können (Brückner, 1980, 38). Die Zerstörung der Familie wird von Bachmann nicht als Prozeß thematisiert, wohl aber als Ergebnis greifbar. Die »Kinder« sind alleingelassen, sogar »aufgegeben«, schutzlos ausgeliefert in der »frühen Dunkelhaft« (II, 93).

Besonderes Augenmerk gilt der sprachlichen Entwicklung im Sozialisationsprozeß der »Kinder«. Sowohl im Elternhaus als auch in der Schule ist es um die Förderung bzw. Vervollkommnung der sprachlichen Kompetenz der »Kinder« schlecht bestellt. Dort werden sie eingeübt ins Stillhalten, so daß von vornherein die Fähigkeit unterdrückt wird, Anspruch auf Selbstverwirklichung zu artikulieren. Vielmehr »richten sie sich schweigend ein« (II, 85) und ziehen sich zurück in ein »Versteck, um ihre verkrüppelten Stimmen auszuprobieren. Sie stoßen leise kleine Rebellenschreie vor Spinnennetzen aus« (II, 87). Gerade dieses paradoxe Bild läßt deutlich dieselbe Struktur des Sich-zurück-Ziehens im sprachlichen wie im sonstigen Verhalten erkennen. Das familiär bedingte Sprachdefizit der »Kinder« wird durch die schulische Ausbildung nicht kompensiert, ja nicht einmal ansatzweise verbessert. Die für die Persönlichkeitsentwicklung so wichtige sprachliche Artikulationsfähigkeit wird nicht gepflegt, sondern vorausgesetzt, und, sofern nicht vorhanden, dem Kind als Fehlverhalten vorgeworfen, das durch physische Disziplinierungsmaßnahmen korrigierbar sei: »Schlagen sollte man euch, bis ihr den Mund auftut. Schlagen ...« (II, 85). Während einerseits die Sprachkompetenz der »Kinder« solcherart nicht gehoben wird, werden sie andererseits eingeübt in einen schlechten Sprachgebrauch. Statt ihnen Hilfe zu leisten bei der kognitiven Strukturierung ihrer Umwelt, werden sie in eine abstrakte Bildungswelt eingeführt, durch die ihre Phantasie und Sensibilität unterdrückt werden – »Übungen im Horizontgewinn und Traumverlust, auswendig Gelerntes auf Gedächtnisstützen« (II, 86) – und in der sie »alte Worte ab und neue an«-legen, die aber (in einem quasi inflationären Sprachgebrauch) nicht gedeckt sind durch ihre Erfahrung: »Sie hören vom Berg Sinai und sie sehen den Ulrichsberg mit seinen Rübenfeldern, Lärchen und Fichten, von Zeder und Dornbusch verwirrt«. Die sprachliche Kompetenz wird nicht erweitert: die »Kinder« lernen zwar das Lesen, aber sie verstehen nicht, was sie lesen (vgl. II, 88), und erfinden eine neue Sprache, die aber in ihrem Totalitätsanspruch (»Mein Alles ...« – II, 89) wiederum keinen Wirklichkeitsbezug hat und sich im Nichts auflöst: In ihrer Sprachohnmacht ringen die »Kinder« »um ein Gegenwort, das es nicht gibt« (II, 89), um ein Wort, »auf das es ankommt« (IV, 23), um ein existentiell wichtiges Wort jenseits der »Gaunersprache«.

Jugend in einer österreichischen Stadt zeigt, wie das Nicht-verstehen-Können zur Erfahrung dessen wird, der seiner Kindheit begegnet und durch die Reflexion der Bedingungen seiner Entwicklung, im besonderen auch seiner sprachlichen, zu Selbstverständnis zu gelangen und das kindheitliche ins gegenwärtige Ich zu integrieren versucht. Im Erinnerungsprozeß forscht es nach einem Sinnzentrum und einem verbindlichen Wertsystem, kann aber ein solches – ganz im Sinne Wittgensteins, auf dessen *Tractatus* wörtlich angespielt wird (vgl. II, 93) – nicht erkennen. Zwar verfolgt der Ich-Erzähler punktuell symptomatische Kindheitserlebnisse, wobei die objektiven Ursachen seiner ungesicherten Identität in den soziokulturellen Bedingungen festgemacht werden, aber deren rationale Analyse läßt keinen Lebenssinn sichtbar werden. Dieser wird bloß für einen Augenblick in der mystischen Entrückung von der Rationalität durch das visuelle Erlebnis des in der Sonne erstrahlenden Kirschbaums für das Ich erahnbar. In diesem lyrischen Bild und in der strukturellen Geschlossenheit der Erzählung, die in scharfem Kontrast zur Erfahrung der verwirrenden, unstrukturierten Komplexität der geschichtlichen und gesellschaftlichen Wirklichkeit steht, hat die einleitende Erzählung des *Dreißigsten Jahrs* ihre utopische Dimension.

Während *Jugend in einer österreichischen Stadt* im Rückblick auf die Kindheit die objektiven Ursachen der ungesicherten Identität des Ich-Erzählers in den politischen und soziokulturellen Bedingungen der dreißiger und frühen vierziger Jahre festmacht, also die Bedeutung der Vergangenheit für das gegenwärtige Bewußtsein aufarbeitet, zielt die Erzählung *Unter Mördern und Irren* auf die Gegenwart, die zweite Hälfte der fünfziger Jahre: Sie spielt »in Wien, mehr als zehn Jahre nach dem Krieg« (II, 159). Schon in Gedichten aus der ersten Hälfte dieses Jahrzehnts klagt Bachmann über »die unbeantworteten Briefe an das Gestern« (*Herbstmanöver* – I, 36), mithin über die versäumte »Trauerarbeit«, die zu einer politischen und gesellschaftlichen Neugestaltung hätte führen müssen und deren Unterlassung verantwortlich gemacht wird für die Entfremdung des Menschen, für sein »Nicht-zu-Hause«-Sein (ebda). Und sie beklagt die Wiederkehr der »Henker von gestern« (*Früher Mittag* – I, 44) und den zum Alltag gewordenen Zustand des »Kalten Krieges« (vgl. *Alle Tage* – I, 46). So wie viele Intellektuelle, die nach der Befreiung aus der NS-Diktatur Hoffnungen auf Möglichkeiten eines politischen Neuanfangs gehegt haben, sieht Bachmann diese in der Restauration einer Gesellschaftsstruktur erstickt, die – keineswegs naiv mit der nationalsozialistischen gleichgesetzt – als potentiell faschistische kritisiert wird. In dem Erzählband *Das dreißigste Jahr* unternimmt dies die Autorin am deutlichsten in *Unter Mördern und Irren*. Hier wird die Orientierungslosigkeit jugendlicher Intellektueller in der aktuellen historischen Situation unmittelbar mit der gesellschaftlichen Fehlentwicklung nach dem offiziellen Ende der NS-Herrschaft in Zusammenhang gebracht. Für sie stellt sich die Frage, wie sie sich in einer Gesellschaft einrichten sollen, in der jene wieder das Sagen haben in Presse (Bertoni), Rundfunk (Haderer), Universität (Ranitzky) und in der Kulturförderung (Hutter), die aktiv den faschistischen Staat gestützt haben. Allwöchentlich sitzen die Jungen mit diesen »Tätern« und »Opfern« an einem Stammtisch zusammen und sind, wie es eingangs der Erzählung heißt, »unterwegs zu sich« (II, 159), was für die einen und die andern und die dritten nicht dasselbe bedeuten kann.

In parataktischer Anordnung werden Portraits der vier Stammtischmitglieder mit latent faschistischem Charakter entworfen. Theodor W. Adorno u. a. (1980, 9) haben in ihren *Studien zum autoritären Charakter* betont,

daß der Begriff »Charakterstruktur« für »etwas relativ Dauerhaftes einsteht«, »vor allem ein Potential, eher die Bereitschaft zu einem Verhalten als selbst ein Verhalten ist; obwohl sie aus Dispositionen zu bestimmten Verhaltensweisen besteht, wird das tatsächliche Verhalten stets von der objektiven Situation abhängen«.

Die Verhaltensweisen von Haderer und den drei anderen ehemals aktiven National-Sozialisten haben sich den veränderten politischen und sozialen Bedingungen angepaßt, aber keineswegs grundlegend geändert. Keiner von ihnen hat sich mit der Vergangenheit ehrlich auseinandergesetzt, jeder, je nach seiner Charakterstruktur, verdrängt sie, interpretiert sie um oder heroisiert sie. Dabei stehen den beiden (nach Adorno) autoritär unterwürfigen Charakteren Ranitzky und Bertoni die beiden titanischen Typen Haderer und Hutter gegenüber. Ihre Heroisierung und Mythisierung von Kriegserlebnissen und von Brutalität wird konservativ bemäntelt, sie bauen eine Fassade aus Klischees und sinnentleertem bzw. sinnentstellendem Gebrauch von humanistischem Bildungsgut, Klassikerzitaten und »metaphysischen Platitüden« (II, 178) auf. Traditionelle »Ideen und Werte« erhalten »in Wirklichkeit eine völlig andere, inhumane Bedeutung« (Adorno, 1980, 206) durch ihren Mißbrauch zur Denunziation Abwesender und als ideologischer Deckmantel der Glorifizierung von Kriegserfahrungen, die z.B. Haderer vorgibt, nicht missen zu wollen, weil er durch sie dem »Feind näher gerückt« sei, der aber in der »neuen« Ideologie wiederum »nie« ein Feind gewesen sein soll (II, 169). In diesem Widerspruch von ideologischem Humanitätsanspruch und tatsächlicher aggressiver Destruktivität im Denken entlarvt sich ein (im Sinne Adornos) tyisch faschistischer Pseudokonservativismus.

In verschiedener Strukturierung finden sich in den Charakteren der vier Stammtischmitglieder autoritär-faschistische Züge, insbesondere aber eine latent aggressive Verhaltensdisposition, die allerdings bei den vieren gehemmt, ideologisch mehr oder weniger geschickt verbrämt zum Ausdruck kommt – ausgenommen im wechselseitig aggressiven Verhalten in den ehelichen Mann-Frau-Beziehungen, auf die, ohne daß sie tatsächlich als Thema in den Text integriert wären, zu Beginn der Erzählung angespielt wird. Immerhin wird die Spannung zwischen den Geschlechtern in einem sonst durchgehend von männlicher Perspektive bestimmten Text aus der Sicht der Frau bewertet, die in der Beziehung zum Mann als Opfer erscheint. Damit wird, vorausdeutend auf die *Todesarten*, ein Bezug zum offen aggressiven Verhalten der »noch nicht ganz heimgekehrt[en]« Kameradschaftsbündler (II, 180) hergestellt, die eine angeblich »unbegreifliche Provokation« (II, 186) ihrer Zelebration soldatischer Verhaltensweisen mit Totschlag beantworten. Mit der Legitimation dieses Mords – »ich bitte Sie ... alte Frontsoldaten« – beruft sich ein ehemaliger Offizier mehr als ein Dezennium nach dem Krieg Haderer gegenüber unwidersprochen auf Kriegsrecht. Kriegerische Brutalität und Faschismus herrschen, das »Unerhörte ist alltäglich geworden« (*Alle Tage* – I, 46).

»Die Männer sind unterwegs zu sich«, das kann, wie gesagt, für die verschiedenen Stammtischteilnehmer nicht dasselbe bedeuten. Die einen bauen in ihren Kriegserinnerungen eine »Welt aus Eugenspiegeleien, Mutproben, Heroismus, Gehorsam und Ungehorsam« (II, 171) auf, in der bürgerliche Ordnung und Sittengesetz außer Kraft gesetzt sind, in der sie jedoch die Selbstverwirklichungsmöglichkeiten ihres eigentlichen Ichs sehen und von der sie sich im »demokratischen« ebenso wie im Ehe-Alltag getrennt fühlen. »Unterwegs zu sich« sind auch die jugendlichen Intellektuellen, die auf der Suche nach einer Zukunftsperspektive sind, aber keine Möglichkeit sehen, den Widerspruch ihrer historischen Situation aufzulösen. Diese macht das notwendige gesellschaftliche Miteinander aller angesichts der belasteten, unbewältigten Vergangenheit unmöglich und läßt gerade jugendliche Intellektuelle orientierungslos. Man müßte, so konstatiert der Ich-Erzähler resigniert, »immer nur auf seiten der Opfer sein, aber das ergibt nichts, sie zeigen keinen Weg« (II, 177). Die politischen Opfer der Vergangenheit sind für die Jüngeren ebenso sinnlos wie der Tod jenes Mannes, der von der Vorstellung besessen ist, ein Mörder zu sein, und doch keinen Menschen töten kann, vielmehr paradoxerweise selbst zum Opfer der Kameradschaftsbündler wird. Der Ich-Erzähler hat nicht zu sich gefunden, glaubt aber im Blut des Erschlagenen auf seiner Hand einen Schutzpanzer gewonnen zu haben,

»nicht um unverwundbar zu sein, sondern damit die Ausdünstung meiner Verzweiflung, meiner Rachsucht, meines Zorns nicht aus mir dringen

konnten. Nie wieder. Nie mehr. Und sollten sie mich verzehren diese hin-
richtenden Gedanken, die in mir aufgestanden waren, sie würden niemand
treffen, wie dieser Mörder niemand gemordet hatte und nur ein Opfer war«
(II, 186).

Dies bedeutet eine deutliche Absage an den permanenten Kriegszustand und an das Mitmachen des alltäglichen Mordens (im Sinne
des Gedichts *Alle Tage*) und somit schießlich doch eine Art Identifikation mit den Opfern. Durch diese Identifikation erhält Mahler
nachträglich recht, der ursprünglich nicht nur sich selbst, sondern
auch den Ich-Erzähler und Friedl unverständlicherweise, ohne objektive Berechtigung, als »Juden« von den übrigen Stammtischteil-
nehmern abgegrenzt hat. »Juden« steht metonymisch für »Opfer«
und signalisiert das zwar gehemmte und daher auch gemilderte, im
Einzelfall aber durchaus leidvoll erfahrene Fortwirken faschistischen
Verhaltens unter veränderten politischen und gesellschaftlichen Bedingungen. Die »Opfer« (Ich-Erzähler, Friedl, Mahler) latent aggressiver »Täter« (Bertoni, Haderer, Hutter, Ranitzky) können jederzeit
Opfer offener Aggressivität (»Mörder«) offen aggressiver Täter (Kameradschaftsbündler) werden. Bachmann vermittelt die Erkenntnis,
daß latente Aggressivität angepaßter Bürger der Nachkriegsgesell-
schaft jederzeit, unter veränderten Bedingungen wieder wie einst
unter dem deutschen Faschismus in offene Aggressivität umschlagen
kann. Der historische Augenblick läßt das Gegenbild eines aggressi-
ons- und repressionsfreien zwischenmenschlichen Zusammenlebens
»wahn«haft erscheinen. Die Schlußperspektive der Erzählung deutet
nur insofern nicht ins Sinnleere, als sie trotz der Einsicht in die
Notwendigkeit, im Kreis der Mörder und Irren weiterzuleben, und
trotz des Unvermögens, die Grenzen dieser vorgefundenen Welt zu
durchbrechen, die Entschlossenheit des Ich-Erzählers erkennen läßt,
die mörderische Praxis nicht mitzumachen, allerdings um den Preis
der Vereinzelung, der Abkapselung in sich selbst.

Wie in *Jugend in einer österreichischen Stadt* so wird auch in der
Erzählung *Unter Mördern und Irren* durch ein Bild ein utopischer
Anspruch vermittelt, durch das Bild vom Blut, das als Schutzpanzer
die Teilhabe des Ich-Erzählers an der »wölfische[n] Praxis« (*Alles* –
II, 158) verhindern soll. Aufgelöst wird die Orientierungslosigkeit
des jungen Intellektuellen nicht, er verbleibt in einem Sinnvakuum
und ohne Aussicht auf einen Sinn des Daseins. Aber Bachmanns Intention war es wohl nicht, eine konkrete Lösung anzubieten, vielmehr das Bewußtsein zu wecken bzw. wachzuhalten, wie sie in der
Vorrede zum *Franza*-Fragment sagen wird, daß Brutalität und Inhumanität, daß Verbrechen mit dem Ende der NS-Schreckensherr-

schaft »nicht aus der Welt verschwunden« sind, daß vielmehr »noch heute sehr viele Menschen nicht sterben, sondern ermordet werden [...] Die Verbrechen, die Geist verlangen, an unsren Geist rühren und weniger an unsre Sinne, also die uns am tiefsten berühren – dort fließt kein Blut, und das Gemetzel findet innerhalb des Erlaubten und der Sitten«, auf den »wirklichen Schauplätze[n]«, den »inwendigen, von den äußeren mühsam überdeckt« statt (T II, 78). Der Bezug auf die NS-Diktatur führt folgerichtig in dem genannten Romanfragment zur Verwendung des Begriffs »faschistisch« für alltägliche Verhaltensweisen. *Unter Mördern und Irren* verweist diesbezüglich voraus auf die *Todesarten*.

Im Blick auf *Jugend in einer österreichischen Stadt* und auf *Unter Mördern und Irren* wird man Reich-Ranicki (vgl. 1961, 14) widersprechen müssen, der an den Erzählungen von Bachmanns erstem Prosaband kritisierte, daß sie keinen greifbaren Bezug zur Realität erkennen ließen und die Antwort auf die Frage schuldig blieben, warum die Welt schlecht sei. Wenn an der Hauptgestalt der Titelerzählung und an den übrigen Gestalten des *Dreißigsten Jahrs* zu beobachten ist, daß sie sich in einem »Schwebezustand« befinden und sich »in einem Spiel mit vorgefundenen Spielregeln« (II, 102) erdrückend eingeengt und orientierungslos wahrnehmen, dann hat dies seine Ursache in den geschilderten Sozialisationsbedingungen bzw. im gesellschaftlichen status quo. Gegen die Festschreibung in vorgegebenen Ordnungen revoltieren der Dreißigjährige, aber auch der Vater in *Alles*, der Richter Wildermuth oder Charlotte in *Ein Schritt nach Gomorrha* und Undine, insofern sie jenseits erstarrter Strukturen steht. Sie alle nehmen eine tendenziell anarchische Haltung ein, indem sie (ausgenommen Undine) transitorisch jegliche Funktion (der Dreißigjährige) oder die ihnen zugedachte Rolle im gesellschaftlichen Spiel verweigern. Der Dreißigjährige versucht aus der vorgefundenen Ordnung zu fliehen. Er reist ruhelos von Wien nach Rom, zurück nach Wien, wieder nach Rom und schließlich abermals zurück nach Wien, kann an keinem Ort, zu dem er zurückkehrt, wirklich ankommen (vgl. II, 119 bzw. 120). Er bewegt sich in einem Zirkel, den er auch durch den einmaligen Versuch, Wien wie ein Fremder zu sehen, nicht zu durchbrechen vermag. Er ist nicht imstande, durch seine ständigen Ortsveränderungen irgendetwas wirklich zu verändern, seine Umwelt nicht und auch seine Einstellung zu dieser nicht. Die Fluchten, mithin die Verweigerung jeglicher gesellschaftlichen Rolle, erweisen sich als Aporie. Der Dreißigjährige opponiert gegen erstarrte Ordnungen, flieht aber auch vor seiner eigenen Vergangenheit, die ihn allerdings immer wieder einholt: überall begegnet er den Molls wieder, die sich der

Realität angepaßt und »die Gaunersprache zur Perfektion gebracht« (II, 121) haben. Ihre Verhaltensweisen werden, ähnlich denen der vier Stammtischteilnehmer mit latent faschistischer Charakterstruktur in der Erzählung *Unter Mördern und Irren*, als verletzend erfahren. Der Dreißigjährige will sich daher »ganz auf sich selbst zurückziehen« (II, 105). Dieses Verlangen nach geschützter Innerlichkeit nimmt verzweifelt radikale Züge an: »Haltet Abstand von mir, oder ich sterbe, oder ich morde, oder ich morde mich selber. Abstand, um Gottes willen!« (II, 104).

Bachmann vermittelt am Beispiel des Dreißigjährigen die Erfahrung des Widerspruchs, im gesellschaftlichen »Spiel mit vorgefundenen Spielregeln«, das keinen Spielraum läßt, eigenständige Individualität ebenso wenig entwickeln zu können wie im Rückzug auf sich selbst. Dieser ist nur ein ohnmächtiger Protest (vgl. Holz, 1976, 158) gegen die Verdinglichung in den zwischenmenschlichen Beziehungen, gegen die Fremdbestimmung und die Verletzungen durch die Gesellschaft, die als tödlich erfahren werden. Solange es zwischen den Menschen, vor allem »zwischen Mann und Frau« (II, 113) so weitergeht, scheint der Rückzug allerdings das geringere Übel zu sein, »konnte man nur freundlich sein und gut zueinander, eine Weile. Mehr war nicht daraus zu machen, und es sollten die Frauen und die Männer am besten Abstand halten, nichts zu tun haben miteinander, bis beide herausgefunden hatten aus einer Verwirrung und der Verstörung, der Unstimmigkeit aller Beziehungen« (*Drei Wege zum See* – II, 450).

Eine ähnliche Wahrnehmung ihrer Umwelt zeichnet Beatrix in der Erzählung *Probleme Probleme* aus dem Band *Simultan* aus. Und sie folgt auch demselben Verhaltensmuster: sie zieht sich, um Verletzungen durch Männer und der von ihnen dominierten Gesellschaft zu entgehen, in die Matratzengruft und in die Scheinwelt der Schönheitsindustrie zurück. Fluchten, die sich wie die des Dreißigjährigen als Aporien erweisen: die Wirklichkeit holt sie ein, und in der Erkenntnis der Brüchigkeit ihrer Scheinwelt bricht Beatrix zusammen – eine Entwicklung, die nicht unähnlich ist der der Hauptgestalt der früheren Erzählung.

In der Erinnerung, die dem Dreißigjährigen mit dem Bewußtsein, »in der Falle« zu sein, als »neue Fähigkeit« zufällt (vgl. II, 94), schreitet er nochmals den Horizont seiner Möglichkeiten, mit Bloch: des »Noch-Nicht-Gewordenen« im Erinnerten (Bloch, 1977, 166) ab und verdrängt damit die Einsicht in die Notwendigkeit innergesellschaftlicher Selbstverwirklichung. Er rekapituliert verschiedene Versuche von Grenzüberschreitungen. Als eine zentrale Erfahrung wird das Scheitern des faustischen Anspruchs, die Grenzen menschlicher Erkenntnismöglichkeiten zu sprengen, erinnert. Als knapp Zwanzigjähriger glaubte er, »alle Dinge zuende gedacht« (II, 107) zu haben, stößt aber mit seiner Anstrengung, »etwas, das sich auf alles und aufs Letzte bezog, zu begreifen«, also alles konsequent zu Ende zu denken, an eine Grenze, die er nicht zu überschreiten vermag:

»Er hätte sich gern außerhalb aufgestellt, über die Grenzen hinübergesehen und von dorther zurück auf sich und die Welt und die Sprache und jede Bedingung. Er wäre gerne mit einer neuen Sprache wiedergekehrt, die getaugt hätte, das erfahrene Geheimnis auszudrücken.
So aber war alles verwirkt. Er lebte, ja, er lebte, das fühlte er zum ersten Mal. Aber er wußte jetzt, daß er in einem Gefängnis lebte, daß er sich darin einrichten mußte und bald wüten würde und diese einzige verfügbare Gaunersprache würde mitsprechen müssen, um nicht so verlassen zu sein« (II, 108).

In einem Augenblick quasi mystischen Erlebens glaubt er die Grenzen der Erkenntnis überschreiten zu können, muß aber wie der Ich-Erzähler in *Jugend in einer österreichischen Stadt* die Wittgensteinsche Erfahrung machen, daß das Mystische, der Sinn des Daseins etc. sich nur »zeigt«, daß es erahnbar ist, aber sich logisch-wissenschaftlichem Zugriff entzieht. Wenn im *Dreißigsten Jahr* von Gott die Rede ist, den der Dreißigjährige »hier nicht antreffen konnte und der ihn dort nicht zugelassen hatte« (II, 109), so wird deutlich auf die im *Tractatus* formulierte Grenze menschlicher Erkenntnismöglichkeit Bezug genommen:

»Denn hätte er [der Gott] mit dieser Welt hier etwas zu tun, mit dieser Sprache, so wäre er kein Gott. Gott kann nicht sein in diesem Wahn, kann nicht in ihm sein, kann nur damit zu tun haben, daß dieser Wahn ist, daß da dieser Wahn ist und kein Ende des Wahnes ist!« (II, 109)	»Der Sinn der Welt muß außerhalb ihrer liegen. In der Welt ist alles wie es ist und geschieht alles wie es geschieht; es gibt *in* ihr keinen Wert – und wenn es ihn gäbe, so hätte er keinen Wert. Wenn es einen Wert gibt, der Wert hat, so muß er außerhalb alles Geschehens und So-Seins liegen. Denn alles Geschehen und So-Sein ist zufällig. Was es nicht-zufällig macht, kann nicht *in* der Welt liegen, denn sonst wäre dies wieder zufällig. Es muß außerhalb der Welt liegen. Darum kann es auch keine Sätze der Ethik geben. Sätze können nichts Höheres ausdrücken. (Wittgenstein, 1968, Sätze 6.41 u. 6.42)

Wie die Welt ist, ist für das Höhere
vollkommen gleichgültig. Gott offenbart
sich nicht in der Welt«

(ebda, Satz 6. 432).

Wie der Ich-Erzähler in *Jugend in einer österreichischen Stadt* erfährt
der Dreißigjährige die logische Begrenzung der Sprache und, daß
diese mit den Grenzen der Welt der Tatsachen koinzidiert. Ein
Überschreiten dieser Grenzen bedeutete einen »Austritt aus der Gesellschaft«, den es aber »nicht gibt«, weil wir »in der Ordnung bleiben« und »uns aneinander prüfen müssen« (IV, 276). Die Nicht-
Lebbarkeit eines »anderen Zustands« thematisiert Bachmann in der
novellenhafter Form angenäherten Erzählung aus dem Nachlaß *Der
Schweißer*. Die Titelgestalt, zufällig auf Philosophie und Literatur gestoßen, sucht in diesen nach absoluter Wahrheit und nach dem Sinn
des Daseins. So wie er bei der manuellen Arbeit Metallteile ver-
schweißt, so vermag der Schweißer im Lichte der Erkenntnis, im
»blauweiße[n] Licht, in dem man vor Licht nichts sah« (II, 64), gedankliche Zusammenhänge herzustellen, die ihn aus den gewohnten
sozialen Zusammenhängen, aus dem Produktions- und Konsumti-
onskreislauf der Gesellschaft herausreißen und ihn seine Umwelt,
insbesondere auch seine todkranke Frau und seine Kinder nicht
mehr wahrnehmen lassen. Da er seine Ansprüche nicht zu integrieren vermag, endet er folgerichtig durch Freitod, den totalen »Austritt aus der Gesellschaft«.

In der Titelerzählung wird nicht nur der logische, sondern auch
der ethische Aspekt der Sprachproblematik thematisiert. Der Dreißigjährige revoltiert gegen die »Gaunersprache«, in der »das rechte
Wort« (II, 112) nicht zu finden ist und in der sich die leidvollen
zwischenmenschlichen Beziehungen niederschlagen. Es ist die Sprache von Moll, der »die Gaunersprache zur Perfektion gebracht« (II,
121) hat, »der die Sprache verloren hat und dafür mit zweitausend
Pfauenfedern aus anderen Sprachen paradiert« (II, 122) und »der
eine Sprache führt, die ihm [dem Dreißigjährigen] Übelkeit verur-
sacht« (II, 123). Es ist aber auch die Sprache von Helene:

»Sie hatte eine Art, vage zu sprechen, die er sofort wieder annahm. Wahrscheinlich hatte er damals so mit ihr geredet, Zwischentöne gebraucht,
Halbheiten geübt, Zweideutigkeiten, und nun konnte nichts mehr klar und
gerade werden zwischen ihnen« (II, 124).

Es ist dies die Sprache, gegen die Bachmann die Dichtung als »tau-
sendfachen und mehrtausendjährigen Verstoß« (IV, 268) versteht.
Mit der Auflösung des Sprichwörtlichen, der klischeehaften Sprache,

so lehrt im *Dreißigsten Jahr* ein im Verfahren experimenteller Literatur angenäherter Textabschnitt (II, 111-114), würde auch »die alte schimpfliche Ordnung« (II, 114) überwunden werden. Die Molls, als *die* Verdränger, als die Vertreter der »Nachrede« im Sinne des Gedichts *Rede und Nachrede* (I, 116 f.) sichern diese Ordnung. Unter der »Nachrede« der Molls (vgl. auch II, 127 f.) leidet der Dreißigjährige ebenso wie die Künstlerin in dem unvollendeten *Portrait von Anna Maria*, die zu einer »Gerüchtgestalt« (II, 98) des Kulturbetriebs geworden ist. Auf sie bezogen formuliert Bachmann eine Erfahrung, die sie selbst auch bedrückt haben mag, nämlich daß

»Künstler oft durch die Art ihrer Nebenbeschäftigungen die Phantasie der anderen weitaus mehr und nachdrücklicher beschäftigen und seltener durch das, wodurch sie es eigentlich tun sollten und wohl auch hin und wieder tun – durch ihre Arbeiten« (II, 48).

Anna Maria und der Dreißigjährige sind »Opfer« des Geredes wie die jungen Intellektuellen in der Erzählung *Unter Mördern und Irren*. Aus dem Bewußtsein der Wirkungen des schlechten Sprachgebrauchs formuliert die Hauptgestalt der Titelgeschichte die Summe ihrer Reflexionen: »Keine neue Welt ohne neue Sprache« (II, 132). Dem entspricht in der durch die Zeichnung des Protagonisten und durch strukturelle Homologien der Titelgeschichte ähnlichen Erzählung *Alles* die Erkenntnis des Vaters: »alles ist eine Frage der Sprache« (II, 143). Dieser projiziert seine Obsession, durch die gesellschaftlich vorgezeichneten »Spielregeln« (II, 140) als autonomes Individuum in Frage gestellt zu sein, auf den Sohn. Dessen Sozialisation in eine latent faschistische Gesellschaft der Molls, Haderers, Bertonis etc. will er aus Furcht davor verhindern, daß sein Sohn »zu den Menschen ›draußen‹ gehören werde, daß er wie sie verletzen, beleidigen, übervorteilen, töten könne« (II, 150). Vor allem liegt dem Vater daran, dem Sohn den üblichen sprachlichen Sozialisationsprozeß zu ersparen. Im § 5 der *Philosophischen Untersuchungen* bezeichnet Wittgenstein (1971, 15) »das Lehren der Sprache« als »ein Abrichten«. Der Verdacht des Vaters richtet sich gegen diesen Dressurakt, der den Menschen zum austauschbaren Kollektivwesen macht und ihn fremdbestimmt und funktionalisiert, nachdem er die herrschenden Werte und Vorstellungsformen mittels Sprache internalisiert hat. Der Vater möchte seinem Sohn das Schicksal des Handkeschen Kaspar ersparen, der durch seine sprachliche Sozialisation der individuellen Entfaltungsmöglichkeit beraubt wird: »Schon mit dem ersten Satz bin ich in die Falle gegangen« (Handke, 1968, 98), so formuliert Kaspar seine Erfahrung in auffälliger wörtlicher Übereinstimmung mit dem Dreißigjährigen Bachmanns. Mit der

Sprache wird der Mensch in eine bestimmte »Lebensform« (Wittgenstein, 1971, 24) gezwängt. Der Vater möchte aber sein Kind »für
ein anderes Leben freimachen« (II, 145), es daher »bewahren [...]
vor unserer Sprache, bis es eine neue begründet hatte und eine neue
Zeit einleiten konnte« (II, 143). Die messianischen Erwartungen,
die an den Sohn gestellt werden, kann dieser nicht einlösen, weil
ihn das Erlernen der »Schattensprache«, »Wassersprache«, »Stein-
sprache« oder »Blättersprache« (II, 145) die Grenzen seiner Welt
überschreiten ließe. Der Tod des Sohnes ist folgerichtig.

Alles thematisiert wie die Titelgeschichte sowohl den logischen
als auch den ethischen Aspekt der Sprachproblematik. Gleiches gilt
für *Ein Wildermuth*. Auf der Suche nach der Erkenntnis der absoluten Wahrheit, die Wahrheit als bloße Übereinstimmung von Satz
und Sachverhalt übersteige, trifft sich der Richter Wildermuth mit
einem als Vatermörder angeklagten Namensvetter. Für beide gilt,
daß sie sich, »nicht abfinden damit, daß die eine Wahrheit genügt,
die ans Licht kommen kann, und daß die andere Wahrheit nicht daher kommt, nicht angeschossen kommt, nicht aufzuckt wie ein
Blitz« (II, 251). Empirisches Verifizierungsbemühen wird ad absur-
dum geführt in einer Knopfexpertise, die die Hintergründe des
nicht geleugneten Mordes erhellen helfen soll, aber zur Wissen-
schaftspersiflage gerät. Der Schrei des Richters, nichts mehr mit der
Wahrheit zu tun haben zu wollen, ist Ausdruck der Verzweiflung
über das Bewußtwerden der Grenzen der Erkenntnis, wie sie durch
den *Tractatus* gezogen sind, und d.h. auch, ein Bewußtwerden der
Grenzen der Sprache. Wildermuth bekennt sich »dieser Spiele und
dieser Sprachen müde« (II, 247), insbesondere der »Blumensprache«
seiner Frau, bei der sich für ihn die Frage stellt, wieviel »übereinstimmt mit dem, was sie sagt, und dem, was sie fühlt? Was will sie
verschleiern mit ihrer Sprache, welchen Mangel wettmachen und
warum will sie mich auch so reden machen« (II, 245). Diese Art der
»Gaunersprache« steht seinem Streben nach absoluter Wahrheit im
Wege. Es ist bezeichnend, daß er ein Absolutes »nur« in der sprachlosen Liebesbeziehung zu der in ihrer Antiintellektualität an Musils
Frauengestalten Grigia und Tonka (und im eigenen Werkzusammen-
hang an Waba aus dem *Honditschkreuz*) erinnernden Kellnerin Wanda erfährt, die als »fast ohne Sprache, Gefangene fast ihrer Sprachlosigkeit« (II, 243) bezeichnet wird. Mit ihrem »bleichen geduldigen
Körper« (II, 245) findet er zur totalen, mystischen »Übereinstimmung«, in der er, sich selbst aufgebend, zu sich selbst findet, mit
sich selbst übereinstimmt und absolute Wahrheit erfährt (vgl. II,
243). Diese Beziehung vollzieht sich so, »daß jedes Wort sie gestört
hätte und kein Wort, das sie nicht gestört hätte, zu finden war« (II,

245). Aber absolute, gesellschaftlich desintegrierende, anarchistische Liebe läßt sich konsequent nicht auf Dauer leben, wie Bachmann in der Preisrede vor den Kriegsblinden erklärt hat. Wildermuth muß erkennen, daß er in einer Ehe mit Wanda »die Wahrheit nicht hätte ertragen können«, die sein Körper in der Beziehung zu ihr für Augenblicke erlebt hat (vgl. II, 244). Erträglich erscheint ihm nur eine »normale«, konventionelle Ehe. Ähnlich wie Wildermuth empfindet der Dreißigjährige der Titelgeschichte den ekstatischen Zustand einer absoluten, sprachlosen Liebe mit einer bezeichnenderweise namenlos bleibenden Frau als »Hölle«, mithin »unerträglich« (II, 115). In einer Vorstufe zum *Dreißigsten Jahr* wird diese Liebesbeziehung als »der extreme Vollzug« (NN, 10039) bezeichnet.

Die Fluchten des Dreißigjährigen, die Weigerung des Vaters in *Alles*, den Sohn für die gesellschaftliche Praxis zu erziehen sowie die Rückzüge des Dreißigjährigen oder Wildermuths in die Innerlichkeit erweisen sich als Aporien. Die Grenzen der Erkenntnis können, wie mit mehr oder weniger deutlichem Bezug auf Wittgenstein geklärt wird, nicht überschritten werden und ekstatischen »anderen Zuständen« vermag nicht Dauer verliehen zu werden, denn, so Bachmann mit Blick auf Musils *Mann ohne Eigenschaften*, »Liebe als Verneinung, als Ausnahmezustand, kann nicht dauern« (IV, 102). Die Einsicht in die Notwendigkeit der Integration in den gegebenen sozialen Zustand bestimmt die Finalisierung der meisten Erzählungen des Bandes *Das dreißigste Jahr* ebenso wie der Hörspiele von Bachmann. Damit repliziert die Autorin auf eine existentialistische Einstellung, wie sie nach dem totalen Zusammenbruch 1945 bis in die späten fünfziger Jahre verbreitet anzutreffen ist:

»In einer Zeit, wo die Gesamtheit der bis dahin als selbstverständlich hingenommenen Wertordnung fragwürdig geworden war, wo der Mensch nichts Festes mehr außer sich hatte, an das er sich halten konnte, da mußte in der Tiefe der einzelnen, einsamen Existenz ein letzter, unterster Boden freigelegt werden, der in diesem allgemeinen Zusammenbruch noch standhielt. Als der Sinn aller überindividuellen Bindungen verlorengegangen war, da mußte in der Existenz selber ein letzter, von allem äußeren Geschehen unberührbarer Halt gefunden werden« (Bollnow, 1960, 127).

Die historisch bezweifelbare Behauptung des dem Existentialismus nahestehenden Otto F. Bollnow, die bürgerliche Wertewelt sei »bis dahin [nach dem Zweiten Weltkrieg] als selbstverständlich hingenommen« worden, ist hier ebensowenig zu diskutieren wie die Frage, ob es nicht doch Möglichkeiten »überindividueller Bindungen« gegeben hätte, die nicht politisch diskriminiert waren. Tatsache ist der Rückzug auf das Ich als Reaktion auf das Desaster nach der NS-

Diktatur. In diesem Rückzug, in der Negation des Bestehenden, in der Revolte gegen gesellschaftliche Totalitätsansprüche, gegen Verdinglichung und Entfremdung sucht der Existentialist oder der von existentialistischem Denken inspirierte Autor, wie z.B. Andersch (vgl. 1979, 125) als einer unter vielen gerade aus der Gruppe 47, der Entindividualisierung entgegenzuwirken und ein Moment der Freiheit zu gewinnen. Aber diese ist eben »nicht im bloßen Selbstbewußtsein, im Bezug des Menschen auf sich selbst zu gewinnen« (Holz, 1976, 117). Die existentialistische Entscheidung ist »gegen die Normen und Denkmodelle« der bürgerlichen Gesellschaft gerichtet,

»weil sie das Recht der individuellen Selbstverwirklichung gegen deren Allgemeingültigkeit geltend macht. Sie ist aber nicht eine Entscheidung für eine neue Ordnung, weil sie grundsätzlich keine verbindliche Ordnung anerkennt. Sie protestiert gegen eine ›schlechte Wirklichkeit‹, ohne ihr das Bild einer besseren gegenüberzustellen« (ebda, 184).

Hier ist genau jene Form von Revolte beschrieben, die Bachmann in ihren Erzählungen als Aporie aufweist und der gegenüber sie die Notwendigkeit innergesellschaftlicher Selbstverwirklichung betont. Diese ist zwar mit Verlust verbunden: Der Tod des gleichaltrigen Autofahrers, mit dem der Dreißigjährige auf der Heimreise nach Wien einen schweren Unfall erleidet, deutet auf die Abtötung eines Persönlichkeitsanspruchs hin. Dieses aber ist Voraussetzung für das Weiterleben in der »wölfischen Praxis«. Den Text beschließt ein autosuggestiv den neu erwachten Lebenswillen des Dreißigjährigen signalisierendes, modifiziertes Bibelzitat: »Ich sage dir: Steh auf und geh! Es ist dir kein Knochen gebrochen« (II, 137; vgl. Matth. 9,5 bzw. Mark. 2,11). Der Schluß der Erzählung *Das dreißigste Jahr* ist ambivalent: Der positiven Einsicht, daß die individual-anarchistische, existentialistische Revolte unzulänglich, daß die totale Verneinung nicht lebbar ist, steht die Trauer über Zurücknahme absoluter utopischer Ansprüche gegenüber. Mit Musils Begriffen könnte man von der Aufgabe der Utopien des »anderen Zustands« (Nationalbibliothek-Erlebnis) bzw. eines »anderen Lebens in Liebe« (mit der namenlosen Frau) und von einem Einschwenken in die lebbare Haltung des Richtungnehmens auf eine »Utopie des gegebenen sozialen Zustands« sprechen, denn der Dreißigjährige ist weiterhin zukunftsorientiert, ist »lebhaft mit dem Kommenden befaßt« (II, 137), aber innerhalb der realen Gegebenheiten. Ebenso ambivalent ist der Schluß von *Alles*, denn der Vater rückt von der absoluten Position ab, ohne jedoch – wie Holschuh (1964, 215) meint – jegliche utopische Hoffnung aufzugeben. Er gelangt zur Einsicht, daß individuelle Autonomie nicht in einem absoluten anpassungs- und repressionsfreien Raum gewonnen werden kann, »sondern erst durch einen im Sozialisationsprozeß erfahrenen Anpassungsdruck an kulturelle Normen hindurch, in dem das Individuum gleichzeitig lernen muß, sich seinen jeweiligen Rollen gegenüber reflexiv ins Verhältnis zu setzen« (Caesar, 1972, 13). Gesicherte Identität ist demnach weder außerhalb der Gesellschaft noch durch unreflektierte Internalisierung ihrer Normen, sondern nur in kritischer Distanz zu gewinnen. Man wird also weder beim Dreißigjährigen noch beim Vater von Resignation sprechen dürfen, vielmehr von einem Entschluß, innerhalb des gegebenen sozialen Zustands eine utopische Richtung einzuschlagen. Dies wird wie in der Lyrik der *Gestundeten Zeit* durch Selbstappelle jeweils am Schluß der beiden Erzählungen vermittelt: »Steh auf und geh!« (II, 137); »Geh nicht zu weit. Lern erst das Weitergehen. Lern du selbst« (II, 158).

In anderen Erzählungen des *Dreißigsten Jahrs* wird durch lyrische Bildhaftigkeit utopischer Anspruch transportiert: dies gilt für die Erzählschlüsse von *Jugend in einer österreichischen Stadt, Unter Mördern und Irren* und *Ein Wildermuth.* Der lyrische Charakter hat die Kritiker des ersten Prosabandes von Bachmann nicht wenig irritiert und zu dem Urteil veranlaßt, sie habe sich auf ein ihr inadäquates Genre eingelassen (vgl. besonders Reich-Ranicki, 1966, 193 und 1972, 8). Der passagenweise lyrische Charakter der Erzählungen ist offensichtlich. Es ist aber nicht einzusehen, wieso er gegen diese Texte sprechen soll. Höller (1987, 126) insistiert auf dem Begriff »lyrische Prosa« und weist die ästhetische Funktion des Lyrischen sowie seine geschichtliche und philosophische »Bedeutungsdimension« im *Dreißigsten Jahr* nach: den hymnischen Ton als Zeichen des »Bruch[s] mit dem Kontinuum der alltäglichen Ordnung« und der Mediokrität der Wirklichkeit (ebda, 127), den elegischen Ton als Ausdruck der Trauer über den Verlust der Übereinstimmung mit der Natur und als Sehnsucht nach Ursprünglichkeit (vgl. ebda, 132).

Ein gemeinsames Thema der Mehrzahl der Erzählungen aus der Sammlung *Das dreißigste Jahr* ist die Revolte gegen vorgegebene Ordnungen, verfestigte gesellschaftliche Strukturen, normierten Sprachgebrauch und institutionalisierte zwischenmenschliche Beziehungen: der Dreißigjährige hofft, daß »die Welt nicht mehr weiterginge zwischen Mann und Frau« (II, 113), der Vater in *Alles* will »austreten aus dem Geschlecht« (II, 153). Die Revolten richten sich durchwegs gegen Ordnungen, die als patriarchalisch gelten können, gegen die kapitalistische Konsum- und Leistungsgesellschaft, gegen bloßes Fortschritts- und Nützlichkeitsdenken, gegen die Überbewertung der Ratio zuungunsten gefühlsmäßiger Ansprüche, gegen eine ins logische Korsett gezwängte Sprache etc. In der Erzählung *Ein Wildermuth* wird am deutlichsten, daß sich die Opposition gegen das männliche Prinzip richtet, insofern in zweifacher Hinsicht die Ordnung des Vaters zerstört wird: dem physischen Vatermord durch den Angeklagten entspricht in einem übertragenen Sinn der des Richters durch den Verrat am absoluten Wahrheitsprinzip seines Vaters. Andere Daseinsmöglichkeiten, matriarchalisch besetzt, stellen die wohlgefügte Ordnung in Frage: sie blitzen in der Beziehung des Dreißigjährigen zur namenlosen Frau bzw. in der des Richters Wildermuth zur sprachlos sinnlichen Wanda auf. Sie sind, jedenfalls aus männlicher Sicht – die Bachmann in ihrer Preisrede vor den Kriegsblinden zu bestätigen scheint -, nicht lebbar. Auffällig ist in diesem Zusammenhang die Dominanz der männlichen Perspektive in den Erzählungen des *Dreißigsten Jahrs*. Nur in zwei der sieben Texte ist die weibliche Sicht bestimmend.

Ein Schritt nach Gomorrha kann aufgrund seiner starken Bezüge auf das Alte Testament als »weibliche Schöpfungsgeschichte« und als ein »bewußter Gegenentwurf zur patriarchalischen Tradition des Juden- und Christentums« (Achberger, 1982, 97) gelesen werden, ist aber auch als »androgyne Utopie« (Neumann, 1990, 72) verstanden worden. Es ist jedenfalls ein Ausbruch aus einer männlich geordneten Welt, in der der Frau kaum »Spielraum« (II, 206) gelassen ist für individuelle Rollengestaltung und Verwirklichung ihrer Persönlichkeitsansprüche, geschweige denn für Selbstdefinition:

»Obgleich er ihre Selbständigkeit und ihre Arbeit liebte, ihre Fortschritte ihn erfreuten, er sie tröstete, wenn sie zwischen der Arbeit und der Hausarbeit nicht zurechtkam, und ihr vieles erließ, soviel man sich eben erlassen konnte in einer Gemeinschaft, wußte sie, daß er nicht geschaffen war, ihr ein Recht auf ein eigenes Unglück, eine andere Einsamkeit einzuräumen« (II, 201).

Die institutionalisierte Ehe wird von der Künstlerin Charlotte als einschränkend erkannt, weil sie »keine Neuerung, Änderung« zuläßt und »weil Ehe eingehen schon heißt, in ihre Form eingehen« (II, 203). Von dem Mädchen Mara wird Charlotte zu einer lesbischen Beziehung, und d.h., dazu herausgefordert, *einen* Schritt in eine andere als von der patriarchalischen Wertordnung vorgezeichnete und vorgeschriebene Richtung zu gehen und sich nicht üblichen Erfahrungsmustern und unkonventionellen, unvertrauten Verhaltensweisen zu öffnen. Mara ist wie der gleichaltrige Autofahrer im *Dreißigsten Jahr* für den Dreißigjährigen und der Sohn für den Vater in *Alles* eine Projektionsgestalt Charlottes, die Personifikation ihrer »uneingestandenen Wünsche« (Angst-Hürlimann, 1971, 55), ihre femi-

116

nine Komplementärgestalt (vgl. Horsley, 1980, 280 f.). »Die Faszination ›Mara‹ steht hier für die kritische Begegnung der Frau mit sich selbst, eine Reflexions- und Suchbewegung, die unter dem Stichwort der ›sich selbst verdoppelnden Frau‹ zwanzig Jahre später Ausgangspunkt der feministischen Subjekttheorie bzw. –kritik wurde« (Baackmann, 1995a, 79). Mit Mara verknüpfen sich die Hoffnungen auf ein Ende der alten symbolischen Ordnung und auf den Entwurf eines »Gegenbild[s]« (II, 212), das »größeren Spielraum« (II, 206) für neue Erkenntnismöglichkeiten (II, 204) und ein befriedigenderes Gefühlsleben (II, 206) zuließe: »Nicht das Reich der Männer und nicht das der Weiber« (II, 212). Doch die angestrebte Nichtfestlegung und das Offenhalten von »Möglichkeiten« (II, 204) wären in der Beziehung zu Mara nicht realisierbar. Denn Charlotte würde zwar die konventionelle Rolle der Frau abstreifen, aber die Herrschaftsverhältnisse nur umkehren, wenn ihr Gesetz »zu gelten anfangen« (II, 200) und Mara ihr »Geschöpf« (II, 205) werden sollte.

Die Restriktionen der patriarchalischen Gesellschaft werden auch im rollendeterminierenden Sprachgebrauch manifest. Charlotte, die »die Sprache der Männer« als »Mordversuch an der Wirklichkeit« und in bezug auf Frauen als »schlimm genug« und »bezweifelbar« bewertet, findet die »Sprache der Frauen«, weil ihr die Unterdrükkung und die Akzeptanz der Unterdrückung eingeschrieben sind, »noch schlimmer, unwürdiger« (II, 208). Die Sprachohnmacht der Frauen in der gegebenen Ordnung müßte durch eine neue, die weibliche Identitätsfindung ermöglichende Sprache überwunden werden, die dann in der Beziehung zwischen Charlotte und Mara zu gelten hätte. Damit formuliert Bachmann eine Problematik, die in der Frauenbewegung der siebziger Jahre zentral wird. In *Häutungen*, einem Schlüsselbuch dieser Bewegung, klagt die Verfasserin Verena Stefan (1975, 3), daß sie »beim schreiben dieses buches [. . .] wort um wort und begriff um begriff an der vorhandenen sprache angeeckt« sei und daß diese sich bei der Vermittlung »neue[r] erfahrungen« als unzureichend erwiesen habe. Nicht zuletzt das den Texten der Bachmann eingeschriebene Bewußtsein von der Notwendigkeit, einen neuen Sprachgebrauch begründen und den Ausschluß der Frau aus dem öffentlichen Diskurs und damit aus der Mitgestaltung der Gesellschaft überwinden zu müssen, hat die österreichische Autorin in der jüngsten Frauenbewegung zu einer Art Kultfigur werden lassen.

Sprachgebrauch wie sexuelle Beziehungen werden von Bachmann als Interaktion verstanden, die von der konventionellen Normierung durch die männlich bestimmte Gesellschaft zu befreien wären. Die

Verwirklichung der Autonomiebestrebungen in einer lesbischen Beziehung bzw. in einem neuen Sprachgebrauch ließen Charlotte allerdings in die Position einer Außenseiterin geraten (vgl. Mayer, 1975, 34 ff.). Sie geht jedoch nur *einen* Schritt Richtung Gomorrha und kehrt zurück in die gegebene Ordnung. Wie in anderen Erzählungen entläßt Bachmann ihre Leser(innen) auch hier mit einem Bild der Trauer über die Notwendigkeit, einen Persönlichkeitsanspruch aufgeben zu müssen: »Sie [Charlotte und Mara] waren beide tot und hatten etwas getötet« (II, 213). Im »Widerspiel des Unmöglichen mit dem Möglichen« (IV, 276), von absolutem Freiheits- bzw. Liebesanspruch und sozialem Konformitätsdruck wird das Wunschverhalten durch Sachverhalte korrigiert. Der Ausbruchsversuch wird nur vorübergehend in der Phantasie durchgespielt: Charlotte fürchtet, daß der »Wahnsinn« einer neuartigen Beziehung »ohne Ende« (II, 193) und in der Alltagspraxis nicht lebbar sein könnte. Eine radikale Position außerhalb der patriarchalischen Ordnung wird durch Undine bezeichnet.

Offensichtlich angeregt durch Henzes Undine-Ballett, das 1958 in London uraufgeführt wurde, greift Bachmann in der abschließenden Erzählung ihres ersten Prosabandes den alten, bis auf Paracelsus zurückgehenden (vgl. Frenzel, 1963, s. v., auch Schuscheng, 1987, 127 ff. und Kann-Coomann, 1988, 105 ff.) und durch die Romantik popularisierten Undine-Stoff auf. Die Autorin hat in ihrer Gestaltung Motive aus Friedrich de la Motte Fouqués Erzählung *Undine*, aus Jean Giraudoux' Drama *Ondine* sowie aus ihrem eigenen Hörspiel *Der gute Gott von Manhattan* miteinander verwoben (vgl. Gerstenlauer, 1970, 525).

Undine geht hat die Kritik aus mehreren Gründen irritiert: der Text sperrt sich eindeutiger gattungsmäßiger Kategorisierung. Obwohl rein äußerlich den Vorstellungen einer Erzählung, ja einer modernen Kurzgeschichte entsprechend, ist er doch mit diesen Gattungsbegriffen nur sehr ungenau erfaßt. Er entbehrt jeglicher Handlung, kann als reiner Ausdruck von Emotion der Titelgestalt bzw. Klage über die Verhältnisse zwischen Mann und Frau verstanden werden, als ein pathosdurchdrungener, elegischer Prosamonolog und insofern in hohem Maße von lyrischem Charakter. Diese spezifische Problematisierung des herkömmlichen Erzählens hat durchaus ihre Funktion. Denn Undine vertritt quasi eine »andere Welt«, auf die – siehe die Zusammenfassung von Bachmanns Dissertation mit Bezug auf Wittgensteins *Tractatus* – nur in der Kunst verwiesen, über die jedoch nicht sinnvoll, in logisch naturwissenschaftlicher Sprache gesprochen werden kann. Musil löst bzw. umgeht das Erzähl- sowie das Sprachproblem in seiner Novelle *Tonka*, indem er die Titelfigur, eine der Undine vergleichbare Frauengestalt, aus einer anderen Wirklichkeit, aus der Perspektive des Mannes sehen und damit in ihrer Rätselhaftigkeit bestehen läßt, während Bachmann die Perspektive umkehrt: Undine blickt von einer »anderen Welt« auf die bestehende, patriarchalisch geordnete – womit allerdings die Rätsel keineswegs gelöst sind. Die Autorin ist damit im Gegensatz zu ihrem älteren Landsmann gezwungen, an die Grenzen der sprachlichen Ausdrucksmöglichkeiten innerhalb des Erzählens zu gehen bzw. sie zu überschreiten. Die lyrische bildhafte Sprache soll eine Ahnung von einem möglichen anderen Wirklichkeitsbereich vermitteln, für den Undine steht.

Eine weitere Irritation der Kritik rührt von einem liebgewordenen Klischee der naiven Gleichsetzung von Undine (= Ich-Erzählerin) mit Bachmann her. In einem Interview des Jahres 1964 nimmt die Autorin selbst Stellung zu dieser Ausdeutung ihrer Erzählung:

»Sie ist meinetwegen ein Selbstbekenntnis. Nur glaube ich, daß es darüber schon genug Mißverständnisse gibt. Denn die Leser und auch die Hörer identifizieren ja sofort – die Erzählung ist ja in der Ich-Form geschrieben – dieses Ich mit dem Autor. Das ist keineswegs so. Die Undine ist keine Frau, auch kein Lebewesen, sondern, um es mit Büchner zu sagen, ›die Kunst, ach die Kunst‹. Und der Autor, in dem Fall ich, ist auf der anderen Seite zu suchen, also unter denen, die Hans genannt werden« (GuI, 46).

Das ist ein »maskiertes Zitat«, weil »das Zitat eines *anderen* Autors als Büchner, nämlich Celans, und zwar aus dessen Büchnerpreisrede« (Weigel, 1997, 232), auf die *Undine geht* eine Art Antwort darstellt (Kann-Coomann, 1997, 250). Und dieses Zitat macht deutlich: Undine steht für Absolutes: sie ist daher »der Inbegriff der Möglichkeiten der Kunst« (Höller, 1987, 138), aber auch ein von den Männern Hans imaginiertes Idealbild der Frau und Zeichen eines femininen utopischen Anspruchs.

Undine steht außerhalb der gegebenen Ordnung. Insofern unterscheidet sie sich nicht von den traditionellen Undine-Dichtungen oder auch von Weininger. Diesem (1980, S. 241) gilt »Undine, die seelenlose Undine« als »die platonische Idee des Weibes«, als absolute Natur und Sexualität, als idealtypische Verkörperung des Weiblichen und absolutes Gegenbild zum Mann. Hans Mayer hat in seinem magnum opus über *Aussenseiter* (1975, 33) dargelegt, daß diejenige Frau in eine Außenseiterrolle abgeschoben wird, die sich der »Humanisierung« widersetzt, wie sie in der bürgerlichen Gesellschaft »durch den [...] Mann« versucht wird, die sich also nicht in jene der Erzählung *Ein Schritt nach Gomorrha* verächtlich gemachte Rolle der Unterordnung fügt. Ihre »dämonische und bürgerlich ungebändigte

›Natur‹« sowie ihr »radikales Anderssein« werden als Bedrohung der männlichen Ordnung empfunden. Die Undine-Dichtungen und die ihr thematisch verwandte Literatur haben immer von der Perspektive des Mannes aus das »Weiblich-Unheimliche« zu bannen versucht, dem Menschlichkeit abgesprochen und Verderblichkeit für den Mann nachgesagt wird: »Die Bürgerwelt war seit ihren Anfängen im Zeitalter von Humanismus und Reformation fast süchtig nach Evozierung weiblichen Außenseitertums« (ebda, 34). Bachmann nun thematisiert erstmals aus weiblicher Perspektive den Schmerz und die Trauer der ins Abseits gedrängten Frau, die sich nicht den Männervorstellungen anpaßt, sondern auf ihren absoluten Gefühlsansprüchen beharrt. Insofern hat die Autorin das historisch verfestigte »Undine-Bild gleichsam dechiffriert« (Gürtler, 1983, 353). Da Undine für den femininen Anspruch auf Verwirklichung totaler Liebe steht, wird sie aus der menschlichen (im Sinne von: männlichen) Gesellschaft ausgeschlossen. In der Nützlichkeitswelt der kollektiv mit dem Namen »Hans« etikettierten Männer kann die »Utopie eines anderen Lebens in Liebe« nicht integriert werden, auch wenn sich die Männer nach dieser anderen Welt sehnen und nach Undine rufen. Deren Bereich, das Wasser, verweist auf U-topia, den nicht oder noch nicht existenten Ort eines anderen Lebens (vgl. auch *Ein Geschäft mit Träumen*, *Malina* u. a. Texte der Autorin, in denen in Opposition zu Bildern festgefügter, mit dem Männlichen verknüpfter Ordnungen Bilder aus dem Bedeutungsbereich des Flüssigen meist utopische Inhalte transportieren – vgl. dazu Höller, 1987, 139 und auch Holschuh, 1964, 238).

Der andere Wirklichkeitsbereich, für den Undine steht, reicht nur gelegentlich und transitorisch in die gesellschaftliche Alltagspraxis hinein und schafft »Lichtungen« (II, 253 passim). Bachmann spielt hier an auf den in Heideggers *Holzwegen* verwendeten Begriff »Lichtung« für jene Stelle, an der das Seiende in das Unverborgene (griechisch: ἀλήθεια = Wahrheit) hineinreicht (vgl. auch Holschuh, 1964, 243 f.). Man wird allerdings Bachmann nicht existentialphilosophisch interpretieren dürfen (wie z.B. Delphendahl, 1985, 204). Vielmehr verfährt sie mit einem Heideggerschen Philosophem ähnlich wie in ihrer Lyrik mit Bezügen auf das Alte und Neue Testament oder Dichtungstraditionen, indem sie Bildmaterial übernimmt und transformiert. Im Kontext der Bachmannschen Erzählung kann man dann den von Heidegger nicht eindeutig definierten, mithin für die wissenschaftliche Philosophie unbrauchbaren, dank seiner schillernden Konnotationen aber gerade für die Dichtung wiederum nicht unattraktiven Begriff »Lichtung« interpretieren als »Treffpunkt zwischen den Menschen und dem, was Undine verkörpert« bzw. als

»Augenblick des Lichtwerdens, in dem der Mensch den Zugang findet« (Holschuh, 1964, 244) zu dem anderen Wirklichkeitsbereich.

Undines Klage klingt in der Trauer über den Abschied von den Männern aus. Dieser steht aber – Gerstenlauer (1970, 527) hat schon nachdrücklich darauf hingewiesen – in spannungvoller Relation zu dem, wenn auch nur mehr schwach zu vernehmenden Ruf »Komm« (II, 263), der aus der Männerwelt nach wie vor zu ihr dringt. Dieser Ruf kann auch – weniger überzeugend – als Ruf der Undine gedeutet werden oder – so Baackmann (1995, 43) – als »ein wirklich ›anderes‹ und in der Tat unerhörtes Begehren« (ähnlich Kann-Coomann – 1988, 119 f.). Die Zielvorstellungen, die sich mit Undine verknüpfen – sei es Kunstideal, männlich imaginiertes, überhöhtes Frauenbild oder absoluter femininer Gefühlsanspruch – können innerhalb der eingeschränkten Alltagspraxis nicht idealiter verwirklicht werden: Undine fühlt sich als deren »Opfer« (II, 260). Wohl aber bleibt die Sehnsucht nach einem anderen Leben aufrecht. *Undine geht* kann man als Aufforderung verstehen, Richtung zu nehmen auf das utopische Ziel der Harmonisierung des Verstandesbereiches, innerhalb dessen es die Männergesellschaft sehr weit gebracht hat, mit dem Gefühlsbereich, dem in der patriarchalisch organisierten Gesellschaft nur wenig Raum zugestanden wird. Die Musilsche Synthese von Verstand und Gefühl vor Augen, prangert Bachmann die Disproportion von Ratio und Seele an. Die Autorin bleibt nicht der von ihr selbst problematisierten Dichotomisierung von »männlich« (= Verstandesbereich) und »weiblich« (= Gefühlsbereich) verhaftet (so Horsley, 1985, 234), überschreitet vielmehr diesen Gegensatz. Für sie ist Undine das Gegenbild zur zerstörerischen Polarisierung und zu einem entfremdeten Sein, in dem die instrumentelle Vernunft regiert. *Undine geht* moniert ein Defizit in der bürgerlichen Leistungs- und Konsumgesellschaft, die in ihrer ausschließlichen Orientierung an Fortschritt und Nützlichkeit nur die eine »Hälfte der Welt« (II, 261) realisiert, während die andere verkümmert. Die Klage der Undine gegen die Männer ist daher auch nicht ein voll zum Ausdruck kommender »Männerhaß« (Neumann, 1978, 1130). Sie ist allerdings Ausdruck des »Willen[s] zu einer radikalen Subversion« (von Matt, 1989, 245) und ein radikaler Protest gegen die patriarchalische symbolische Ordnung, der sich insbesondere auch in einer »Überschichtung der Diskurse« (ebda, 242), einer »Sprache der besonderen Wahrnehmung« (Behre, 1993, 77), in einem Durchqueren des Liebesdiskurses (Baackmann, 1995, 15) niederschlägt.

In zweifacher Hinsicht ist es bemerkenswert, daß Bachmann *Undine geht* an den Schluß ihrer ersten Sammlung mit erzählender Prosa gestellt hat. Erstens: Wenn Undine, der Aussage der Autorin zufolge, für »die Kunst« steht, dann ist ein Bezug hergestellt zur einleitenden Erzählung *Jugend in einer österreichischen Stadt*, in der die Grenzen wissenschaftlicher Erkenntnis angesprochen und in der – gemäß der Position, die Bachmann in der Zusammenfassung ihrer Dissertation vertritt – auf die Möglichkeiten der Kunst gedeutet wird. Zweitens: Durch die Betonung der weiblichen Perspektive weist *Undine geht* auf das Spätwerk der Autorin, den *Todesarten*- und den *Simultan*-Komplex voraus. Kann-Coomann (1997, 251) sieht in diesem Text eine Absage an die Lyrik, »einen grundsätzlichen Umbruch in der Literatur Bachmanns markiert«. In den späteren Werken wird die Autorin dann die Dichotomisierung von männlich und weiblich (auch als Voraussetzung des Erzählens) problematisieren (vgl. das Kap. 3.3.2).

3.3. Das literarische Werk der sechziger Jahre (1961-1973)

In der Zeit zwischen 1961 (Erscheinungsjahr des *Dreißigsten Jahrs*) und 1971 (*Malina*) veröffentlichte Bachmann nur sehr wenig. Dies gab Anlaß zu verschiedenen Spekulationen (über das mögliche Versiegen der Schaffenskraft der Dichterin etwa). Tatsächlich war jedoch Bachmann in diesem Jahrzehnt sehr produktiv. Zwar entstanden (zwischen 1964 und 1967) nur mehr wenige, die letzten, gleichwohl von Bachmann besonders hochgeschätzten Gedichte (die Ausgabe der Werke führt sechs an), aber schon seit den frühen sechziger Jahren arbeitet sie an einem ersten *Todesarten*-Roman (vgl. T I, 524 ff.). Im *Todesarten*-Kontext steht zudem schon die Büchnerpreisrede *Ein Ort für Zufälle* von 1964. Erste Lesungen aus dem *Franza*-Roman datieren ins Jahr 1966. Der einzig vollendete und zu Lebzeiten der Autorin veröffentlichte Roman des *Todesarten*-Zyklus, *Malina*, erschien 1971. 1972 publizierte sie dann noch fünf Erzählungen unter dem Titel *Simultan*, die ebenfalls in den *Todesarten*-Kontext gehören.

3.3.1. Lyrik

Zwischen 1957 und 1964 verfaßte Bachmann lediglich ein Gedicht: *Ihr Worte* (1961). Die in diesem Text ins Zentrum gerückte Sprachthematik bleibt auch in den allerletzten Gedichten der Autorin wichtig. Ende 1964 widmete sie der russischen Dichterin Anna Achmatowa, mit der sie im Dezember jenes Jahres in Rom zusammentraf, das Gedicht *Wahrlich* (I, 166). (Über den Bruch mit dem Piper-Verlag wegen Achmatowa vgl. das Kap. 4.1.5) Dieses Widmungsgedicht reiht sich unter jene Lyrik von Bachmann ein, die die Opposition von »Gaunersprache«, hier: »Bimbam von Worten«, und einem »Utopia der Sprache« (IV, 268) thematisiert. Da es sich um ein Gedicht einer Dichterin für eine Dichterin handelt, darf man zweifelsohne die Forderung,

> »Einen einzigen Satz haltbar zu machen,
> auszuhalten in dem Bimbam von Worten«,

poetologisch verstehen. Gegenüber verantwortungslosem Sprechen (»Wem es ein Wort nie verschlagen hat«) steht als Ziel eine Dichtung, für die die Dichterin/der Dichter mit der eigenen Existenz einsteht:

> »Es schreibt diesen Satz keiner,
> der nicht unterschreibt«.

Im Gedicht *Wahrlich* rückt Bachmann mithin den ethischen Aspekt der literarischen Tätigkeit in den Mittelpunkt. Immer deutlicher wird in der spätesten Lyrik, was sich in den *Liedern auf der Flucht* bereits beobachten läßt: der rückhaltlose Einsatz der eigenen Existenz, auf die es nicht mehr ankomme, zugunsten einer utopischen Ausrichtung, in der das Ich dann aber doch wiederum »unverloren« (I, 167) aufgehoben wäre. Diese radikale Position begegnet vor allem in den als Zyklus zu verstehenden (vgl. Kaulen, 1991, 755) vier Gedichten, die in dem berühmten »Kursbuch« 15 von 1968 erschienen sind, in dem Hans Magnus Enzensberger, Karl Markus Michel und Walter Boehlich den »Tod« der Literatur, jedenfalls der herkömmlichen bürgerlichen Literatur verkünden. Von diesem Kontext her versteht Oelmann (1980, 74) das Gedicht *Keine Delikatessen* als eine »rückblickende Abrechnung mit der Dichtung, genauer gesagt mit der Lyrik« und *Enigma* als eine noch »radikalere« Standortbestimmung (ebda, 77) in diesem Sinne. Gegen eine Leseart allerdings, die diese Gedichte als Absage an das Dichten verstehen möchten, sind Bedenken anzumelden, die Kaulen (1991, 762 u. Anm. 18) mit dem Hinweis auf die von Bachmann gewünschte Anordnung der Gedichte bekräftigt, von der die Werkausgabe allerdings abweicht. »Die Gedichtfolge beschreibt selbst eine Reise von der Selbstaufgabe zum Neubeginn, von der Sprachkrise zur erneuerten Sprache, von lähmender Isolation zu neuer Gemeinschaft mit anderen« (ebda, 762). Der Durchgang durch leidvolle Erfahrung ist »eine der Voraussetzungen des literarischen Produktionsprozesses« (ebda, 763). Dem Entwurf zu einem Antwortbrief auf Michels Grabrede auf die Literatur (vgl. NN, 1529) ist auch abzulesen, daß

Bachmann sich gegen den radikalen kulturrevolutionären Kahlschlag und gegen ein vordergründig gesellschaftspolitisches Engagement in der Literatur ausspricht (wie dann auch noch in der Rede
zur Verleihung des Wildgans-Preises 1972 – IV, 296 f.). Man wird
also die im »Kursbuch« veröffentlichten Gedichte der Autorin nicht
als unbedingte Absage an die Literatur überhaupt (wie trendbedingt
bei Enzensberger, Michel, Boehlich), sondern an ästhetische »Delikatessen«, an l'art pour l'art-Tendenzen lesen müssen, gegen die sie
sich schon früher wiederholt, insbesondere in den Frankfurter Vorlesungen ausgesprochen hat. Ästhetische Beruhigung durch Literatur
wird nachdrücklich abgewehrt, der vielmehr der Geschichtsprozeß
und die Ausrichtung auf eine Utopie eingeschrieben sein soll. Daß
diese mit dem Schreiben zu tun hat, offenbart sich gerade im Ausdruck der Aufgabe jeglicher persönlicher Ansprüche:

> »Ich vernachlässige nicht die Schrift,
> sondern mich« (I,173).

Selbst das von Oelmann (1980, 77) als noch »radikalere« Absage an
das Dichten aufgefaßte Gedicht *Enigma* (I, 171), an dem Bachmann
vermutlich zuletzt lyrisch gearbeitet hat, enthält noch einen utopischen Aspekt. Eine Vorstufe zu *Enigma* entstand 1964 während der
Reise der Autorin in die Tschechoslowakei unter dem Titel *Auf der
Reise nach Prag*. Die endgültige Fassung wurde 1966/67 hergestellt
(vgl. IV, 660) und dem befreundeten Komponisten Henze gewidmet.
Die »Zeit der Ariosi« meint das Jahr 1963, in dem Henze die *Ariosi*
mit Gedichten Torquato Tassos komponierte (vgl. ebda). Im Nachlaß
der Autorin finden sich Hinweise zu einem Zwischenentwurf ihres
Gedichts, die auch noch für die Endfassung Gültigkeit haben:

»Dieses Gedicht ist eine Collage. Es bezieht sich auf die Peter-Altenberglie-
der von Alban Berg und auf die 2. Symphonie von Maler, also eines Textes
[!], den Altenberg auf eine Postkarte geschrieben hat und einen Kinderchor
in der 2. Symphonie von Gustav Mahler« (NN, 442).

Tatsächlich ist der erste Vers – »Nichts mehr wird kommen« – aus
den Altenberg-Liedern Alban Bergs und die Zeile »Du sollst ja nicht
weinen« ein Mahler-Zitat (vgl. IV, 660). Aussagen wie die, daß
»nichts mehr«, weder »Frühling« noch »Sommer« kommen werden,
sowie der Schluß –

> »Sonst
> sagt
> niemand
> etwas« –

könnten als Ausdruck totaler Hoffnungslosigkeit verstanden werden. Wenn Frühling und Sommer nicht mehr eintreten, dann erstarrt die Welt in Kälte. In den früheren Texten der Autorin sind Bilder, die sich auf den Jahreszyklus beziehen, immer als Zeichen für geschichtliche Vorgänge bzw. für die subjektiven Erfahrungen von diesen zu verstehen. So gesehen vermittelt *Enigma* im selben Maße Illusionslosigkeit wie *Alle Tage* oder *Bruderschaft*, in denen Bachmann die Alltäglichkeit des Martialischen in den politischen sowohl als auch in den zwischenmenschlichen Beziehungen beklagt. Und man darf nicht vergessen, daß die Autorin in den sechziger Jahren bereits an den *Todesarten* schreibt, in dessen Ouvertüre *Malina* das erzählende Ich zur zentralen Erkenntnis gelangt:

> »Es ist immer Krieg.
> Hier ist immer Gewalt.
> Hier ist immer Kampf.
> Es ist der ewige Krieg« (III, 236).

Solche Bedingungen erlauben – und auch darauf deuten die auf Frühling und Sommer bezogenen Verse – keine herkömmliche Dichtung mehr, in der das Besingen des Frühlings etwa einen Selbstwert, Stimmungswert o. ä. besäße. *Enigma* sagt sich – wie schon frühere Gedichte der Bachmann – von der klassisch-romantischen Lyriktradition los, aber nicht vom Dichten. Denn das Gedicht thematisiert sowohl einen der »Stürze ins Schweigen« wie auch die »Wiederkehr aus dem Schweigen« (IV, 188), die Bachmann als charakteristisch für die Literatur des 20. Jahrhunderts ansieht. Letztere vollzieht sich in *Enigma* bezeichnenderweise durch Musik. Musik und poetische Sprache stehen gegen die »verschuldete Sprache« (*Musik und Dichtung* – IV, 60) und blicken als Annäherungen an ein »Utopia der Sprache« (IV, 268) »ins Unbegrenzte« (IV, 60):

»Wir, befaßt mit der Sprache, haben erfahren, was Sprachlosigkeit und Stummheit sind – unsre, wenn man so will, reinsten Zustände! –, und sind aus dem Niemandsland wiedergekehrt mit der Sprache, die wir fortsetzen werden«.

Musik und Dichtung haben teil »an einer universalen Sprache« (IV, 61), die die babylonische Sprachverwirrung übersteigt, und in ihnen eröffnet sich die Möglichkeit der »Annäherung an Vollkommenheit« und an »den Augenblick der Wahrheit« (IV, 62). In diesem Sinne bezeichnet *Enigma* einen utopischen Moment.

Wie in den Gedichten *Wahrlich* und *Keine Delikatessen* bzw. im Roman *Malina* wird in dem von Bachmann selbst als ihr »letzte[s]

Gedicht« (NN, 2349) bezeichneten *Böhmen liegt am Meer* (I, 167 f.) der Einsatz der eigenen Existenz und die Aufgabe individueller Ansprüche als Voraussetzung für Hoffnung gesehen. Peter Horst Neumann (1982, 86) hat darauf hingewiesen, daß 17 der 24 Verse als Alexandriner zu lesen sind. Diese Versform

»ist dem Gedicht als ein Prinzip der Ordnung eingeschrieben, doch im Durchbrechen dieser Norm schwingt die Sprache ins Freie. Diese Gleichzeitigkeit von Bändigung und Befreiung auf der metrischen Ebene wird beim Lesen zu einem wesentlichen Element der sinnlichen Erfahrung. Auf der Ebene der Botschaft entspricht ihr die Gleichzeitigkeit von Zugrundegehn und Unverlorensein«.

Das lyrische Ich empfindet sich als austauschbar -

»Bin ich's nicht ist es einer, der ist so gut wie ich
[...]
Bin ich's so ist's ein jeder, der ist soviel wie ich« -

und »will zugrunde gehen«. Dieses Zugrundegehen, ein häufiges Bild bei Bachmann, ist jedoch zweideutig. Erstens bezeichnet es ein Zerstörtwerden. Bachmann hat den Geschichtsprozeß und die gesellschaftlichen Mechanismen immer schon als zerstörerisch erfahren, in den *Todesarten*, zu denen zeitlich parallel *Böhmen liegt am Meer* entsteht, wird dies besonders deutlich. Zweitens meint aber »zugrunde gehen« auch, einer Sache auf den Grund gehen. Die promovierte Philosophin Bachmann spielt hier auf einen zentralen philosophischen Terminus an. Als allgemeiner logischer Begriff bezeichnet »Grund« etwas, dessen Gültigkeit die Gültigkeit von etwas anderem bedingt und der etwas begründet, das sich zwangsläufig aus ihm ergibt. Der Begriff spielt aber auch an auf den philosophiegeschichtlich bei Leibniz, Kant, Schopenhauer und Heidegger bedeutsamen »Satz vom (zureichenden) Grund«, der ganz allgemein besagt, daß jeder Sachverhalt eine »zureichende« Voraussetzung hat. Das »Zugrundegehn« des lyrischen Ichs kann demnach als Voraussetzung für die Begnadigung gelten, von der das Gedicht *Böhmen liegt am Meer* kündet. Die Gnade ist, eine Heimat zu finden, und Böhmen bedeutet die »Heimat der Heimatlosen« (Fried, 1983, 6). Dazu Bachmann selbst in einem Interviewentwurf von 1973:

»Und es ist für mich das Gedicht, zu dem ich immer stehen werde. Es ist gerichtet an alle Menschen, weil es das Land ihrer Hoffnung ist, das sie nicht erreichen werden. Und trotzdem müssen sie hoffen, weil sie sonst nicht leben können. Und dieses Gedicht allein macht mir eine große Freude [...] Es ist das *Gedicht meiner Heimkehr*, nicht einer geographischen

Heimkehr, sondern einer geistigen Heimkehr. Deswegen habe ich es genannt: ›Böhmen liegt am Meer‹. Man hat mich gefragt [...] ob ich ein Gedicht schreiben könnte [...] für das Shakespeare-Jahr in Stratford-on-Avon. Ich habe geschrieben: Nein, das kann ich nicht. Dann ist mir etwas aufgefallen, nur ein einziger Satz von Shakespeare und einem seiner allergescheitesten Zeitgenossen, Johnson, der ihm vorgeworfen hat, er sei ungebildet, ein schlechter Dichter, er wisse nicht einmal, dass Böhmen nicht am Meer liegt. Wie ich nach Prag gekommen bin, habe ich gewußt, doch Shakespeare hat recht: Böhmen liegt am Meer [...] es war die Heimkehr [...] Und Böhmen heißt für mich, dass es Böhmen sind, sondern alle, wir alle sind Böhmen. Und wir hoffen auf dieses Meer und auf dieses Land. Und wer nicht hofft und wer nicht lebt und wer nicht liebt und wer nicht hofft auf dieses Land, ist für mich kein Mensch. Und deswegen habe ich gesagt: ›Kommt her ihr Böhmen alle‹« (NN, 2349).

Der Indikativ des Titels schon zeigt die Bestimmtheit an (vgl. Neumann, 1982, 86), mit der Bachmann hier einen Glauben, eine Hoffnung vertritt, im Bewußtsein allerdings, daß es keine gesicherte, sondern nur eine literarische Utopie ist. Diese Bestimmtheit schlug sich auch nieder in einer Vortragsart, welche für eine Autorin untypisch ist, von der man in der Gruppe 47 sagte: »Sie weinte ihre Gedichte« (Richter, 1979, 112). Keinen Text hat sie je so resolut vorgetragen wie *Böhmen liegt am Meer* bei ihrer letzten Aufnahme vom Juni 1973 für den ORF (vgl. *Ingeborg Bachmann liest Ingeborg Bachmann*, Deutsche Grammophongesellschaft 1983). Ganz im Sinne des Glaubens an die Notwendigkeit der Aufrechterhaltung utopischen Hoffens äußert sich die Dichterin noch in ihrem letzten Interview vom Sommer 1973 in bezug auf *Malina* nachdrücklich (vgl. GuI, 145). Diese Haltung widerspricht der Auffassung Frieds (1983, 9), der aus dem »noch« des letzten Verses eine »kaum mehr verkappte Absage an Glaube und Hoffnung« herausliest. Im Hinblick auf das Gedicht *Prag Jänner 64* wurde »die Hauptstadt Böhmens zunächst als der Ort einer individuellen Wiedergeburt« bezeichnet (Neumann, 1982, 88). Das ist insofern richtig, als Bachmann nach der Erfahrung Berlins als eines Ortes der Zerrissenheit und der Zerstörung (vgl. *Ein Ort für Zufälle*) in Böhmen Familiarität verspürt, und zwar eine geschichtlich begründete Familiarität, die auch in anderen späten Texten der Autorin in Reflexionen über »das Haus Österreich« (III, 96) zum Ausdruck kommt (vgl. Kap. 3.3.2.4). Weil *Böhmen liegt am Meer* ein Gedicht der »Heimkehr« sei und »weil damit alles gesagt ist«, so die Autorin in dem schon zitierten Interviewentwurf von 1973, sei es »das letzte Gedicht«, das sie »geschrieben habe« (NN, 2349). Tatsächlich hat Bachmann, so weit bekannt, nach 1967 nur mehr an der letzten Fassung von *Enigma* und an den

Todesarten sowie den *Simultan*-Erzählungen gearbeitet, jedoch keine Lyrik mehr verfaßt.

3.3.2. Der Todesarten-Komplex

Unter dem Titel *Todesarten* plante Bachmann zuerst einen Roman. Der »erste« *Todesarten*-Roman, an dem sie zwischen 1962/63 und 1965 arbeitete, wird in der kritischen Ausgabe zur Differenzierung als *<Eugen-Roman II>* bezeichnet. Die Arbeit am *Franza*-Buch (1965/66) wird dann vorerst auch unter diesem Titel aufgenommen. Ab Sommer 1966 ist der Begriff *Todesarten* dann bis zum Ableben der Autorin für einen Zyklus von Romanen, vielleicht auch Erzählungen vorgesehen. Die Vorstellungen der Autorin von diesem haben sich laufend gewandelt und nie eine endgültige Gestalt angenommen (vgl. T I, 619). Die Werkausgabe von 1978 präsentiert neben dem Roman *Malina*, den die Autorin als »eine Ouvertüre« (GuI, 95) für den geplanten Zyklus verstanden hat, umfangreichere, von den Herausgebern treffend (wenngleich von Bachmann zuletzt vielleicht nicht mehr so vorgesehen – T II, 393) *Der Fall Franza* genannte Fragmente, aus deren erstem und drittem Kapitel die Dichterin 1966 an verschiedenen bundesdeutschen Orten gelesen hat, dann »aus den Entwürfen zu einem Roman« das *Requiem für Fanny Goldmann* und einige »Entwürfe zur Figur Malina. Die kritische Ausgabe veröffentlicht unter dem Oberbegriff *»Todesarten«-Projekt* neben den zu Lebzeiten der Autorin publizierten Texten *Ein Ort für Zufälle*, *Malina* sowie *Simultan* etwa die Hälfte des literarischen Nachlasses, drei Romanfragmente, zahlreiche Erzählfragmente und poetologische Texte seit 1962/63 sowie Fragmente von drei Romanprojekten und drei Erzählungen aus der »Vorgeschichte« der *Todesarten*. Das Kriterium für die Aufnahme von Textzeugen in die kritische *Todesarten*-Ausgabe ist die motivisch-thematische, genetische bzw. auch zyklische Verknüpfung untereinander (vgl. T I, 615). Da Bachmann selbst keine ein für allemal fixen Vorstellungen vom Zyklus hatte, handelt es sich selbstverständlich beim *»Todesarten«-Projekt*, so wie es die kritische Ausgabe präsentiert, um ein Konstrukt der Herausgeber, ein brauchbares allerdings, das Einblick gewährt in das lange Ringen Bachmanns um die große Form, um das adäquate Erzählverfahren zur Darstellung des »Zusammenhang[s] von ›privater‹ und geschichtlicher Erfahrung« (T I, 623) und um eine entsprechende Erzählerfigur.

Zur »Vorgeschichte« der *Todesarten* zählen die Herausgeber: das Fragment mit dem Titel *Der Kommandant*, das in der Werk-Ausgabe von 1978 als Anfang des etwa 1947 bis 1951/52 entstandenen, dann verloren gegangenen, durch Aussagen Heimito von Doderers und Hans Weigels (vgl. II, 603) verbürgten Romans *Stadt ohne Namen* (vgl. II, 603), in der kritischen Ausgabe als eine »dem Roman vorausgehende Erzählung« (T I, 502) eingestuft wird; zwei Textzeugen aus dem Kontext des genannten Romans mit dem Titel *Anna-Fragment*; mehrere Textzeugen von vier fragmentarisch gebliebenen Erzählprojekten der späteren fünfziger Jahre: *Ein Fenster zum Ätna*, <*Eugen-Roman I*>, *Geschichte einer Liebe* und *Zeit für Gomorrha*; das Erzählfragment *Sterben für Berlin* (1961/62), das am Übergang zum eigentlichen *»Todesarten«-Projekt* steht.

In den Jahren 1962 bis 1965 arbeitet Bachmann am <*Eugen-Roman II*>, für den sie eben ursprünglich den Titel *Todesarten* vorsieht. Von den Projekten der Jahre 1964 – 1966 sind die »Büchnerpreisrede« *Ein Ort für Zufälle*, das *Wüstenbuch* und *Das Buch Franza* durch das »Vorhaben der dialektischen Vermittlung von Berlin und Wüste« (T I, 498) miteinander verbunden. Parallel zum Franza-Roman schreibt Bachmann an der 1966 jedoch wieder aufgegebenen Erzählung *Requiem für Fanny Goldmann*, die mit der Titelfigur eine Person aus dem ersten *Todesarten*-Roman (<*Eugen-Roman II*>) aufgreift. Dieses Vorhaben wird dann zugunsten des *Goldmann/Rottwitz-Romans*, an dem Bachmann seit 1966 immer wieder (und vielleicht sogar bis zu ihrem Tod) gearbeitet hat, aufgegeben. Von 1966 bis 1971 konzentriert die Autorin ihre Arbeitskraft auf *Malina* bzw. daneben seit 1967 auf Erzählungen, die ursprünglich *Wienerinnen* heißen sollten und die motivisch und personell mit den *Todesarten*-Romanprojekten eng verknüpft sind, von denen schließlich fünf Eingang in den *Simultan*-Band von 1972 gefunden haben. (Zu den mehr oder weniger weit gediehenen Fragmenten s. Kap. 3.3.2.4). Die Arbeit am *Fall Franza* oder *Buch Franza* wird wohl aufgrund des mit *Malina* zusammenhängenden »Konzeptionswandels« nicht nur vorübergehend aufgegeben (vgl. T II, 398 f.). In den fertiggestellten Roman ist strukturell und motivisch so viel aus den Franza-Texten übernommen, daß deren Veröffentlichung »nur unter erheblicher Umarbeitung des überlieferten Materials denkbar« (T II, 399) gewesen wäre. Zuletzt arbeitete Bachmann an der Erzählung *Gier* (s. Kap. 3.3.2.4) sowie möglicherweise am Goldmann/Rottwitz-Buch.

3.3.2.1 Zum Begriff »Todesarten«

Als der Roman *Malina* 1972 erschien, löste er bei der Literaturkritik fast durchwegs Irritationen bzw. Ablehnung aus (vgl. Kap. 1 bzw. Atzler, 1983, 155 ff.), die auch in der früheren wissenschaftlichen

Literatur noch ihren Niederschlag finden (vgl. z.B. Kruntorad, 1976, 221 f.). Das hat zweifellos mit bewußten Verwirrstrategien der Autorin zu tun, ebenso aber wohl mit einem verfestigten, liebgewordenen Bild von der Dichterin Bachmann sowie mit der allgemeinen (literar-)historischen Situation in der Bundesrepublik Deutschland um 1970, in der ein Buch obsolet erscheinen mußte, das scheinbar vom »absoluten Herrschaftsanspruch der emotionalisierten Subjektivität« (Heißenbüttel, 1971, 26) diktiert ist. Bachmanns Statement aus den Frankfurter Vorlesungen: »Daß Dichten außerhalb der geschichtlichen Situation stattfindet, wird heute wohl niemand mehr glauben« (IV, 196), sowie ihre Aussage, »daß sich neuerdings die Geschichte *im* Ich aufhält« (IV, 230), hätten Kritikern eine Wahrnung sein können, diesen Roman vorschnell als Produkt reiner Innerlichkeit abzuqualifizieren. Wie dem bereits mehrfach zitierten Entwurf einer Replik auf die Toterklärung der Literatur durch Karl Markus Michel u. a. im Jahr 1968 zu entnehmen ist, lehnte die Autorin vordergründige Gesellschaftskritik und agitatorische Literatur ebenso mit Nachdruck ab, wie sie sich immer gegen Dokumentarismus wandte (vgl. z.B. GuI, 99). Darin fühlte sie sich besonders durch Jean Amérys 1964 erstmals (in der Zeitschrift »Merkur«) veröffentlichten »Bewältigungsversuch« *Die Tortur* bestätigt. Dokumentationen vermögen über die »Erlebnislast« des einzelnen (Améry, 1980, 17), über die Ursachen individuellen »Lastbewußtseins« (I, 626) nichts auszusagen. Literatur versteht Bachmann daher als eine Erkenntnisform, die es erlaubt, innere Prozesse wahrnehmbar zu machen (vgl. die Preisrede vor den Kriegsblinden), und zwar als gesellschaftlich vermittelte in den Horizont eines »neuen Bewußtseins« zu rücken (GuI, 139; vgl. auch IV, 275 f.). Dies gilt auch für das *Todesarten*-Projekt.

In dem geplanten Roman-Zyklus wollte Bachmann, wie sie in der Vorrede zum *Franza*-Fragment notiert, darstellen, daß

»der Virus Verbrechen« nach dem Ende der NS-Diktatur »nicht aus der Welt verschwunden ist« (T II, 77), daß vielmehr »noch heute sehr viele Menschen nicht sterben, sondern ermordet werden [...] Die Verbrechen, die Geist verlangen, an unseren Geist rühren und weniger an unsre Sinne, also die uns am tiefsten berühren – dort fließt kein Blut, und das Gemetzel findet innerhalb des Erlaubten und der Sitten«, auf »inwendigen« als den »wirklichen Schauplätzen« statt (T II, 78) – eine Vorstellung, die – wie die Aufarbeitung der Nachlaßfragmente erkennen ließ, offensichtlich entscheidend geprägt ist durch die Lektüre von Jules Amédée Barbey d'Aurevillys *Die Teuflischen*, die von »verborgenen Dramen« erzählen (zit. nach Göttsche, 1991, 129 – ausführlich zur Barbey-Rezeption vgl. ebda, 128 – 145).

Der Bezug auf die nationalsozialistische Schreckensherrschaft führt folgerichtig im *Fall Franza* (vgl. T II, 53) wie auch in späten Interviews (vgl. GuI, 144) zur Verwendung des Begriffs »Faschismus« für alltägliche zwischenmenschliche Verhaltensweisen. Dies mag problematisch sein, nachdem der Begriff trotz fortschreitend präzisierter Definition in den Sozialwissenschaften durch geradezu inflationären, trivialisierten Gebrauch seit Mitte der sechziger Jahre an Schärfe verloren hat, besonders auch, da der Begriff hier von einem politischen und sozialen Phänomen auf eine scheinbar rein private Ebene transferiert wird. Gerechtfertigt wird diese Übertragung durch einen Gedankengang von Bachmann, der durchaus nicht der Konsequenz entbehrt und der mutmaßlich bei Brecht seinen Ausgang nahm, in dem die Begegnungen mit Celan (vgl. Janz, 1976, 218 f., Anm. 47) eine große Rolle spielten und der zweifelsohne auch über die Auseinandersetzung mit Amérys »Bewältigungsversuchen« führte. *Viele Arten zu töten*, so ist ein aphoristischer Text aus Brechts *Me-ti/Buch der Wendungen* überschrieben:

»Es gibt viele Arten zu töten. Man kann einem ein Messer in den Bauch stecken, einem das Brot entziehen, einen von einer Krankheit nicht heilen, einen in eine schlechte Wohnung stecken, einen durch Arbeit zu Tode schinden, einen zum Selbstmord treiben, einen in den Krieg führen usw. Nur weniges davon ist in unserem Staate verboten« (Brecht, 1967/XII, 466).

Ganz im Sinne der von Brecht angedeuteten verdeckten Vernichtungsstrategien werden die Frauenfiguren in den *Todesarten*-Texten von Bachmann ins Verderben getrieben. Systematisch wird ihr Lebenswille auszulöschen versucht und der Schritt zur Selbstvernichtung als »Rettung« aus der »ungeheuerlichen Kränkung, die das Leben ist« (II, 101) nahegelegt. Die Ich-Erzählerin in *Malina* beobachtet ähnlich Brecht dieses »Zum-Selbstmord-Treiben«:

»In meiner Umgebung, und auch fern von meiner Umgebung, habe ich bemerkt, daß alle abwarten, sie tun nichts weiter, tun nichts Besonderes, sie drücken den anderen die Schlafmittel in die Hand, das Rasiermesser, sie sorgen dafür, daß man kopflos an einem Felsenweg spazierengeht, daß man in einem fahrenden Zug betrunken die Tür aufmacht oder daß sich einfach eine Krankheit einstellt. Wenn man lange genug wartet, kommt ein Zusammenbruch, es kommt ein langes oder ein kurzes Ende« (III, 222 f.).

Brechts Vorwurf an den Staat, der in den Faschismus treibt, daß in ihm nur die wenigsten Tötungsarten verboten seien, überträgt Bachmann, geprägt vom »frühen Schmerz« der Erfahrung faschistischer Machtdemonstration (GuI, 111) modifiziert auf die westlichen

Nachkriegsgesellschaften. Modifiziert insofern, als sie diese keineswegs naiv mit der nationalsozialistischen gleichsetzt. Die Verbrechen seien nunmehr nicht durch äußere Gewalt gekennzeichnet, sondern durch Verhaltensweisen, gegen die die bürgerlichen Gesetzbücher keine Handhabe bieten: durch inhumanes Denken, durch Inhumanität, verbale Brutalität und seelische Grausamkeit im zwischenmenschlichen Alltag. Während der Protagonist der Erzählung *Das dreißigste Jahr*, abstrahiert von konkreten geschichtlichen Ereignissen, konstatiert, daß in den sozialen Beziehungen »Zerstörung im Gang« sei (II, 100) und »daß jeder gekränkt wird bis in den Tod von den anderen« (II, 101), thematisiert *Unter Mördern und Irren* die gesellschaftlichen Ursachen. Es wurde (vgl. Kap. 3.2.5) dargelegt, wie dieser Prosatext das latente Fortwirken faschistischer Denk- und Verhaltensmuster am Beispiel einstiger Nationalsozialisten vorführt, die in den demokratischen Staat reintegriert sind und wieder Schlüsselpositionen im Wissenschafts- und Kulturbetrieb einnehmen. Diese Erzählung macht darüber hinaus – und hierin deutet sie schon ganz entschieden auf die *Todesarten* voraus – latent faschistische Verhaltensdispositionen und die Gefahr von deren Umschlagen in manifeste Aggressivität bewußt. Faschistische Praxis, so läßt sich durchaus im Sinne Brechts folgern, bewegt sich im demokratischen Alltag nicht außerhalb der Legalität, wird aber als nicht weniger tödlich, psychisch tödlich erfahren als die Folter- und Vernichtungspraktiken der Nationalsozialisten. Ihre Opfer werden in der Erzählung *Unter Mördern und Irren* nicht von ungefähr, metonymisch, als »Juden« (II, 161) apostrophiert. Und im *Fall Franza* identifiziert sich die Titelgestalt mit den »Spätgeschädigten« der nationalsozialistischen Konzentrationslager (vgl. T II, 215).

Die Erfahrung von Persönlichkeitszerstörung ist eine »Problemkonstante« (IV, 193) im gesamten Werk der Bachmann. Eine Entwicklung von der früheren zur späteren Erzählprosa zeigt sich insofern, als in jener nur sporadisch, hier jedoch durchgehend Frauen als Opfer erscheinen: »Todesarten« meint, soweit der fragmentarische Nachlaß dies erkennen läßt, Todesarten von Frauen. Zudem wird die Autorin in der Darstellung, nicht zuletzt unter dem Eindruck von Améry, auf dessen *Tortur*-Essay sie in der Erzählung *Drei Wege zum See* anspielt (vgl. II, 421), gewagter und konsequenter. Während *Unter Mördern und Irren* modellhaft das Umschlagen von latentem zu manifestem Faschismus gestaltet, werden die späten Texte unmittelbarer erlebnishaft. Durch Améry scheint sich die Autorin legitimiert gefühlt zu haben, konkrete Bezüge und unmittelbare Ausdrucksweise zu wagen. Sowohl im Mittelkapitel von *Malina* als auch im *Fall Franza* werden die Zerstörungen der Frau in

Traumbildern veranschaulicht, deren Inhalte zum Teil der tödlichen Realität in den NS-Vernichtungslagern entstammen. Der Faschismus, so folgert Franza, wenn sie das Verhalten ihres Mannes ihr gegenüber analysiert, kann nicht auf das öffentliche Handeln beschränkt sein, »denn irgendwo muß es ja anfangen« (T II, 53). Und dem Ursprung faschistischen Verhaltens ebenso wie dem Beginn des Leidens daran, den sie in ihrer eigenen Lebensgeschichte mit der Machtübernahme Hitlers in ihrer Heimat ansetzt, fragt Bachmann in den *Todesarten*-Texten nach.

Bachmanns Begriff »Todesarten« legt es nahe, den Schwerpunkt des Interesses bei der Lektüre ihrer Texte auf die Frage nach der Wirkung der allgemeinen »Geschichte *im* Ich« zu legen. Angesprochen auf die Schwierigkeiten der Interpreten mit *Malina* hat die Autorin explizit die Offenheit von Literatur für unterschiedliche Lesearten postuliert (vgl. GuI, 100). Man sollte daraus nicht die Berechtigung zu einem rezeptionsästhetischen Relativismus ableiten, wohl aber die Warnung, irgendeine Deutung als allein- und endgültige begreifen zu wollen.

3.3.2.2 Ein Ort für Zufälle

Die Einordnung von Bachmanns Dankrede anläßlich der Verleihung des Georg Büchner-Preises 1964 bereitet erhebliche Schwierigkeiten. Soweit sie deshalb in der Literaturwissenschaft überhaupt Beachtung gefunden hat, wird sie als »poetischer Text gelesen« und vorsichtig als »Prosagroteske« (Bartsch, 1985, 135) bestimmt, mithin in ihrem Status als »Rede« in Frage gestellt, oder – diesen Status nicht grundsätzlich bezweifelnd – gattungsmäßig in die Nähe des Essays gerückt (vgl. Höller, 1987, 215 f.). Für und gegen beide Kategorisierungen lassen sich gewichtige Argumente anführen. Für erstere spricht die Entscheidung der Autorin, in der Veröffentlichung der »Rede« als Quartheft im Wagenbach-Verlag (1965) Dankesworte, Bemerkungen zu Büchner und Erläuterungen zu ihrem eigenen Text in einen Anhang zu verbannen. Für die Leseart als poetischer Text sprechen auch die angewandten sprachlichen Verfahren, die sich experimentellen Texten annähern, und zwar in der Inszenierung des unvermittelten Umkippens der »Darstellung von Realem [...] ins Irreale, Surreale beziehungsweise Groteske« (Bartsch, 1985, 138), aber auch in Wortspielen sowie Spielen mit Phrasen (vgl. ebda, 140). Gegen die Charakterisierung des Textes als »Prosagroteske« und für die Zuordnung zur Gattung Essay spricht weniger, daß durch die erstgenannte Kategorisierung »die spannungsvolle Beziehung zum Rom-Essay verstellt« würde (Höller, 1987, 215) – sie ist unabhängig von der Gattungsfrage als »Verhältnis extremer Gegensätzlichkeit« (ebda, 216) offensichtlich – als vielmehr die zu beobachtende »Annäherung von wissenschaftlicher und literarischer Methodik« (ebda, 215). Mit der Zuordnung zur Gattung Essay könnte *Ein Ort für Zufälle* in eine »österreichische Literatur-Tradition« (besonders Musils) gerückt werden, »in der sich eine bis zum äußersten verletzbare Erfahrung mit höchst diszipliniertem Denken verbindet« (ebda, 216). Der dargestellten Radikalität des alltäglichen kollektiven Wahnsinns entspricht eine radikalisierte Darstellungsweise (vgl. IV, 279), die vor allem in der Nähe zu einem »Wahnsinnsstil« ihren Niederschlag findet. Bachmann bedient sich verschiedener Stilmittel, die auch für Texte Schizophrener charakteristisch sind (vgl. Bartsch, 1985, 140). Ein *Ort für Zufälle* erscheint ebenso wie diese »sprunghaft assoziativ und zusammenhanglos« (ebda, 137). Allerdings darf nicht übersehen werden, daß ihn von diesen »eine durchgehende Perspektive, ein ebenso durchgehaltenes Verfahren der Präsentation von Wirklichkeitsausschnitten und einige strukturbildende Textelemente« (ebda) unterscheiden. Die Unsicherheit der Interpreten rührt nun daher, daß man schwerlich endgültig entscheiden kann, ob in der Bewertung des Textes seiner Literarität oder Diskursivität größere Bedeutung zuzumessen ist.

Der Titel *Ein Ort für Zufälle* nimmt direkt Bezug auf Büchners *Lenz*, in dem die Wahnsinnsanfälle des Sturm und Drang-Dichters Jakob Michael Reinhold Lenz als »Zufälle« bezeichnet werden. Im Gegensatz zu Büchner stellt allerdings Bachmann keinen individuellen Fall dar, sondern den kollektiven Wahnsinn in der vom Kalten Krieg zwischen Ost und West zerrissenen Welt am Anfang der sechziger Jahre. In Vorstufen sollte der Text unter dem Titel *Deutsche Zufälle* stehen (vgl. T I, 205). Die Fixierung auf Berlin, als dem politisch wundesten Punkt der Auseinandersetzungen zwischen Ost und West, war mithin einem letzten Gedankenschritt vorbehalten. In Berlin lernte Bachmann den polnischen Schriftsteller Witold Gombrowicz kennen. Einem ihm gewidmeten Textentwurf zufolge haben sie beide Berlin als eine Stadt erfahren, die »nach Krankheit und Tod riecht« (IV, 326). Diese Art von Wahrnehmung setzt eine besondere Sensibilität voraus, die bei Bachmann rückführbar ist auf die frühe Erfahrung faschistischer Machtdemonstration. In den einleitenden Bemerkungen zum *Ort für Zufälle* stellt die Autorin eine Beziehung her zwischen dem Erleben Berlins durch Kranke in ihrem Text und Lenzens Wirklichkeitsverhältnis. Dessen widerspruchsvolles, rationalem Verständnis nicht aufschließbares Gestammel von »konsequent« und »inkonsequent, inkonsequent« wird in Büchners Erzählung als Ausdruck der »Kluft unrettbaren Wahn-

sinns« (Büchner, 1967, 132) bezeichnet. Dies deutet Bachmann dahingehend, daß der wahnsinnig gewordene Lenz den »durch die
Welt« gehenden »Riß« konsequent nachvollzogen zu haben meint,
während er seiner Umwelt den Vorwurf macht, inkonsequent zu leben und zu denken. »Konsequenz, das Konsequente ist« jedoch, so
erkennt die Autorin, »in fast allen Fällen etwas Furchtbares« (IV,
278), es ist eine nicht lebbare Haltung, eine »krank«-hafte Einstellung, die jedoch *Ein Ort für Zufälle* und in weiterer Folge die *Todesarten*-Texte durchgehend bestimmt. Die Kranken, aus ihrer Perspektive wird der »Ort für Zufälle« wahrgenommen, sind (im Sinne der
Preisrede vor den Kriegsblinden) für die Wahrheit sensibilisiert,
während die Gesunden die Bedrohungen unter der Oberfläche einer
scheinharmonischen Welt nicht erkennen: sie sind inkonsequent,
aber das Inkonsequente ist ja – so Bachmann in Anlehnung an
Büchner – das »Lebbare« (IV, 278). Die Kranken lassen sich nicht
von den Verlockungen der Wirtschaftswundergesellschaft vom Anfang der sechziger Jahre verführen (vgl. bes. IV, 282), sondern nehmen die mörderische Praxis eines permanenten Kriegszustandes (im
Sinne von *Alle Tage* bzw. *Malina*) unter der Oberfläche einer scheinbar heilen Welt wahr. In bezeichnender Parallele zur Vorrede des
Franza-Buchs wird festgestellt, daß die Menschen »nicht durch Ge-
schosse, sondern inwendig«, also psychisch »versehrt« seien (IV, 283).

Berlin wird als ein Ort der »Zufälle«, ver-rückt gesehen:

»Wegen der Politik heben sich die Straßen um fünfundvierzig Grad, die
Autos rollen zurück, die Radfahrer und Fußgänger wirbeln zurück zu beiden Seiten der Straße, man kann nicht hindern, daß die Autos Schaden an-
richten. Die Fußgänger verfangen sich [...]« (IV, 285).

Eine vergleichbare ver-rückte Wahrnehmung, allerdings in einer
Traumsituation, erleben der Protagonist der Erzählung *Das dreißigste
Jahr*, im Bild der auf ihn herabstürzenden Stadt Wien (vgl. II, 125
f.), sowie die Ich-Erzählerin in *Malina*, für die im »Zeitalter der
Stürze« (III, 228) die Welt aus den Fugen geraten ist. Hier wie dort
werden Erfahrungen der Außenwelt im Inneren als zerstörerisch
empfunden. Berlin, Wien, im *Fall Franza* auch Kairo sind »Orte für
Zufälle«, an denen sich Sensibilisierte solch gewalsamen Erfahrungen ausgesetzt fühlen. Zu ihnen finden sich nur wenige Gegenorte
im gesamten Werk der Bachmann: das »erstgeborene Land« Italien
im zweiten Lyrikband, Prag (vgl. Höller, 1987, 213) bzw. Böhmen
in den spätesten Gedichten und vor allem Rom, wenn auch nicht
uneingeschränkt (vgl. *Das dreißigste Jahr* und *Zugegeben* – IV, 340 f.).
Hier ist immerhin ein Stück Utopie für sie realisiert (vgl. auch Höller, 1987, 191 ff.).

Die »Kranken« im *Ort für Zufälle*, schon durch alltägliche gegenseitige Störgeplänkel der Alliierten in Panik versetzt (IV, 288 f.), werden mit dem Hinweis beruhigt, daß »Diplomatie« im Spiel sei. Doch die »Beruhigungsspritze« wirkt nicht, denn die Ursachen ihres Leidens liegen tiefer. Sie sind von einer Krankheit betroffen, auf die bezogen »die Versicherung, die für Berlin zuständig ist, erklärt, daß sie nicht zuständig ist, es ist ein vorvertragliches Leiden« (IV, 291). Dem korrespondiert Bachmanns Hinweis auf die historische Schuld des deutschen Faschismus an der Teilung Berlins und – da dieser Ort ja nur symptomatisch für die gesamte Welt ist, durch die insgesamt ein »Riß« geht (vgl. IV, 278 bzw. Büchner, 1967, 97 f.) – an dem permanenten kalten Kriegszustand. Die zerstörerischen Folgeerscheinungen der Politik des Dritten Reiches sind als »Erbschaften dieser Zeit« (IV, 278) verantwortlich dafür, »daß alle Versicherungen für die Menschheit nur mehr die wahren Verhältnisse des dauernden Kriegszustands verschleiern, aber keine Sicherheit mehr garantieren« (Bartsch, 1985, 140 f.). Der Büchnerpreis-Text von Bachmann thematisiert auf einer weltpolitischen Bühne und zugleich auf der inneren der Kranken, daß »Zerstörung im Gang« (II, 100) ist zwischen den Menschen.

3.3.2.3 Malina und die Fragmente des Todesarten-Zyklus

Eine Ursache für die Verstörungen, die der Roman *Malina* bei seinem Erscheinen bewirkt hat, wurde zurecht in der Spannung erkannt einerseits »zwischen dem vielfältigen Angebot an literarischen Mustern wie etwa Dreiecksgeschichte, Kriminalroman, Künstlerroman« (Albrecht/Kallhoff, 1985, 92) – man muß ergänzen: Psychogramm, autobiographischer Roman, Gesellschaftssatire –, und andererseits »deren Desavouierung dadurch, daß die auf der als real gesetzten Handlungsebene erzählte Geschichte immer wieder aufgebrochen wird« (ebda), d.h., die realistische Lesart führt immer in eine Sackgasse. Das beginnt bereits mit dem Personenverzeichnis (vgl. III, 11 f.), das nicht nur mit der Lesererwartung gegenüber der Gattung Roman spielt (wie auch die Reflexionen über die Einheiten von Zeit und Ort – vgl. III, 13), sondern auch durch doppelbödige Beschreibungen auf eine andere Ebene als eine fiktive Realität verweist. Malina wird »aus Gründen der Tarnung« als Beamter des Arsenals eingeführt (III, 11) – in der Textstufe III findet sich noch die Zusatzbemerkung, die Charakterisierung Malinas sei »eine Ausflucht statt einer Beschreibung« (T III, 144). Dieser Hinweis auf Verwirrstrategien erschien der Autorin offensichtlich zu deutlich. Realistisch lesbare Sequenzen, die etwa die Erwartung in Richtung einer her-

kömmlichen Dreiecksgeschichte lenken, lassen immer wieder vergessen, daß hier von einem dramatischen Prozeß erzählt wird, der sich
im »Innen« abspielt, wo – der Vorrede zum *Fall Franza* zufolge –
»alle Dramen stattfinden« (T II, 78). Die stärkste Irritation löst allerdings der Schluß mit dem lapidaren, apodiktischen Urteilsspruch
»Es war Mord« (III, 337) aus, an dem »bezeichnenderweise [...] kein
Handlungsträger identifiziert« (Wilke, 1996, 127) wird. In diesem
Schlußsatz des Romans wechselt abrupt die Erzählzeit – abgesehen
von der Fiktion in der Fiktion, *Die Geheimnisse der Prinzessin von
Kagran*, ist der gesamte Text im Präsens gehalten –, eine Druckseite
vorher wechselt auch die Erzählsituation von der Ich- zu einer der
auktorialen angenäherten Situation (vgl. III, 336): rein formal bereitet dies keine Schwierigkeiten, wohl aber erzähllogisch, denn das Ich
der Erzählerin, das mit Ausnahme des neutralen einleitenden Perso-
nenverzeichnisses die Erzählperspektive bestimmt, verschwindet in
der Tiefe eines Mauerspalts und kann daher die Geschichte nicht zu
Ende erzählen. Zurück bleibt Malina. Diese Romanfigur, deren
Name bereits irritiert durch die weibliche Endung bzw. durch unterschiedliche Möglichkeiten der Herkunft (slawisches Wort für »Him-
beere«, rotwelscher Begriff für »verbrecherischer Plan«, Metathese
von »animal«), erfuhr widersprüchliche Ausdeutungen, die sich jedoch jeweils auf verschiedene Textstellen stützen können, oder wurde von vornherein als vieldeutig gesehen. So etwa in einer die Irritationen ruhigstellenden Interpretation von Steiger (1978, 266):

»Malina ›ist‹ eben, je nach der betreffenden Augenblickskonstellation, bald
eine konkrete Person, die mit der Heldin spricht, bald eine spirituelle Instanz oder gar lediglich Zeichen für ein Prinzip, eine Haltung, bald wieder
nur ein Name, an den sich die einsame Ichfigur zu klammern scheint in ihrer Verzweiflung«.

Summerfield (1976, 1) hat den »Begriff der aufgelösten Figur« eingeführt, um der spezifischen Identitätsproblematik in Malina, der
Tatsache gerecht zu werden, daß in dem Roman »keine festumrisse-
nen Figuren« gestaltet sind. Ob alle Gestalten in Malina als Projektionen der Ich-Erzählerin zu verstehen sind (vgl. ebda), bleibe da-
hingestellt. Soviel scheint festzustehen: Malina ist ihr männlicher
Doppelgänger. Mit der Doppelgängerkonzeption überschreitet die
Autorin die bisherigen *Todesarten*-Ansätze:

Diese Konzeption, wie der Herausgeberkommentar zu *Malina* vermerkt,
»tritt in werkgeschichtlicher Sicht an die Stelle der Geschwisterkonstellation
des ›Buchs Franza‹ und beerbt die innere Zerrissenheit Eugen Tobais, des
Protagonisten des ersten ›Todesarten‹-Romans, der als ein Historiker und

Psychologe Chronist der ›Todesarten‹ ist und sie doch zugleich in der Form von Angstvisionen selbst erleidet« (T III, 789 f.).

Die Ich-Erzählerin nennt Malina und sich »eins« (III, 126) und bezeichnet ihn als »ein Anderer in mir« (III, 140). In (oberflächlich gesehen) konventioneller Dichotomisierung wird dem weiblichen Ich-Anteil »Gefühl« und »Selbstzerstörung«, dem männlichen hingegen »Verstand« und »Produktivität« zugeschrieben (III, 248), aber nicht im Sinne einer Bestätigung oder eines Weiterschreibens der Dichotomisierung, sondern einer radikalen Analyse von deren Destruktivität. Wie schon in anderen Texten von Bachmann erscheinen Persönlichkeitsansprüche abgespalten bzw. projiziert und werden »abgetötet« (vgl. den Autofahrer im *Dreißigsten Jahr* oder Mara in *Ein Schritt nach Gomorrha*; Franza, die sich ebenfalls gespalten fühlt – vgl. T II, 251 – ist ein besonderer »Fall«, insofern ihr Bruder Martin, ähnlich Malina, nach ihrer Selbstauslöschung an ihre Stelle tritt). Malina ist das männliche alter ego der Ich-Erzählerin, er figuriert – jedenfalls zeitweise – eine Art rationales Über-Ich, das in Freuds Theorie bekanntlich neben dem Ich und dem Es die dritte psychische Instanz darstellt. Diese ist die psychische Funktion der verinnerlichten, über die Familie, in einer patriarchalischen Gesellschaft insbesondere über den Vater vermittelten gesellschaftlichen Normen und Werte, eine Funktion mithin, die kritisch-kontrollierende Selbstbeobachtung leistet. Nun: Malina kann als kritisch-kontrollierende Instanz der Selbstbeobachtung verstanden werden, »*unter*« die sich das Ich »von Anfang an« (III, 17) gestellt fühlt. So gesehen löst sich auch die angesprochene Irritation durch den Wechsel der Erzählsituation am Schluß des Romans auf. Malina erzählt zu Ende. Dies scheint hinwiederum der Behauptung zu widersprechen, daß diese finale Erzählsituation dem Auktorialen angenähert sei. Aber auch dieser Widerspruch löst sich auf, wenn man Malina als kritisch-kontollierende Instanz, als auctor versteht, der die *auctoritas* besitzt – ein Begriff, für den das Wörterbuch unter anderem die Übersetzungen »Einfluß«, »Autorität«, »Wille«, »Vollmacht« anbietet. Die Erzählsituation unterstreicht mithin die Autorität der Instanz Malina, vor welcher der Versuch der Selbstfindung der Ich-Erzählerin abläuft. Und diese Instanz muß folgerichtig männlich sein in einer Gesellschaft, in der die Männer die auctoritas besitzen. Vor der »Autorität« Malina findet ein permanenter Prozeß der »Selbstvergewisserung« (Marsch, 1973, 524) statt. Quasi als Protokoll, daher folgerichtig im Präsens, werden die Erinnerungen des Ichs von Malina wiedergegeben. In bezug auf ihren Roman und im besonderen auf die Titelgestalt spricht Bachmann in einem Interview von 1971 von einer ihrer

»ältesten, wenn auch fast verschütteten Erinnerungen: daß ich immer gewußt habe, ich muß dieses Buch schreiben – schon sehr früh, noch während ich Gedichte geschrieben habe. Daß ich immerzu nach dieser Hauptperson gesucht habe. Daß ich wußte: sie wird männlich sein. Daß ich nur von einer männlichen Position aus erzählen kann. Aber ich habe mich oft gefragt: warum eigentlich? Ich habe es nicht verstanden, auch in den Erzählungen nicht, warum ich so oft das männliche Ich nehmen wußte. Es war nun für mich wie das Finden meiner Person, nämlich dieses weibliche Ich nicht zu verleugnen und trotzdem das Gewicht auf das männliche Ich zu legen [...]« (GuI, 99 f).

Bestätigung erhält diese Aussage über die Suche nach einer männlichen Hauptperson durch Textzeugen, die in der kritischen Ausgabe veröffentlicht sind und in denen sich eine »Figurenreihe« (T I, 617) erkennen läßt, an deren Ende mit Malina eine Lösung gefunden ist. Um diese hat die Autorin lange gerungen, wie Anspielungen im Roman beweisen, die Malina bis auf die Eugen-Figur der mittleren fünfziger Jahre zurückführen (T I, 616 f.).

Bachmann weist einerseits Malina als Figuration der »literarische[n] Gestaltungsfähigkeit« (Höller, 1987, 223) aus und spricht andererseits ihre das ganze Werk durchziehende Utopie von der Integration von Verstand und Gefühl aus. An dieser gemessen allerdings muß der Schluß des Romans, den positiv zu interpretieren die Autorin nahelegt, ambivalent erscheinen. Denn zwar wird die Teilhabe der Frau an den kulturellen Leistungen behauptet, aber um den Preis femininer Ansprüche: das weibliche Ich ist zum Verstummen gebracht. Und dieses Verstummen hat mit Malina zu tun: »Buchstäblich geht der Name Malinas aus ihrer Vernichtung hervor« (Kohn-Wächter, 1992, 31), heißt es doch unmittelbar vor der abschließenden Mord-Anklage:

> »Hier ist keine Frau.
> Ich sage doch, hier war nie jemand dieses Namens.
> Es gibt sonst niemand hier.
> Meine Nummer ist 723144.
> Mein Name?
> Malina.« (III, 337)

Aber das Ich stirbt »in Malina« (III, 335) und nicht durch ihn. Trotz der Anklage, »Es war Mord«, wird – so legen Interviewäußerungen der Autorin nahe – die Übernahme eines männlichen Konzepts legitimiert, weil es das Weiterschreiben gestattet. Darin sieht Kohn-Wächter (1992, 23 f.) nicht ohne Grund eine Absurdität:

»auch und gerade, sofern seine [Malinas] Position derjenigen Wittgensteins entspricht, daß man nach dem ›Grund‹ der Sprache, der Bedingung ihrer Möglichkeit, nicht fragen und nicht darüber sprechen könne. Denn die *Todesarten* versuchen eben von diesen verborgenen Gründen zu sprechen und das ›Unsagbare‹ zu sagen. Dieser Widerspruch tritt im Verlauf des Romans immer deutlicher zutage. Denn immer schärfer weist Malina die Erzählungen des weiblichen Ich als Einbildungen einer Verrückten zurück, bis hin zu der Forderung: ›Erzähl keine Märchen.‹ (S. 330) Daß er am Ende des Romans ihr ›Vermächtnis‹, das aus den *Todesarten*-Entwürfen besteht, wegwirft, statt es ›aufzuheben‹ und zu erzählen, wie es der Konzeption der Autorin entsprochen hätte, erscheint angesichts der von ihm repräsentierten erkenntnistheoretischen Position nur als konsequent. Es wird darin aber das Scheitern dieser Konzeption offenbar.«

Die Ambivalenz und die Widersprüche des Schlusses sind wohl nicht aufhebbar, sie sind auch darin gesehen worden, daß die Lösung dem »Selbstvernichtungswunsch« von Frauen entspricht, »die sich in diesem Jahrhundert und in unserem Kulturkreis in die vom männlichen Selbstverständnis geprägten Institutionen gewagt« haben (Wolf, 1983, 149). Christa Wolf ruft mit dieser Beobachtung ins Bewußtsein, daß Bachmann im *Todesarten*-Projekt nicht nur das »Denken, das zum Verbrechen führt«, aufzudecken bestrebt ist, sondern auch dasjenige, »das zum Sterben führt« (T II, 78). D. h., daß Frauen die Normen und Werte der symbolischen Ordnung so sehr verinnerlicht haben, daß sie sich von den Männern auch die Rolle des Opfers zuschreiben lassen (zur »Auflösung des Opferdiskurses« vgl. Kohn-Wächter, 1992, 43 ff.). Die Ich-Erzählerin in *Malina* ist ebenso wie Franza mit der Zerstörung »einverstanden« (III, 222), die an ihr vollzogen wird. Die zwei Frauen (wie auch Charlotte in der Erzählung *Ein Schritt nach Gomorrha*) haben die »Spielregeln« der Männergesellschaft »akzeptiert«, so daß ihr Denken innerhalb desselben Systems stattfindet wie jenes der Männer, »das zum Verbrechen führt«: es »sind die beiden Pole einer Denkstruktur« (Gürtler, 1986). Und eben dieses findet in *Malina* seine »radikalste Analyse« (Kohn-Wächter, 1992, 12). Daß die Bachmannschen Frauenfiguren innerhalb des Systems denken, beweist Franzas Identifikation mit verschiedenen Opfern offener oder versteckter Pogrome (Juden im Dritten Reich bzw. Papuas) und alltäglicher mitmenschlicher Brutalität (»wahnsinnige« Frau in Kairo). Aber, wie die Autorin schon in der Erzählung *Unter Mördern und Irren* einen orientierungslosen jungen Intellektuellen bemerken läßt, »Opfer zeigen gar keinen Weg« (II, 177), auf sie »darf keiner sich berufen« (IV, 335). Im *Franza*-Fragment schreibt Bachmann gegen diese »ver-rückt[e]« Identifikation (Gürtler, 1982, 77) von Frauen an, gerade indem sie erkennbar macht, daß Franza ebenso sehr zur Selbstauslöschung getrieben wird, wie sie auch selbst dieser nachhilft.

Schon in den Hörspielen *Ein Geschäft mit Träumen* und *Der gute Gott von Manhattan,* besonders aber in der Erzählung *Undine geht* wird die ausschließliche Akzeptanz der männlichen Existenzform und der Forderungen der instrumentellen Vernunft in Frage gestellt, die nur »die eine Hälfte der Welt« (II, 261) ausmacht, während die andere nicht realisiert wird. Das ist das zentrale Problem der Ich-Erzählerin in *Malina.* Ihre »Todesart« wird in drei Schritten, die den Kapiteln des Romans entsprechen, aufgearbeitet, und zwar vor der kritisch-kontrollierenden Instanz Malina. Dieser Klärungsprozeß (vgl. III, 23: »mich selber vor allem muß und kann ich nur vor ihm klären«) wird ausgelöst durch eine scheiternde Liebesbeziehung. Die Ich-Erzählerin sieht sich als Schriftstellerin dem in der bürgerlichen Literatur seit dem 18. Jahrhundert, insbesondere von der Romantik bis Thomas Mann häufig thematisierten Problem des Widerspruchs von Kunst und Leben verschärft ausgesetzt durch den herkömmlichen Ausschluß der Frau aus dem öffentlichen Diskurs im allgemeinen sowie aus dem des Kulturbetriebs im besonderen. In der Beziehung zu Ivan gerät die Ich-Erzählerin daher in das Dilemma der Frau, die die Erfüllung ihrer Ansprüche auf ein Leben in Liebe nicht erkaufen will durch Anpassung an die ihr zugedachte Rolle, die vielmehr, ohne ihr Begehren zu unterdrücken, die eigenständige Entfaltung innerhalb einer traditionell männlichen Domäne durchsetzen will. Ähnlich wie Jennifer mit Jan im Hörspiel *Der gute Gott von Manhattan* möchte sie mit Ivan eine »außerordentlich[e]« (GuI, 109), absolute Liebesbeziehung verwirklichen. Der ekstatischen Exterritorialisierung des Paares im Funkstück entspricht der Rückzug der Ich-Erzählerin in jenen von der im »Zeitalter der Stürze« (III, 228) aus den Fugen geratenen Außenwelt abgegrenzten und abschirmenden Liebesraum, den sie ihr »Ungargassenland« (III, 28) nennt. Die Ivan-Handlung spielt »in einer imaginären Topographie, die zugleich aber auf einen konkreten, realexistierenden Ort verweist bzw. diesem überblendet ist« (Weigel, 1995, 123). Innerhalb dieses geschützten, a-sozialen Bereichs kann allerdings keine dauerhafte Beziehung begründet werden. Andererseits muß sie »sich im verzweifelten Versuch, Ivans Liebe zu retten, immer mehr aus dem ‹Ungargassenland› herausbewegen«, sich »Zufällen« (im Sinne der Büchnerpreisrede) aussetzen, was sie ein noch rascheres »Abbröckeln dieser Liebe« erfahren läßt (Pichl, 1985, 189).

Die Handlung des Romans *Malina* spielt sich »inwendig« (T II, 78), auf einer »Gedankenbühne« (III, 286) ab. Dieses Erzählverfahren hat Bachmann – nach Ausweis Dirk Göttsches (1991, 128 ff.) –

von Barbey d'Aurevilly abgeleitet. Monika Albrecht (1989, 188 ff.) sieht einen strukturellen intertextuellen Bezug zu Frischs *Mein Name sei Gantenbein* und die Vergleichbarkeit mit diesem durch die Verlagerung des Erzählvorgangs auf eine »Gedankenbühne« gegeben. *Malina* kann auch als kritische Anwort auf den *Gantenbein*-Roman von Frisch gelesen werden. Da sich die Handlung in Bachmanns Roman eben »inwendig« vollzieht, ist es auch müßig, darüber zu diskutieren, ob Ivan als eine eigenständige, vom Ich getrennte Person aufzufassen ist oder als Teil der »aufgelösten Figur« der Erzählerin (Summerfield, 1976, 59 ff.) oder als eine »Animus-Projektion« (Riedel, 1981, 180). Er steht jedenfalls für den in die Nützlichkeitswelt integrierten Durchschnittsmann (vgl. die Beschreibung im Personenverzeichnis – III, 11), der die Wonnen der Gewöhnlichkeit und die Beziehung zur Ich-Erzählerin, nach Bachmanns eigener Deutung, als »Episode« (Gul, 109) genießt und nicht als »außerordentlich« erfährt. Brüsk gibt er ihr zu verstehen: »Ich liebe niemand. Die Kinder selbstverständlich ja, aber sonst niemand« (III, 58). Indem er Malina ignoriert (vgl. III, 129), nimmt er die »Geliebte« nur reduziert wahr. Er fühlt sich »als Mann nur vom Weiblichen in der Natur der Frau angesprochen« (Summerfield, 1976, 49), so daß er ihre Intellektualität nicht akzeptiert, ja ihr sogar das Recht auf Ratio abspricht. Dies wird besonders in seinen Überlegenheitsäußerungen beim Schachspielen deutlich. Die Hinweise auf die Immobilität der Dame der Ich-Erzählerin müssen auf diese selbst bezogen werden (vgl. III, 46). Sie hat in der Beziehung zu Ivan keinen Spielraum zur Entfaltung außerhalb der konventionellen Rolle der Frau, die definiert wäre durch Hausfrauen- und Mutterpflichten sowie durch sexuelle Verfügbarkeit: »Es ist unmöglich, Ivan etwas von mir zu erzählen. Aber weitermachen, ohne mich auch ins Spiel zu bringen?« (III, 49) – Der Marktwert der Ich-Erzählerin berechnet sich für ihn danach, wieweit sie seinem konventionellen, männlich imaginierten Weiblichkeitsideal (vgl. III, 83) entspricht und die Funktion einer Dienerin des Mannes erfüllt (vgl. III, 322). Tatsächlich bemüht sie sich, für ihn die Rolle des Weibchens zu spielen, aber es ist nicht *ihr* »Spiel«:

> »ich selbst vermag Ivan nicht zu fesseln [...] Man kann nur fesseln mit einem Vorbehalt, mit kleinen Rückzügen, mit Taktiken, mit dem, was Ivan das Spiel nennt. Er fordert mich auf, im Spiel zu bleiben, denn er weiß nicht, daß es für mich kein Spiel mehr gibt, daß das Spiel eben aus ist« (III, 84).

Nur vorübergehend vermag sie bei ihrem Weibchen-Spiel »sagenweit entfernt von den Männern« (III, 135), »mit einer Aura für niemand« (II, 136), mithin auch »nicht da für Ivan«, so etwas wie ein Identitätsgefühl zu entwickeln: »Ich war einig mit mir«. In solch narzißtischem Selbstbezug ist allerdings keine dauerhafte autonome Persönlichkeit zu begründen. Wohl aber vermittelt sich ihr eine Ahnung von Möglichkeiten einer alternativen femininen Existenzform (vgl. Scheibe, 1983, 109): »ich habe in die Zukunft gesehen« (III, 136). Aus dieser Ahnung heraus projektiert sie ihre Utopie erfüllten Daseins, zuerst bezogen nur auf Frauen:

»Ein Tag wird kommen, an dem die Frauen rotgoldene Augen haben, rotgoldenes Haar, und die Poesie ihres Geschlechts wird wiedererschaffen werden ...« (III, 136) –

dann aber, die Dichotomisierung zwischen den Geschlechtern aufhebend, ausgeweitet auf die ganze Menschheit:

»Ein Tag wird kommen, an dem die Menschen rotgoldene Augen und siderische Stimmen haben, an dem ihre Hände begabt sein werden für die Liebe, und die Poesie ihres Geschlechts wird wiedererschaffen sein ...« (III, 138) -
»es wird das ganze Leben sein« (III, 140) –
»wir werden aufhören, zu denken und zu leiden, es wird die Erlösung sein« (III, 141).

Diese Utopie entwickelt die Ich-Erzählerin in einem literarischen Projekt, das sie Ivan zuliebe dem von ihm vehement abgelehnten Schreiben über »TODESARTEN« (III, 54) vorzieht. Sie möchte »ein schönes Buch finden« für ihn (III, 55), das – seiner Forderung gemäß – sein soll »wie EXSULTATE JUBILATE« (III, 54). In der märchenhaft einsetzenden »Legende« (III, 62) mit dem Titel »Die Geheimnisse der Prinzessin von Kagran« will die Ich-Erzählerin einen Mythos schaffen, durch den die Verletzungen und Widerwärtigkeiten des zwischenmenschlichen Zusammenlebens aufgehoben würden. Bezeichnenderweise ist dieser Mythos in eine vorzivilisatorische Zeit zurückverlegt und in der noch unkultivierten, geschichtsträchtigen Landschaft an der Donau östlich von Wien angesiedelt.

Es wurde darauf hingewiesen, daß Bachmann im Mittelteil der »Legende« für die Beschreibung der *»befremdlichen Landschaft, die nur aus Weiden, aus Wind und aus Wasser war«* (III, 66), auf die 1969 in deutscher Sprache erschienene Erzählung *Die Weiden* des Engländers Algernon Blackwood zurückgriff (Kunze, 1985, 106 ff.). Aus diesem umfangreicheren Prosatext hat die Autorin Details der Schilderung von geradezu magisch erfahrenen Naturereignissen und sogar einzelne wörtliche Formulierungen adaptiert für den ganz anderen Kontext übernommen.

Den Mythos der Prinzessin von Kagran entwirft die Ich-Erzählerin als ihre Vorgeschichte, in der sie sich »verstecken« zu können hofft (III, 62), als Geschichte ihres Vorlebens, von der aus sie die gegenwärtige Beziehung zu Ivan als utopische Liebe begründen will. Der von ihr fatalerweise (vgl. Böschenstein, 1997, 145) als mythische Präfiguration Ivans gedeutete, die Prinzessin rettende »Fremde« ist jüdischer Herkunft (vgl. III, 69 – »*Mein Volk ist älter als alle Völker der Welt und es ist in alle Winde zerstreut*«). Sie prophezeit ihm die liebende Wiedervereinigung »*mehr als zwanzig Jahrhunderte später*« (III, 69). Schon früh wurde auf die Häufung von Celan-Zitaten in der »Legende« hingewiesen (vgl. erstmals bei Thiem, 1972, 242 f., Anm. 37) und der »Fremde« sogar als »ein Portrait vor allem des jungen, des Wiener Celan« (Janz, 1976, 218, Anm. 47) aufgefaßt. Die Deutung allerdings, dieser Dichter sei »poetischer Genius«, ja »Bachmanns wesentliche Animus-Projektion« (Riedel, 1981, 196), kann nur als tiefenpsychologische Spekulation über die Autorin gewertet werden, die in der (Riedel angeblich unbekannten) Hochschätzung Bachmanns für Celan eine Bestätigung finden mag, sagt jedoch nichts über die Funktion der literarischen Gestalt des »Fremden« aus. Da an dieser ebenso »Züge des Komponisten Schönberg« beobachtet werden können (Achberger, 1984, 129), sollte man sie auch nicht ausschließlich auf die historische Person Celan festlegen, ja man sollte überhaupt nicht nach einem »Decodierungsschlüssel für eine biographische Begegnung« suchen, vielmehr auf »die sehr viel aufregendere Geschichte eines literarischen Dialogs« (Weigel, 1995, 126 f.)achten, der im Werk der beiden stattfindet.

Kunze (1985, 116) vermerkt, daß längst nicht alle der unzähligen literarischen Anspielungen und Zitate in Malina erkannt worden sind und daß vor allem »die Frage nach der Bedeutung und Funktion des Zitats in der Komposition des Romans noch nicht beantwortet ist. Diese Feststellung dürfte auch nach einem Jahrzehnt intensivster Bemühungen, die intertextuellen Bezüge im Werk Bachmanns zu erkunden, noch nicht ganz ihre Gültigkeit verloren haben. Denn tatsächlich ist das Netz von mehr oder weniger offenen Bezügen auf andere *Schriftsteller* (Balzac, Barbey d'Aurevilly, Blake, Celan, Cocteau, Flaubert, Frisch, Green, E.T.A. Hoffmann, Hofmannsthal, Ibsen, Kafka, Thomas Mann, Musil, Novalis, Rimbaud, Stampa, Tolstoj ...), *Philosophen* (Kant, Lukrez, Marx, Sartre, Schopenhauer, Wittgenstein ...), *Psychologen* (Adler, Freud, Jung ...) und *Komponisten* (Beethoven, Mahler, Mozart, Schönberg, Wagner ...) sehr dicht.

Im Kontext der »Legende« ist zweifelsohne bedeutsam, daß die Präfiguration Ivans gerade an den Dichter der *Todesfuge* erinnert. Es ist ein Zeichen dafür, daß das literarische Projekt sich gegenläufig zu

den Intentionen der Ich-Erzählerin entwickelt, die ja für den geliebten Mann »ein schönes Buch« verfassen will, das sein soll wie (das
Mozartsche) »EXSULTATE JUBILATE«. Sie schreibt dem »Fremden« einen »wunderbaren Gesang« (III, 64) zu, aber er ist es auch,
der »ihr den ersten Dorn schon ins Herz getrieben« hat (III, 70).
Dieses Zitat aus Celans Gedicht *Stille!* (Celan, 1975, 75: »Ich treibe
den Dorn in dein Herz«) signalisiert nicht nur Trennungsschmerz,
sondern vielmehr, daß ein Dichten, das sich ähnlichen Ansprüchen
wie das Celans verpflichtet weiß, nicht leugnen kann, daß »der Virus Verbrechen [...] nicht aus der Welt verschwunden ist« (T II, 77).
»Die Wahrheit nämlich ist dem Menschen zumutbar« (IV, 277), so
hat Bachmann unmißverständlich für ihr Dichten festgelegt. »Ein
schönes Buch«, das die Zerstörungen, denen die Frau in der symbolischen Ordnung ausgesetzt ist, verschwiege, wäre unwahrhaftig.
Wie ein vorweggenommenes Argument gegen Ivans (und d.h. die
durchschnittliche) Erwartung von Literatur, vom Elend abzulenken,
liest sich ein Statement Bachmanns in der zweiten Frankfurter Vorlesung über zeitgenössische Lyrik:

»Ist es nicht vielleicht so, daß, weil uns so ein Gedicht unglücklich macht,
weil ihm dies gelingt, und weil es neue Dichter gibt, die uns unglücklich
machen können, [es] auch in uns einen Ruck gibt, einen erkenntnishaften,
unter dem wir den statthabenden nachvollziehen« (IV, 210).

Zur Bekräftigung ihrer Polemik gegen ein »Ivansches« Literaturverständnis zitiert sie überdies im genannten Kontext aus einem 1904
verfaßten Brief Kafkas an Oskar Pollack:

»Wenn das Buch, das wir lesen, uns nicht mit einem Faustschlag auf den
Schädel weckt, wozu lesen wir dann das Buch? Damit es uns glücklich
macht ...? Mein Gott, glücklich wären wir eben auch, wenn wir keine Bücher hätten, und solche Bücher, die uns glücklich machen, können wir zur
Not selber schreiben ... Ein Buch muß die Axt sein für das gefrorene Meer
in uns. Das glaube ich« (IV, 210 f.).

Die Wahrheit läßt sich nicht leugnen: Der Liebestod der Prinzessin
ist eine Vorausdeutung auf die Zerstörung der Ich-Erzählerin in der
Erzählgegenwart (vgl. auch Summerfield, 1976, 15). Sie kann die
Liebe zu Ivan nicht haltbar machen, er verläßt sie.
   In der vor der kritisch-kontrollierenden Instanz Malina stattfin-
denden Aufarbeitung der »Episode« (GuI, 109) mit Ivan wird deutlich, daß die Persönlichkeitszerstörung der Ich-Erzählerin in weiter
zurückliegenden Erfahrungen als dem Verlassenwerden durch Ivan
wurzelt. In der das Erzählverfahren konstituierenden Erinnerungs-

arbeit hat sich die Trauer über den Verlust des geliebten Mannes vor die »verschwiegene Erinnerung« (III, 23) an die wirklichen Ursachen geschoben. Die Beziehung zu Ivan, auf den sie ihre Hoffnungen projiziert und dem sie eine quasi messianische Rolle zuschreibt (vgl. auch Bail, 1984, 32), bewirkt, daß sich vorübergehend »das Schizoid der Welt, ihr wahnsinniger, sich weitender Spalt« (III, 31) schließt und sich die psychischen Zustände der Ich-Erzählerin bessern. Es kommt in ihr so etwas wie Identitätsgefühl auf:

»Endlich gehe ich auch in meinem Fleisch herum, mit dem Körper, der mir durch eine Verachtung fremd geworden ist, ich fühle, wie alles sich wendet inwendig, wie die Muskeln sich aus der steten Verkrampfung lösen« (III, 36).

Im erinnernden Aufarbeitungsprozeß wird jedoch die Gefährdung dieser Beziehung auch in den Phasen euphorischer Hochstimmung der Ich-Erzählerin immer bewußtgehalten. Beispielsweise hofft sie, mit Ivan einen neuen Sprachgebrauch begründen zu können. Aber sie gelangen in ihrer Kommunikation nicht hinaus über eine Reihe unerheblicher Satzmuster, wie die von ihr so genannten »Kopfsätze«, »Schachsätze« sowie vor allem die »Telefonsätze« (III, 48). Gerade diese, an die sie sich besonders klammert, erweisen sich als doppelbödig, insofern sie durch die formale Gestaltung sehr stark an das verzweifelte letzte Telefongespräch einer Frau mit dem sie verlassenden Geliebten in Jean Cocteaus vielgespieltem Einakter *Die geliebte Stimme* erinnern und daher indirekt schon von vornherein das Hochgefühl der Ich-Erzählerin als Selbsttäuschung entlarven. Sie signalisieren die Brüchigkeit ihrer Beziehung zu Ivan. Ausgeklammert aus den sprachspielerischen Versuchen zwischen den beiden sind Sätze »über Gefühle«, »weil Ivan keinen ausspricht, weil ich es nicht wage, den ersten Satz dieser Art zu machen, doch ich denke nach über diese ferne fehlende Satzgrupe« (III, 48). Da Ivan aber, seiner eigenen Aussage zufolge, für niemanden Liebe empfindet und in der Beziehung zur Ich-Erzählerin nur eine »Episode« sieht, sind deren auf ihn ausgerichtete Hoffnungen aussichtslos. Während die Erwartung, vom geliebten Mann Gefühlssätze zu hören, allerdings verständlich ist, überfordert sie ihn jedenfalls mit dem Anspruch auf »einen Satz, der mich versichert in der Welt« (III, 74). Immerhin gelangt sie, gewissermaßen so, als würde sich auf der inneren »Gedankenbühne« das alter ego Malina durchsetzen, zu der Einsicht: »Genügt ein Satz denn, jemand zu versichern, um den es geschehen ist? Es müßte eine Versicherung sein, die nicht von dieser Welt ist« (III, 74). Entsprechend der Wittgensteinschen Auffassung (1968, Satz 6.41), daß ein Wert, »der Wert hat [...] außerhalb der Welt liegen« müsse, akzeptiert die Ich-Erzählerin denn auch: »Die Welt kennt keine Versicherung für mich« (III, 78). Das Glück mit Ivan erweist sich als transitorischer Zustand, weil der Geliebte nicht imstande ist, sie vor den Traumata der »verschwiegenen Erinnerung« (III, 23) zu retten, und daher auch nicht, wie behauptet wurde, »eine Alternative zum Vater« (Summerfield, 1976, 23), zu jener Gestalt darstellt, in der sich die von der Ich-Erzählerin als zerstörerisch erfahrenen gesellschaftlichen Kräfte verdichten.

Diese Vaterfigur steht im Zentrum des zweiten Kapitels von *Malina*, in dem die »verschwiegene Erinnerung« der Ich-Erzählerin in einer Folge von Träumen aus der Verdrängung geholt wird. Wie schon in dem Hörspiel *Ein Geschäft mit Träumen* und in der gleichnamigen Erzählung wird der Traum als Erkenntnisform eingesetzt, um Bedrohungen und Zerstörungen unter der Oberfläche einer scheinbar heilen Welt aufzudecken und »die Arbeit der Ausgrabung« einer »stummgemachte[n]« Frau zu leisten (Cixous, 1980, 28). Besonders dieses Traumkapitel des Romans hat tiefenpsychologische Deutungen herausgefordert. So wurde die Vater-Tochter-Beziehung als archetypische Konstellation charakterisiert (vgl. Eifler, 1979, 386 oder Riedel, 1981, 182). Diese Interpretation ist keineswegs abwegig, lenkt die Aufmerksamkeit allerdings ausschließlich auf überzeitliche und überpersönliche Strukturen, so daß die geschichtlichen Momente des Textes aus dem Blick geraten. Die Vaterfigur ist eine archetypische, insofern sie nicht als persönlicher Vater gemeint ist, sondern als Repräsentant der Gesellschaft (und auch, ähnlich der Titelgestalt im Hörspiel *Der gute Gott von Manhattan*, als eine Art Gott-Vater). Aber diese Vaterfigur in Malina ist auch ein Tor zur Geschichte, die »*im* Ich« (IV, 230) ihre Wirkung getan hat und tut. Der Klärungsprozeß der Ich-Erzählerin findet vor Malina statt, der nicht zufällig als Historiker, ja Militärhistoriker eingeführt wird, und demaskiert das durch den Vater repräsentierte Gewaltprinzip. Als schlimmste Verwirklichung dieses Prinzips gilt Bachmann der deutsche Faschismus. Daher werden die Versuche des Vaters, die Ich-Erzählerin zu töten, auch in Traumbildern veranschaulicht, die z. T. der Alltagspraxis der nationalsozialistischen Schreckensherrschaft (vgl. z.B. III, 184 die Bücherzerstörung), insbesondere der tödlichen Realität in den Vernichtungslagern entstammen (vgl. III, 175 die Vergasung). Mit dem politischen Ende des Nationalsozialismus ist aber der Faschismus nicht aus der Welt verschwunden (vgl. *Unter Mördern und Irren* bzw. die Vorrede zum *Fall Franza*). Der Titel des Kapitels »Der dritte Mann« meint den Vater, spielt aber auch an auf den berühmten Film gleichen Titels nach Graham Greenes Buch. Der dritte Mann ist da ein durch Medikamentenschmuggel

Leben und Gesundheit von Kindern gefährdender Verbrecher in der Schwarzmarktszene des Nachkriegs-Wiens, aus der heraus sich, so die Ich-Erzählerin, »ein universeller schwarzer Markt« (III, 262) und die »universelle Prostitution« (III, 274) entwickelt haben. In diese ist auch der gesamte Kulturbetrieb mit einbezogen: der Vater, großer Macher bei Film, Oper und im Showbusiness, inszeniert die Vernichtung der Tochter als großes kulturelles Ereignis.

In *Malina* und in den übrigen *Todesarten*-Texten werden Frauen von ihren Männern auf verschiedene Weise in ihrem Lebensraum eingeengt und zerstört. Sie werden zur Abtreibung gezwungen, vergewaltigt, »mit den Folterwerkzeugen der Intelligenz« (T II, 54) als »Fall« für die Wissenschaft mißbraucht und für wahnsinnig erklärt (Franza); – durch Indiskretionen verletzt (Fanny Goldmann, Eka Kottwitz – vgl. Albrecht/Kallhoff, 1985, 99); – literarisch vergewaltigt, d.h. »ausgeschlachtet« und »ausgeweidet« (T I, 118) für ein literarisches Projekt (Fanny Goldmann im ersten *Todesarten*-Roman/ <*Eugen II*>); – zu Haßgefühlen bewegt, die die »Krankheit zum Tode« (T I, 323) bedeuten (Fanny Goldmann im Erzählfragment *Requiem für Fanny Goldmann*); – und vor allem in Selbstvernichtungswünsche getrieben. Diese gipfeln in der totalen Identifikation Franzas mit allen Unterdrückten, insbesondere mit jenen des Faschismus, die unter »Spätschäden« (T II, 215) leiden, ja mit diesen so sehr, daß sie, die von ihrem Mann dazu gebracht worden ist, sich »von niedriger Rasse« (T II, 230) zu fühlen, in der Folge von einem ehemaligen KZ-Arzt die Euthanasie fordert (vgl. T II, 313). Besondere Beachtung verdient unter den Einschränkungen der weiblichen Lebensentfaltung, daß die Vertreter der Macht und Ordnung (die Vaterfigur in *Malina* und Dr. Jordan) Frauen verstummen machen wollen. In den Traumsequenzen von *Malina* ist die Mutter gegenüber der Gewalt der Sprache des Vaters sprachlos. Die Ich-Erzählerin versucht dieses Manko, daß »die Stelle der Mutter leer«-geblieben ist in ihrer (sprachlichen) Sozialisation (Koch-Klenske, 1984, 117), verzweifelt wettzumachen und ringt in den Träumen (und nicht nur in ihnen – vgl. bes. die Sprachspiele mit Ivan und die Briefanfänge) um Sprache. Sie redet förmlich um ihr Leben (vgl. III, 196), ist aber ohnmächtig der Sprachgewalt des Vaters ausgeliefert und vermag kaum, ihm mit einem »Nein«, versucht »in vielen Sprachen« zu entgegnen (III, 176 f.). Das väterliche Prinzip unterdrückt auch ihren Wunsch zu schreiben, insbesondere verhindert es die Niederschrift des »Satz[es] vom Grunde« (III, 229). Mit diesem philosophiegeschichtlich bedeutsamen »Satz vom (zureichenden) Grunde« wird auf jenen anderen, von Malina besetzten Persönlichkeitsteil angespielt, der – da männlich – mit dem Gesetz des Vaters in Einklang steht. Es wäre ein Satz, wenn auch nicht der erhoffte von Ivan, durch den die Ich-Erzählerin sich »versichert in der Welt« (III, 74) fühlen könnte. Aber dieser Satz ist, Wittgenstein zufolge, nicht sagbar, weil notwendig auf einen Wert außerhalb der empirischen Welt bezogen. Deshalb wird der Ich-Erzählerin bewußt, »daß er [der Vater] mich ohne Worte sterben sieht! ich habe die Worte im Satz vom Grunde verborgen, der vor meinem Vater für immer sicher und geheim ist« (III, 229 f.).

Sowohl im Traumkapitel das Romans *Malina* als auch im entsprechenden (ebenfalls zweiten) Kapitel des *Franza*-Buchs werden, wie gesagt, Zerstörungen der Frau in Beziehung gesetzt zu Praktiken unter der NS-Herrschaft. Der Faschismus ist, so folgert Franza, wenn sie das Verhalten ihres Mannes ihr gegenüber analysiert, nicht auf öffentliches Handeln beschränkt, kann es nicht sein, »denn irgendwo muß es ja anfangen« (T II, 53). Und dem Ursprung faschistischen Verhaltens ebenso wie den Anfängen des Leidens am Faschismus fragt Bachmann in den *Todesarten* konsequent nach. Die Wirkung, die sie in ihrer eigenen Lebensgeschichte der Machtübernahme Hitlers in ihrer Heimat zuschreibt (vgl. GuI, 111), führt sie in *Malina* zurück auf den »ersten Schlag«, den die Ich-Erzählerin des Romans als kleines Mädchen erfahren hat:

»Es war der erste Schlag in mein Gesicht und das erste Bewußtsein von der tiefen Befriedigung eines anderen, zu schlagen. Die erste Erkenntnis des Schmerzes. Mit den Händen an den Riemen der Schultasche und ohne zu weinen und mit gleichmäßigen Schritten ist jemand, der einmal ich war, den Schulweg nach Hause getrottet [...] zum erstenmal unter die Menschen gefallen, und manchmal weiß man also doch, wann es angefangen hat, wie und wo« (III, 25).

Ursache für die Ich-Entfremdung, dafür, daß das Ich zu jemandem wird, »der einmal ich war«, ist also die Erfahrung eines ersten Schlages, die ganz ähnlich beschrieben und der dieselbe fundamentale existentialpsychologische Wirkung zugeschrieben wird wie von Améry in seinem *Tortur*-Essay. Mit dem »ersten Schlag« (Améry, 1980, 54) von einem Folterknecht erfährt das Opfer eine »Grenzverletzung« (ebda, 56) seines Ichs. Dieser »erste Schlag« ist eine fundamentale Erfahrung sofern sich das Ich total wehr- und hilflos den anderen ausgeliefert fühlt. Diese Erfahrung, die darin gipfelt, daß sie das Opfer »den eigenen Tod erleben läßt« (ebda, 64), impliziert den Einsturz des Weltvertrauens, den Verlust des Gefühls heimatlicher Geborgenheit sowie sprachlicher Sicherheit und in der Folge eine nie mehr auslöschbare, auch durch psychotherapeutische Gespräche nicht aufhebbare Angst und die irreversible Zerstörung der

Identität. Denn: »Wer gefoltert wurde, bleibt gefoltert« (ebda). Wie aus dem oben angeführten Zitat aus *Malina* erkennbar ist, setzt Bachmann mit einem »ersten Schlag« (III, 25) den Beginn der Zerstörung des Ichs an. Dieser ersten folgen weitere »Grenzverletzungen«, denen das weibliche Ich in der patriarchalisch organisierten Gesellschaft permanent ausgesetzt wird. Nur selten rühren sie von äußerer Gewalttätigkeit her, die Folterungen finden auf »inwendigen« Schauplätzen statt. Die Negation der weiblichen Identität durch das väterliche Gewaltprinzip hat trotz der objektiv gesehen differenten Erfahrungen den in Amérys *Tortur*-Essay beschriebenen vergleichbare Implikationen. Heidelberger-Leonard (1992, 294) hat die fragwürdige Verwischung von »imaginierte[r] Authentizität« und realer Traumatisierung durch Tortur-Erfahrung problematisiert, Gehle (1995, 13) nachdrücklich »auf der Differenz von deutschem und jüdischem Erkennen nach Auschwitz« bestanden, die vor allem auch die poetologischen Vergleiche mit Celan deutlich machen (vgl. dazu diverse Beiträge in Böschenstein/Weigel, 1997). Im *Franza*-Fragment findet man ein aufschlußreiches Analogon: so wie die Papuas, die Ureinwohner Neuguineas, nicht Opfer eines offenen Pogroms wie die Juden im Dritten Reich sind, vielmehr durch den keineswegs gewaltsamen Entzug magischer Lebensweise von seiten der Weißen in »tödliche Verzweiflung« (T II, 230) gestürzt und – man erinnere sich an Brecht – zu einer »Art des Selbstmordes« (T II, 230f.) gedrängt werden, so fühlt sich Franza in ihrer Ehe mit dem berühmten Psychoanalytiker Dr. Jordan auch nicht unmittelbar körperlich, sondern »mit den Folterwerkzeugen der Intelligenz« (T II, 54) mißhandelt, zum medizinischen »Fall« (T II, 56) erniedrigt, ja »ermordet« (T II, 58). Gutjahr (1988, 62 ff.) macht deutlich, daß in der Analyse das Persönliche Franzas zerstört wird, um sie danach als Person nach den Vorstellungen Jordans wiederherzustellen. Dieser engt ihren Lebensraum ein:

»Er hat mir meine Güter genommen. Mein Lachen, meine Zärtlichkeit, mein Freuenkönnen, mein Mitleiden, Helfenkönnen, meine Animalität, mein Strahlen, er hat jedes einzelne Aufkommen von all dem ausgetreten, bis es nicht mehr aufgekommen ist [...] ich bin eine Papua« (T II, 231 f.)

Die »Verwüstung« (T II, 272) ist irreversibel, die das als »faschistisch« konnotierte (vgl. T II, 53) väterliche Gewaltprinzip an Franza angerichtet hat – Jordan wird im Traum mit dem Vater bzw. Gott-Vater gleichgesetzt (vgl. T II, 286), der, wie in *Malina*, als ihr »Mörder« erscheint, aber ebensowenig wie dort als persönliche Vaterfigur aufgefaßt werden darf, sondern vielmehr als »Garant der symbolischen – und damit gesellschaftlichen Ordnung«, die »als unhintergehbares Gesetz« (Wilke, 1996, 131) gilt. Die Reise, die Franza mit ihrem Bruder Martin in die arabische Wüste unternimmt, um der Vernichtung durch Jordan zu entfliehen, ist eine Reise »durch eine Krankheit« (T II, 269), ein quasi psychoanalytisches (allerdings gegen die von Jordan vertretene Schulpsychoanalyse gerichtetes) Verfahren (vgl. Lennox, 1984, 165; Thau, 1986, 29), für das Bachmann in ihrem Text den Begriff »Dekomposition« einführt: »wer bin ich, woher komme ich, was ist mit mir, was habe ich zu suchen in dieser Wüste« (T II, 287), so fragt Franza den Anfängen ihrer »Verwüstungen« nach und »dekomponiert« sich als Frau, die – wie zu Beginn dieses Kapitels dargestellt – innerhalb derselben »Denkstruktur« (Gürtler, 1986) verhaftet ist wie die das Gewaltprinzip vertretenden Männer. Diesem gegenüber vermag Franza als Resultat des »Dekompositions«-Prozesses zwar Widerstand aufzubauen: sie spricht »von zerbrochenen Gottesvorstellungen« (T II, 288), d.h. vom Zerbrechen des patriarchalischen Prinzips, dem ehemaligen KZ-Arzt Dr. Körner, den sie mit Jordan identifiziert (vgl. T II, 314), hat sie »doch noch das Fürchten beigebracht« (T II, 312) und den Moment ihrer Selbstauslöschung erlebt sie als Absage an Jordan, sein Denken und die von ihm repräsentierte Wissenschaft (vgl. T II, 323). Aber Franza verbleibt letztlich in einer destruktiven Haltung. Sie erlebt nur transitorisch, bei einem Abendessen mit Arabern, einen unentfremdeten Zustand (vgl. T II, 324), nicht jedoch Heilung. In *Malina* hingegen wird diese »keinen Weg« (*Unter Mördern und Irren* – II, 177) weisende Rolle durchbrochen. Im Sinne der Psychoanalyse könnte man geradezu von einer Heilung sprechen, weil mit Malina eine lebbare Haltung gewonnen ist, der das väterliche Gewaltprinzip nichts anhaben kann. Doch auch diese Haltung – so wurde schon festgestellt – ist ambivalent. In der Forschung wurde sie daher auch einmal eher positiv bewertet als Selbstbehauptung gegenüber dem Männlichen, mit dem die Ich-Erzählerin nicht leben will (vgl. Weigel, 1983, 125 f.), und als Möglichkeit des Weiterschreibens (so schon Mayer, 1971, 35 und Marsch, 1973, 527), dann aber auch wiederum negativ aufgefaßt als Mord am Weiblichen (vgl. z.B. Endres, 1981, 95) bzw. als Unterordnung unter das »männlich dominierte symbolische System« und als Akzeptanz des maskulinen »Alleinvertretungsanspruch[s] für die Menschheit« (Schmid-Bortenschlager, 1985, 45). Zweifellos ist das weibliche Ich in *Malina* verdrängt, so wie »jedes Zeichen und Gesicht« der altägyptischen Königin Hatschepsut von ihrem Nachfolger aus ihrem Tempel »getilgt war« (T II, 274). Aber gerade deswegen hat diese im Bewußtsein überlebt: »Siehst du, sagte sie [Franza], aber er hat vergessen, daß an der Stelle, wo er sie getilgt hat, doch sie stehen geblieben ist. Sie ist abzulesen, weil da nichts ist, wo sie sein soll«. In eben diesem Sinne kann man den Schluß von *Malina* auch verstehen, wo es von dem in der Wand gefangenen Ich widersprüchlich heißt, daß es einerseits »nicht mehr schreien« könne, andererseits jedoch festgestellt wird: »aber es schreit doch: Ivan« (III, 336). D. h., das Weibliche rückt dadurch, daß es ausgelöscht worden ist, als Fehlendes, als das fehlende Andere ins Bewußtsein. Ohne die Ambivalenz der Finalisierung des einzig vollendeten Todesarten-Romans verwischen zu wollen (es hat ja ein Zerstörungsprozeß stattgefunden), darf doch auch ein utopisches Moment nicht übersehen werden. Dieses wird deutlich, wenn man den Romanschluß vom Gedicht *Was wahr ist* (I, 118) ausgehend deutet:

> »Du haftest in der Welt, beschwert von Ketten,
> doch treibt, was wahr ist, Sprünge in die Wand«.

Man kann nun Malina, von dem es in einer Entwurfsreinschrift heißt, daß er auf die »Wahrheit« als den »einzigen Ton« (T III, 209) ausgerichtet sei, als denjenigen Persönlichkeitsteil auffassen, der es dem Ich ermöglicht, sich in den Riß in der Wand zu retten, um – wenn auch um den Preis femininer Ansprüche und dies beklagend – die Wahrheit schreiben zu können. Der Roman ist als »Absage der Frau an den Mann« (Eifler, 1979, 380) gedeutet worden. Man sollte dies korrigieren. *Malina* ist eine Absage an die symbolische Ordnung. Malina hat nicht teil an der Gewaltgeschichte, nimmt sie aber nüchtern zur Kenntnis, man könnte sagen in wittgensteinscher Manier: »Darüber hat man nicht zu sprechen, man lebt eben damit« (III, 233); »Für ihn ist offenbar die Welt, wie sie eben ist, wie er sie vorgefunden hat« (III, 250). Malina bringt das Ich daher zur Erkenntnis:

> »Es ist immer Krieg.
> Hier ist immer Gewalt.
> Hier ist immer Kampf.
> Es ist der ewige Krieg.« (III, 236)

Er ist jedoch nicht beteiligt am »Gemetzel in der Stadt«, den »unerträgliche[n] Bemerkungen, Kommentare[n] und Gerüchtfetzen« (III, 34), also an der »Gaunersprache«, »er webt nicht an dem großen Text mit, an der Textur des Verbreitbaren, das ganze Wiener Gewebe hat ein paar kleine Löcher, die nur durch Malina entstanden sind« (III, 299). Die Menschen werden auch »nicht durchschaut«, sondern »erschaut« von ihm, wodurch sie »nicht kleiner, sondern größer« würden (III, 250). Die »überlegene Figur« Malina (GuI, 95) ist also in seinem zwischenmenschlichen Verhalten, insbesondere in seinem sprachlichen durchaus auch positiv besetzt. Von seiner souveränen Position aus wollte Bachmann die weiteren *Todesarten* erzählen. Wie dies aussehen sollte, darüber kann man nur Mutmaßungen anstellen. Denn diese Konzeption birgt, wie gesagt, Widersprüche (vgl. Kohn-Wächter, 1992, 23 f.). Diese aufzulösen, würde dem Roman seine Faszination nehmen, der treffend als »Geschichte einer Verweigerung« (Stoll, 1992, 259) und als »Prosa ohne Gewähr« (ebda, 251) bezeichnet wurde.

3.3.2.4 Simultan

Simultan, Bachmanns zweite Sammlung von Erzählungen, erschien 1972 als ihre letzte Buchpublikation. Die fünf Erzählungen dieses Zyklus entstanden seit den späteren sechziger Jahren (die Titel-Erzählung wurde 1968 im NDR Hannover gesendet – vgl. II, 607) parallel zum *Todesarten*-Projekt und in dessen Kontext. In einem Entwurf der Autorin zu einer Vorrede zur Erzählung *Simultan* heißt es: »In einer Zeit, in der ich finster und angestrengt versuchte, mit dem Buch Todesarten zurechtzukommen, vor allem mit dem ersten Buch und dessen unsinnlichen Partien, habe ich angefangen, daneben eine Geschichte zu schreiben, dann noch eine, wie mir schien, waren es komische Geschichten, von Frauen für <mich> habe ich sie manchmal ›Wienerinnen‹ genannt, obwohl das keine erschöpfende Charakterisierung dieser Figuren ist.« (T IV, 3). Die kritische Ausgabe präsentiert neben den von Bachmann zu Lebzeiten veröffentlichten fünf Erzählungen »Poetologische Entwürfe«, Textzeugen zu *Rosamunde,* die deutliche Bezüge zu *Malina,* aber auch zu den Texten um Franza und Fanny Goldmann erkennen lassen (vgl. T IV, 551 und 565 ff.), das kurze Fragment *Die ausländischen Frauen,* das *Sissi-Fragment* und das Fragment *Freundinnen,* die Fragmente der im Umfeld des *Simultan*-Bandes entstandenen, aber offensichtlich nie für diesen geplanten (T IV, 555) Erzählung *Gier,* die soweit gediehen sind, daß »die dichterische Intention für den Leser nachvollziehbar« ist (Pichl, 1982, 65), die daher bereits in der Aufsatzsammlung *Der dunkle Schatten, dem ich schon seit Anfang folge* (1982) von Robert Pichl erstveröffentlicht wurden und nun in einer revidierten Form ediert vorliegen.

Bachmanns zweite Sammlung von kürzerer Erzählprosa umfaßt fünf Erzählungen über Frauen, deren Anordnung schon auf die »zyklisch angelegte Struktur« (Schulz, 1979, 130) verweist: die rahmenden Geschichten, *Simultan* und *Drei Wege zum See* sind durch die ähnlichen Lebensformen der Protagonistinnen deutlich unterschieden von den Binnenerzählungen, die ihrerseits wiederum vergleichbare Existenzmuster darstellen.

Bachmann tönt mit den Titeln ihrer Bücher von der *Gestundeten Zeit* bis zu *Malina* immer schon das jeweilige Programm an und zielt auf die zentrale Problematik (der Erfahrung des geschichtlichen Moments als »gestundete Zeit« etwa oder der »Gewinnung« der »überlegenen Figur« Malina – GuI, 95). So auch mit *Simultan*. Dieser Titel verweist nicht bloß auf die erste Geschichte der Erzählsammlung bzw. auf die berufliche Tätigkeit der Protagonistin Nadja als Simultandolmetscherin. Schon der erste Absatz der Titelgeschichte läßt im Wechsel der Erzählsituation – erlebte Rede, innerer Monolog und auktorialer Bericht sind verschränkt – sowie mit Einfügungen von russischen und italienischen Sprachsplittern erkennen, daß der Begriff »simultan« zuallererst wohl das Zwischen-den-Sprachen-Sein meint, aber auch, um es allgemein zu formulieren, einen Zustand der Unsicherheit. Der Fortgang der Erzählung verdeutlicht, daß die perfekte Beherrschung mehrerer Sprachen nicht unbedingt Bereicherung und Erweiterung von Möglichkeiten bedeuten muß, daß vielmehr das berufsmäßige Grenzgängertum zwischen verschiedenen Sprachstrukturen, die jeweils ein verschiedenes Denken implizieren, die Verdinglichung zur Sprachmaschine zur Folge haben kann. Denn es führt zu einem Sprechen in Sprachhülsen, hinter denen keine, jedenfalls keine eigene, authentische Erfahrung steht. Tanja Schmidt (1985/86, 22) hat nachgewiesen, daß dieses »Phänomen des modernen Erfahrungsschwundes« in *Simultan* »in fünf verschiedenen Variationen zur Darstellung gelangt und den inneren Zusammenhang des Zyklus bildet«. Das Zwischen-den-Sprachen-Stehen unter Ausschluß der eigenen Person bewirkt das schon angesprochene Gefühl der Unsicherheit, mehr noch des Ausgesetztseins und der Heimatlosigkeit, ja – so Trotta in *Drei Wege zum See* – einen »Zustand von Auflösung« (II, 453). Insofern Nadja, und ähnliches gilt für die anderen Frauen des Erzählbandes »simultan« angepaßt sind an fremde Gedanken, Wünsche etc., vermag sie sich selbst nicht als eigenständige Identität zu erfahren. Sie erzeugt für ihre Umwelt berufsmäßig Simultaneität, d.h. Verständigung, die ihr jedoch für sich selbst eben deshalb nicht gelingen kann, weil sie wie eine Maschine aus dem Verständigungsprozeß ausgeschlossen bleiben muß, um Botschaften anderer unverfälscht übermitteln zu können. Symptome ihrer »Auflösung« sind, daß sie ihre eigene Vergangenheit nicht als integrierenden Bestandteil ihrer Persönlichkeit erfährt, daß sie das Verhältnis von Innen- und Außenwelt als disharmonisch empfindet und daß sie – wiederum wie die anderen Frauengestalten – in ihren Beziehungen zu Männern keine gefühlsmäßige Gleichzeitigkeit zu erleben vermag. Von der »sprachlichen Abgründigkeit« zwischen Nadja und Mr. Frankel leitet Ingeborg Dusar (1994, 297) für den gesamten Erzählband einen »Appell für ein anderes Lesen und Schreiben« ab.

In *Simultan* sind einige zentrale Probleme des *Dreißigsten Jahrs* wieder thematisiert: die Fluchten Nadjas und Elisabeths aus den rahmenden Erzählungen gleichen in manchem denen des Dreißigjährigen, dessen totale Verweigerung der Integration in die Gesellschaft findet sich in der Einstellung von Beatrix aus *Probleme Probleme* (vgl. II, 329) ebenso wieder wie die Korrektur des subjektiven Verhaltens durch objektive Sachverhalte; schließlich wird auch der im *Dreißigsten Jahr* als »Gaunersprache« (II, 112) bezeichnete Sprachgebrauch erneut thematisch (vgl. z.B. II, 347). Im Vergleich der späteren mit den früheren Erzählungen lassen sich Veränderungen in der Erzähltechnik, vor allem in der große interpretatorische Spielräume eröffnenden Verwischung der Grenzen zwischen Bericht und Personenrede (vgl. Holeschofsky, 1980, 65 f.) sowie in der Erzählhaltung beobachten, in der nunmehr die ironische Distanzierung großes Gewicht erhält (vgl. ebda, 68 ff.). Der größte Unterschied besteht aber darin, daß Bachmann in den neueren Erzählungen die im *Dreißigsten Jahr* unverkennbare Tendenz zur Modellhaftigkeit (typische sprachliche Formel z.B.: »Wenn einer in sein dreißigstes Jahr geht [...]« – II, 94) aufgibt. Die Lebensläufe der verschiedenen Frauengestalten sind, wiewohl der Bezug auf typische Existenzmuster, etwa der Karrierefrau, erkennbar ist, individueller gezeichnet als die der Protagonist(inn)en in den Geschichten des früheren Erzählbandes.

In den *Simultan*-Texten thematisiert Bachmann wie in den übrigen *Todesarten*-Texten Einengungen und Zerstörungen weiblicher Lebensansprüche. Schon äußerlich wird ein Zusammenhang hergestellt durch namentliche Verklammerungen und die Zuordnung der Figuren zu dem in *Malina* apostrophierten »Reigen« der Wiener Gesellschaft, die wiederum als der »allergrößte Mordschauplatz« (III, 276) erkennbar gemacht wird. »Dramen« darzustellen, die auf »inwendigen« als den »wirklichen Schauplätze[n]« stattfinden (T II, 78), das hat Bachmann als das Programm ihres *Todesarten*-Projekts bezeichnet. Es gilt auch für *Simultan* (vgl. auch Dusar, 1994). In den Erzählungen wird insgesamt geleistet, was Schmidt (1985/86, 40) an Franziska Jordan im *Gebell* beobachtet, nämlich »Dechiffrierarbeit«, d.h. im Sinne der Kriegsblindenpreisrede, Sichtbarmachung von (gesellschaftlich) nicht wahrgenommenem, verdrängtem »Schmerz« (IV, 275).

Verdeckter sind die dramatischen Ereignisse auf den »inwendigen« Szenarien bei den beiden Karrierefrauen, offensichtlicher bei den drei übrigen. Symptome für ihr Leiden sind bei allen erkennbar, insbesondere in dem gestörten Verhältnis zum eigenen Körper und in den Beziehungen zu Männern. Die neurotisch-kapriziöse (vgl. II,

292) Nadja identifiziert sich mit der »ungeheuerlichen Figur« (II, 310) des Gekreuzigten auf dem Felsen von Maratea (vgl. II, 310 f.) sowie mit der von Mr. Frankel gejagten Cernia (vgl. II, 313) und steigert solcherart ihr körperliches Unbehagen während des episodischen Zusammenseins (vgl. II, 292) mit ihm, dem sie zerstörerische Wirkung zutraut (vgl. II, 313), bis nahe an einen Zusammenbruch. Nadjas Beziehung zu Frankel wie zu anderen Männern wird vor allem beleuchtet einmal dadurch, daß sie trotz der Gemeinsamkeit des Sprechens aufgrund der gleichen Herkunft (vgl. II, 285 und 303) nicht wüßte, »was sie [...] einander zu sagen« hätten (II, 285), und dann dadurch, daß sie, die beruflich ein »fanatisch genaue[s] Zuhören« pflegt (II, 290), im privaten Umgang »nicht zuhören konnte« (II, 288), und schließlich auch durch den differenzierten Gebrauch von Namen. Nadja wird stets mit dem Vornamen genannt, während sie den Partner durch die Weigerung, seinen Vornamen bloß zu denken (vgl. II, 289) auf Distanz hält. »In diesem Kontrast wird schon prägnant die Unvereinbarkeit« in dieser Beziehung signalisiert (Pichl, 1980 b, 299). Nadja fühlt zwar die existentielle Notwendigkeit des In-Beziehung-Seins zu anderen Menschen, will diese jedoch nicht erkennen lassen, wie sehr sie »angewiesen« ist auf sie (II, 249). Sie hält, wie der Dreißigjährige in der Titelgeschichte von Bachmanns erstem Erzählband, »Abstand« von ihrer Umwelt (II, 104). Und Elisabeth in *Drei Wege zum See* lebt nach der Devise:

»es sollten die Frauen und Männer am besten Abstand halten, nichts zu tun haben miteinander, bis beide herausgefunden hatten aus einer Verwirrung und der Verstörung, der Unstimmigkeit aller Beziehungen« (II, 450).

Bezeichnend für die Störungen zwischen den Geschlechtern ist auch Elisabeths Erinnerung an sexuelle Erlebnisse:

»[...] so konnten diese Männer doch nicht wissen, daß sie zu ihnen ging, wie man sich in einen Operationssaal begibt, um sich den Blinddarm herausnehmen zu lassen, nicht gerade beunruhigt, aber auch ohne Enthusiasmus, im Vertrauen darauf, daß ein erfahrener Chirurg, oder in ihrem Fall, ein erfahrener Mann, mit einer solchen Kleinigkeit schon fertig würde« (II, 414).

Dafür, daß von den Bachmannschen Frauen die zwischenmenschlichen Beziehungen als mehr oder weniger gewaltsam erfahren werden, legt auch das dem *Simultan*-Kontext zugehörige Fragment *Gier* Zeugnis ab (vgl. T IV, 497 bzw. 500). Es stellt die in *Drei Wege zum See* angedeutete (vgl. II, 468) »Todesart« der Elisabeth Mihailovics dar, die das Opfer der sexuellen »Gier« ihres Mannes wird. In den *Simultan*-Erzählungen ist nie so direkt wie hier und in den *Todesarten*-Texten »von Mord, Selbstmord und Tod die Rede«, eher von »symbolische[n] Katastrophe[n]« (Schmid-Bortenschlager, 1982, 85). Aber Bilder des Todes und der Zerstörung finden sich dennoch häufig. So wohnt Miranda in *Ihr glücklichen Augen* in der Wiener »Blutgasse« (II, 370), die tatsächlich über das Gelände »einer Hinrichtungsstätte aus der guten alten Zeit« (II, 357; vgl. dazu auch Schmidt, 1985/86, 141, Anm. 35) führt und als »das Zentrum der *Todesarten*-Topographie« (Dusar, 1994, 30) gesehen werden kann. Hinrichtungen ereignen sich hier immer noch, aber zivilisert, auf »inwendigen« Schauplätzen. Spezialist dafür ist der berühmte Psychiater Dr. Jordan, der einen homosexuellen Verwandten und seine früheren Ehefrauen durch schlechte Nachrede »ermordet«, seiner Mutter Angst einflößt und sie in einen Wahn treibt sowie seine gegenwärtige Frau Franziska (s. *Franza*-Fragment) zum wissenschaftlichen »Fall« erniedrigt und schließlich in den Selbstmord treibt.

Wie die Frauengestalten in den übrigen *Todesarten*-Texten fühlen sich auch diejenigen der *Simultan*-Erzählungen in der kapitalistischen, zugleich patriarchalischen Gesellschaft ausgesetzt, in der alles nach seinem Nutzwert gemessen und in der – nach dem Prinzip der Dialektik der Aufklärung – jeder Fortschritt in Unterdrückung, Ausbeutung, Verdinglichung, Bürokratisierung etc. umzuschlagen droht (vgl. z.B. das Verhältnis von Idee und Wirklichkeit der FAO aus der zweifellos subjektiven Sicht Nadjas – II, 305). Aus diesem Grund entwickeln die Frauen unterschiedliche Strategien, um der Wirklichkeit – im Falle Mirandas wörtlich zu nehmen – nicht ins Auge sehen zu müssen. Sie stürzen sich in eine bewußtloses Arbeiten fordernde Karriere (Nadja, Elisabeth), verweigern sich total (Beatrix), schränken wirklich oder vorgeblich ihre Wahrnehmungsfähigkeit ein (Miranda) oder basteln sich eine Lebenslüge zurecht (Fr. Jordan). Sie schlüpfen in Rollen, von denen sie sich die Vermeidung der direkten Konfrontation mit den Tatsachen und einen Freiraum für sich erwarten. Tatsächlich handelt es sich bei ihrer (im Text ironisch so bezeichneten) »Identität« (II, 294) jedoch um ein höchst labiles Gebilde, um äußerlichste Fassade« (Schmidt, 1985/86, 53).

Nadja erscheint ihrer Umwelt als eine über allen Dingen stehende, durch nichts zu irritierende Jet-set-Frau, die es versteht, sich jeglicher Situation in äußerer Erscheinung und im Verhalten optimal anzupassen (vgl. II, 294, 298, 307). Im Erzählprozeß wird sie jedoch als sich selbst total entfremdet »dechiffriert«. Sie empfindet sich aufgrund ihrer beruflichen Tätigkeit als ein »seltsamer Mechanismus«, dessen »Kopf unbrauchbar« und der »von den Wortmassen verschüttet« zu werden droht (II, 295). Bereits »verschüttet« ist durch das »Herumziehen in allen Sprachen und Gegenden« (II, 310) ihre Fähigkeit zu weinen (vgl. II, 311). Die Gefährdung ihrer »Identität« offenbart sich nicht nur in neurotischen und kapriziösen Verhaltensweisen (gegenüber Frankel oder dem Hotelpersonal), sondern vor allem bei dem schon erwähnten Ausflug auf den Felsen von Maratea, wo sie sich mit dem Gekreuzigten identifiziert (vgl. II, 311).

Im Gegensatz zur karrierebewußten Nadja zieht Beatrix in *Probleme Probleme* eine vita passiva dem hektischen Gesellschaftsgetriebe vor. Zurückgezogen in ihre Matratzengruft und in die Scheinwelt der Schönheitsindustrie, die sie als »ihr wirkliches Zuhause« (II, 332) ansieht, vermeidet sie jede Anpassung an gesellschaftliche Erwartungen, vor allem solche, die Mann-Frau-Beziehungen bzw. berufliche Tätigkeit betreffen. Von der Erkenntnis, daß sie selbst in ihrer (von Bachmann ironisch überzeichneten) Verweigerung immer noch orientiert ist an einer herkömmlichen, männlich imaginierten Weiblichkeitsvorstellung (vgl. auch Schmid-Bortenschlager, 1985, 46), bleibt sie mit ihrer Strategie, die Reflexion von Problemen zu vermeiden, ausgeschlossen. In der Abfolge mehrerer Spiegelszenen erweist sich die »Identitiät« von Beatrix, d.h., ihr gewohntes Spiegelbild (vgl. II, 321, 332), als brüchig. Momenthaft erscheinen ihr zwei völlig gegensätzliche Gesichter im Spiegel, die jedoch beide auf die »Katastrophe« (II, 351, 352) vorausdeuten. In der ersten Szene erblickt sie statt des »bekannten Gesicht[s]« (II, 335) einen »fremden, entstellten, wildfremden Schädel« (II, 336), mithin ein Bild, wenn nicht des Todes, so doch der Zerstörung. Für einen Augenblick blitzt hinter der Fassade des künstlichen Make-ups das wahre »Gesicht« einer zerstörten Frau auf. In der anderen Szene erfährt sie, ähnlich der Ich-Erzählerin in *Malina* (vgl. III, 136), »überrascht« eine Ahnung von einem ihr adäquaten Aussehen:

»So sollte sie aussehen! Das war es! Schmal, puppenhaft, mit diesen zwei Locken vorne, die künstlich aussahen, vielleicht lauter solche Korkenzieherlocken, ein ganz ausdrucksloses maskenhaftes Gesicht einrahmend [...] Sie sah unwahrscheinlich aus, märchenhaft, geheimnisvoll, sie war ein solches Geheimnis, und wer würde sie je so sehen, dieses geoffenbarte Geheimnis eines Moments? Ich bin verliebt, ich bin ja richtiggehend verliebt in mich, ich bin zum Verlieben!« (II, 348)

Die narzißtische Persönlichkeitsstruktur von Beatrix, die mühsam durch ein künstliches äußeres Erscheinungsbild ihren seelischen Haushalt im Gleichgewicht hält, verhindert den Gewinn einer gesicherten Identität. In der Abfolge der Spiegelszenen vollzieht sich vielmehr ein sukzessives Abbröckeln der schutzbietenden Fassade, das in einer »symbolischen Katastrophe« (Schmid-Bortenschlager, 1982, 85) endet, und entpuppt sich die Künstlichkeit der »Identität« von Beatrix sowie die Aporie ihrer totalen Verweigerung der gesellschaftlichen Integration. Die Wirklichkeit holt sie gerade in ihrem selbstgewählten, als außergesellschaftlich verstandenen Refugium ein.

Miranda in *Ihr glücklichen Augen*, für Dusar (1994, 18) der »Schlüsseltext für Bachmanns gesamtes Oeuvre«, und die alte Frau Jordan im *Gebell* schlüpfen ebenso wie Beatrix in Rollen, die es ihnen ermöglichen sollen, die Auseinandersetzung mit der Realität zu vermeiden. Miranda empfindet ihre starke Myopie als »Geschenk« (II, 354), das sie das »Inferno« (II, 355) ihres gesellschaftlichen Umfelds übersehen läßt und ihr gestattet, sich »produktiv« (II, 359) eine andere, für sie erträgliche, gleichwohl trügerische Wirklichkeit zu erschaffen: »sie lebt zwischen einem Dutzend Möglichkeiten sich zu täuschen« (II, 362). Miranda gelangt zur Einsicht, daß ihre Sehschwäche wohl »nicht zufällig« (II, 365) ist, jedenfalls aber nicht das Verlegen und Zerstören der ihr Gebrechen korrigierenden Brille. Sie hat damit ein Bewußtsein von der Ursache der Störung der Sehfunktion, das sich der Kenntnis von Georg Groddecks Auffassung von Krankheit als symbolischer Äußerung psychischer Prozesse zu verdanken scheint. Groddeck, der »Vater der psycho-somatischen Medizin« (Durrell, 1975, 5), von dem Freud den Begriff des »Es« übernommen hat und dem Bachmann die Erzählung *Ihr glücklichen Augen* widmet, erfährt durch Miranda geradezu eine literarische Bestätigung seiner Erklärung der Myopie (ausführlich setzt sich Dusar, 1994, 78ff. mit der Bedeutung Groddecks für Bachmann auseinander). In seinem 1923 erstmals erschienenen *Buch vom Es* spekuliert er über deren mögliche Genese:

»Nehmen Sie ein Auge. Wenn es sieht, gehen allerlei Prozesse in ihm vor. Wenn ihm aber verboten ist zu sehen, und es sieht doch, wagt es aber nicht, seine Eindrücke dem Gehirn zu übermitteln, was mag dann wohl in ihm vorgehen? Wäre es nicht denkbar, daß es, wenn es tausendmal am Tag gezwungen ist, etwas, was es sieht, zu übersehen, schließlich die Sache satt bekommt und sagt: Das kann ich bequemer haben; wenn ich durchaus nicht sehen soll, werde ich kurzsichtig, verlängere meine Achse, und wenn das nicht reicht, lasse ich Blut in die Netzhaut treten und werde blind?« (Groddeck, 1975, 145).

Doch auch für Miranda erweisen sich die objektiven Sachverhalte stärker als die subjektive Illusion: Ihre Fast-Blindheit kann sie nicht darüber hinwegtäuschen, daß ihr Geliebter im »Reigen« (III, 275) der Wiener Gesellschaft zur nächsten Frau weiterwandert. Noch im blutigen Ende jedoch – Miranda stürzt in eine Glastüre – hält sie an dem ironisch verkehrten Werbeslogan der Optikindustrie, »Immer das Gute im Auge behalten« (I, 372), fest. Die sinnbildliche Botschaft ihrer Verletzung von den zerstörerischen Wirkungen in den Beziehungen zwischen den Menschen, insbesondere zwischen den Geschlechtern, scheint sie weiterhin leugnen zu wollen.

Dusar (1994, 34 f.) versteht Miranda als »Textfigur, eine passende Metapher für den Text selbst«, den eine »doppelte Optik«, das »ständige Hin und Her zwischen Sehen/Nicht-Sehen« charakterisiert. »Da sich Wahrnehmung und Halluzination in *Ihr glücklichen Augen* gelegentlich bis zur Unentscheidbarkeit überlagern, gerät die *Referentialität der Wahrnehmung* in die Schwebe« (ebda, 77). Durch seine intertextuellen Bezüge auf Goethes *Faust* (durch den Titel), auf Groddeck sowie auf Stendhals *De l'Amour*, das durch sein Identifikationsangebot einen Ohmmachtsanfall Mirandas auslöst, wird der »›eigentliche‹ Textkörper« gesprengt (ebda, 78), ja die Erzählung zu »einer Allegorie der künstlerischen Produktion« (ebda, 91).

Miranda sucht Schutz hinter einem körperlichen Gebrechen, die alte Frau Jordan in einer Lebenslüge über ihren Sohn und ihr Verhältnis zu ihm. In geradezu psychotherapeutischen Gesprächen mit ihrer Schwiegertochter zerbricht für beide Frauen eine Illusion. Für Franziska beginnt ein Bewußtwerdungsprozeß, dessen Ende im *Franza*-Roman dargestellt ist, Frau Jordan rettet sich in einen Wahn, in dem sie sich vor zerstörerischen Einflüssen ihres Sohnes sicher fühlt. Im Unterschied zu den anderen Erzählungen des *Simultan*-Bandes werden im *Gebell* die zwei Frauen und ihr Rollenverhalten ohne Ironie gezeichnet. In ihrem Fall kann man auch nicht mehr von einer »symbolische[n] Katastrophe« sprechen, wie es bei den anderen Frauen trotz der häufigen Bilder von Einengungen, Zerstörungen und Tod immerhin möglich ist.

Die abschließende Erzählung des *Simultan*-Bandes, *Drei Wege zum See*, annährend so umfangreich wie die übrigen vier Texte zusammen, schlägt alle wichtigen Themen des Zyklus nochmals an. Die Verehelichung des Bruders und die Wiederbegegnung mit der Heimat lösen in Elisabeth Matrei Erinnerungen aus, durch die ihre »Identität« dechiffriert wird. Im Zusammenhang mit dem Gedicht *Das Spiel ist aus* wurde schon darauf hingewiesen, daß im Werk Bachmanns die Geschwisterliebe alle übrigen zwischenmenschlichen Beziehungen durch das Maß an Vertrautheit und durch die Möglichkeit absoluten Verstehens übertrifft, daß sie aber auch die Gefahr des Inzests in sich birgt. Elisabeth, die bei ihrem wesentlich jüngeren Bruder die Mutter zu verdrängen versucht hat (vgl. II, 442 f.), um – jedenfalls in ihrer Phantasie – in dessen ödipaler Phase an deren Statt die Stellung der Geliebten einzunehmen, und die mit ihm später auch tatsächlich an die Grenze des Statthaften gerät (II, 457), empfindet seine Verehelichung als schmerzlichen Verlust (vgl. II, 406). Diese sowie irritierende Veränderungen im Erscheinungsbild ihres Vaters und in der heimatlichen Landschaft lassen sie zum Bewußtsein des Verlorenseins der Kindheit, mithin ihres Alters, und der Versäumnisse ihres äußerlich erfolgreich verlaufenden Lebens kommen. Die Karriere haben sie Heimat und Geborgenheit gekostet, aber auch Zeit, dauerhafte und erfüllte Beziehungen zu begründen. Daher hatte sie »ihre Männer immer unter jenen gefunden, die gescheiterte Existenzen waren und sie brauchten, als Halt, auch für Empfehlungen« (II, 400).

Wie in *Jugend in einer österreichischen Stadt* (durch die Wiederbegegnung mit der Heimatstadt) und im *Dreißigsten Jahr* (durch das Bewußtwerden des Alters) wird in *Drei Wege zum See* eine unbefragte oder dem äußeren Anschein nach gesicherte Identität in Frage gestellt. Elisabeths scheinbar gelungenes Verhältnis zur Umwelt gerät aus dem Gleichgewicht. In der Erinnerungsarbeit sucht die Protagonistin nach den Ursachen ihrer defizitären Persönlichkeit, ähnlich wie dies schon in den genannten früheren Erzählungen, aber auch in den *Todesarten* unternommen wird, um die Anfänge zerstörerischer Prozesse (vgl. T II, 53) bzw. das »Woher« des »Lastbewußtseins«, wie es schon im frühen Gedicht *Ich frage* heißt, (I, 626), zu ergründen. Elisabeth hat ihre Selbstverwirklichung in einer internationalen Karriere als Fotoreporterin gesucht, mit der idealistischen Vorstellung, der Wahrheit zu dienen, hat sich damit allerdings den mörderischen Gesetzen des Konkurrenzkampfes in diesem männlich dominierten Metier ausgesetzt, in dem es um nichts weniger als die Wahrheit und edle Ziele, als vielmehr um Gewinn und Absicherung von Marktanteilen durch sensationelle Berichterstattung geht. In ihrem Selbstbewußtsein durch die genannten Ereignisse getroffen, erinnert sich Elisabeth, daß sie zwei Jahrzehnte zuvor durch die Bekanntschaft mit Franz Joseph Eugen Trotta, einem aus dem legendären Geschlecht der Trottas aus Joseph Roths Romanwelt, erstmals in eine nachhaltige Bewußtseinskrise gestürzt worden ist, insbesondere auch in eine Krise ihres beruflichen Selbstverständnisses.

Zu den intertextuellen Bezügen vgl. u. a. Omelaniuk, 1983, 246 ff.; Willerich-Tocha, 1984, 361 ff.; Lensing, 1985, 53 ff.; Mahrdt, 1996, 41 ff.; zu widersprechen ist Dippel, 1995, 12, derzufolge der gesamte Erzählzyklus »als eine Fortsetzung der beiden Rothschen Romane gelesen werden kann bzw. sogar als eine solche konzipiert ist« – die kritische Ausgabe (T IV, 593) läßt keinen Zweifel daran, daß der intertextuelle Bezug auf Roth nicht einmal für die zuletzt verfaßte Erzählung *Drei Wege zum See* von Anfang an geplant war.

Trotta qualifiziert die Überzeugung, mittels dokumentarischer Reportagen über das Elend und die politischen Verbrechen in der Welt zu einer Verbesserung der realen Zustände oder auch nur zu einer Bewußtseinsveränderung bei den Lesern beitragen zu können, als »dumme Anmaßung« (II, 417). Er bewertet es sogar als »eine Zumutung«, ja »eine Erniedrigung, eine Niedertracht, einem Menschen auch noch zu zeigen, wie andere leiden. Denn es ist natürlich anders in Wirklichkeit« (II, 419). Der *Tortur*-Essay von Améry, in dem der von den Nationalsozialisten sowohl aus rassischen als auch aus politischen Gründen Verfolgte seine Erfahrungen mit deren Folterpraktiken zu bewältigen versucht, bestätigt Elisabeth die Auffassung Trottas beispielhaft:

»Viel später [nach ihren Gesprächen mit Trotta] las sie zufällig einen Essay ›Über die Tortur‹, von einem Mann mit einem französischen Namen, der aber ein Österreicher war und in Belgien lebte, und danach verstand sie, was Trotta gemeint hatte, denn darin war ausgedrückt, was sie und alle Journalisten nicht ausdrücken konnten, was auch die überlebenden Opfer, deren Aussagen man in rasch aufgezeichneten Dokumenten publizierte, nicht zu sagen vermochten. Sie wollte diesem Mann schreiben, aber sie wußte nicht, was sie ihm sagen sollte, warum sie ihm etwas sagen wollte, denn er hatte offenbar viele Jahre gebraucht, um durch die Oberfläche entsetzlicher Fakten zu dringen, und um diese Seiten zu verstehen, die wenige lesen würden, bedurfte es einer anderen Kapazität als der eines kleinen vorübergehenden Schreckens, weil dieser Mann versuchte, was mit ihm geschehen war, in der Zerstörung des Geistes aufzufinden und auf welche Weise sich wirklich ein Mensch verändert hatte und vernichtet weiterlebte« (II, 421).

Über die textimmanente Funktion in der Erzählung *Drei Wege zum See* hinaus kann diese Apostrophierung Amérys als poetologisches Bekenntnis der Verfasserin der *Todesarten* als Abgrenzung von einer Ende der sechziger, Anfang der siebziger Jahre vehement geforderten vordergründig politischen und sozialkritischen bzw. dokumentarischen Literatur verstanden werden. Améry (1980, 104) strebt die authentische »Beschreibung der subjektiven Verfassung des Opfers« von NS-Greueltaten an. Authentizität ist aber, seiner Auffassung zufolge, weder durch eine noch so gut gemeinte Dokumentation von NS-Verbrechen noch durch eine wissenschaftliche, d.h., eine bis ins Detail logisch-stringente, empirischer Überprüfung standhaltende Darstellung zu erzielen. Bachmann sieht durch den *Tortur*-Essay, den sie als Text von höchster Authentizität wertet, ihr Verständnis von Literatur als Vermittlungsform subjektiver Erfahrungen gesellschaftlicher Mechanismen bestätigt.

Es war »das Allerwichtigste« zwar, »daß Trotta Elisabeth unsicher machte in ihrer Arbeit« und »sie zu zwingen anfing, über ihren Beruf nachzudenken«, aber er bringt sie auch zum Bewußtsein des Verlusts der Heimat und der »Fremde als Bestimmung« ihrer Existenz (II, 416). Wie für den Dreißigjährigen in der Titelgeschichte von Bachmanns erster Prosasammlung (vgl. bes. II, 118) oder für Nadja in *Simultan* (vgl. II, 285), aber ebenso für fast alle übrigen, auch für die seßhaft gebliebenen Figuren im Werk der Autorin, gibt es für Elisabeth kein »Daheim« (II, 411) mehr. Ihre aufgrund des landschaftszerstörenden Autobahnbaus auf drei verschiedenen Wegen scheiternden Bemühungen, zum See zu gelangen, die sich »mit Reminiszenzen aus früheren Lebensabschnitten und gescheiterten Partnerziehungen« verbinden (Pichl, 1985a, 224), stehen sinnbildlich für Versuche, ins kindheitliche Paradies (und das hieße eben auch, in eine unversehrte Landschaft) zurückzukehren. Aber wie schon in der frühen Erzählung *Auch ich habe in Arkadien gelebt* zu erkennen war, ist die Rückkehr in die Utopie Heimat nach dem Verlust der Unschuld in der kapitalistischen Wettbewerbs- und Leistungsgesellschaft unmöglich: Die »Währung« ist nicht konvertibel (II, 38). Die durch den Autobahnbau abgeschnittenen »Wege zum See« versteht Pichl daher zurecht als »verhinderte Grenzüberschreitungen« (Pichl, 1985a, 224). Es sind allerdings vorerst unbewußte Versuche von Grenzüberschreitung, denn Elisabeth werden durch die abgebrochenen Wege erst Grenzen bewußt, Grenzen gegenüber einer unentfremdeten, (im Sinne Blochs) in die Kindheit profizierten Daseinsform. Da sie diese für sich als verschüttet erkennt, reist sie »aus der unerträglichen Pseudoidylle Klagenfurt« (ebda) überstürzt ab (vgl. zum Thema Heimat auch Mahrdt, 1996, 47 ff.).

Für Trotta, einen »seiner Herkunft wegen [...] wirklich Exilierten und Verlorenen« (II, 415), der dieses Bewußtsein nicht durch Geschäftigkeit, Kapriziosität oder Flucht in eine Krankheit verdrängt und daher zwangsläufig im Freitod endet, ist das Weltvertrauen zweimal, mit dem Ende der österreichisch-ungarischen Monarchie und endgültig mit dem Anschluß Österreichs an Hitler-Deutschland (vgl. II, 416) zerbrochen. Der habsburgische Vielvölkerstaat, das »Haus Österreich«, wie Bachmann es die Ich-Erzählerin in *Malina* nennen läßt (III, 96 u. 99) und auch selbst in einem Interview nennt (GuI, 79), gilt ihm (und man darf aufgrund verschiedener Äußerungen der Dichterin hinzufügen: auch Bachmann) als utopisches Modell, das »in der Vergangenheit den Vorschein für die Zukunft vorwegnimmt« (Schmid-Bortenschlager, 1984, 26). Dieses

Modell ist für das gesamte Spätwerk der Autorin wichtig, am deutlichsten bezieht sich darauf die Erzählung *Drei Wege zum See*. Man würde Bachmann allerdings mißverstehen, wollte man in ihrem zweifellos subjektiven Geschichtsbild einen Wunsch nach Restauration der monarchischen Staatsform erblicken –

man vgl. z.B. die indirekte Distanzierung von dieser in *Malina*: »Mein herrliches Land, nicht kaiserlich-königlich, ohne die Stephanskrone und ohne die Krone des Heiligen Römischen Reiches, mein Land in seiner neuen Union, das keine Bestätigung und keine Rechtfertigung braucht« (III, 50), oder auch Elisabeths Reflexionen über multinationale Koexistenz: »An meine Völker! Aber sie hätte sie nicht in den Tod geschickt und nicht diese Trennungen herbeigeführt [...]« (II, 444).

Der Begriff »Haus Österreich« ist vielmehr »als Metapher, als Sprachbild« für Heimat zu verstehen (Jurgensen, 1982, 159 f.). Es meint ein im Vergleich zu den gegenwärtigen hochentwickelten und durchorganisierten politischen und gesellschaftlichen Gebilden, die negativ bewertet werden, eines, das vom zweifelhaften Fortschritt der Industrialisierung, Technisierung und kapitalistischen Vermarktung und also auch von deren negativen Aspekten (vgl. bes. II, 444 das Gegenbild vom Leben im »Dreiländereck«) noch weitgehend verschont ist. Mit Bezug auf Musils Roman *Der Mann ohne Eigenschaft*, wo »Kakanien« als »der fortschrittlichste Staat« (Musil, 1952, 35) bezeichnet wird, eben weil er mit dem Fortschritt der übrigen Staaten nicht mitzuhalten vermag, kann daher Herr Matrei, der ähnlich Trotta dem Modell vom »Haus Österreich« anhängt und der als geradezu idealer Typus des altösterreichischen Beamten gezeichnet ist (vgl. Schmid-Bortenschlager, 1984, 30) elegisch konstatieren: »Die Welt war einmal beinahe schon wirklich groß und etwas weiter fortgeschritten« (II, 454). Der größte Fortschritt des historisch gewachsenen Vielvölkerstaates lag wohl aus der Sicht Bachmanns darin, daß in ihm Grenzen aufgehoben waren zwischen Nationalitäten, Sprachen und Kulturen. Schon in der Jugenderzählung *Das Honditschkreuz* hat die Autorin das »Grenzen-Verwischen« am Beispiel der Windischen positiv bewertet (II, 491). Hapkemeyer (1984a, 46) vermerkt zurecht, daß »Grenzziehung« für Bachmann seit ihrer Kindheit »als ein widernatürlicher Akt der Aggression« erscheint. Darum siedelt sie auch die utopische Legende der Prinzessin von Kagran in *Malina* in einem Land und zu einer Zeit an, von denen es heißt: »*Grenzen gab es noch keine*« (III, 63). Und in Kakanien gab es immerhin noch weniger als heute. Auch jener Ort, wo Franza sich als Kind beheimatet gefühlt hat und wo sie wieder Heimat und Zuflucht sucht, Galicien, spielt auf das Modell des Vielvölkerstaats an. Galicien ist ein »Bewußtseinsort« (Jurgensen, 1981, 18; vgl. auch die Interviewäußerung der Ich-Erzählerin in *Malina*: »Galicien, das außer mir niemand kennt [...]« – III, 99). Der Name mag sich auf den im gemischtsprachigen Gebiet Kärntens gelegenen Ort Gallizien/Galicija beziehen, möglicherweise aber auch, wie Neva Šlibar-Hojker (1984, 40 f.) vermutet, auf die

»beiden Landschaftsbezeichnungen Galicien, dem westlichen nordiberischen, romanischen Galicien [...] und dem östlichen, südostpolnischen slawischen Galicien. Wenn man sich die intensive Beschäftigung Ingeborg Bachmanns mit Namengebung vergegenwärtigt wie auch die zahlreichen Stellen im Romanfragment, die unmittelbar auf die Bedeutsamkeit von Namen, Namenlosigkeit und der damit verbundenen Identitätssuche eingehen, erscheint die Annahme, Bachmann hätte den äußersten Westen und Osten Europas, die sich in den beiden Landschaften mit der Ausdehnung des Habsburgerreiches, also in gewisser Hinsicht auch mit der Einfluß- und Bedeutungssphäre des ›Hauses Österreich‹, decken, in diesen obscuren, kleinen Kärntner Ort projizieren wollen, recht plausibel«.

Vom habsburgischen Vielvölkerstaat, für den das übernationale Bewußtsein eine geradezu staatsnotwendige Ideologie bedeutete, um die zentrifugalen nationalistischen Kräfte innerhalb des Reiches einzudämmen, ließe sich, dieser Interpretation des Namens Galicien folgend, auch die Hoffnung Bachmanns auf ein zeitgenössisches grenzenfreies Europa ableiten.

Elisabeth blickt auf einer ihrer Wanderungen zum See in Gedanken über das Dreiländereck »hinaus, nach Krain, Slawonien, Kroatien, Bosnien, sie suchte wieder eine nicht mehr existierende Welt« (II, 429). D. h., sie sucht nach Heimat in einem Bereich, der ihr als noch unzerstört oder doch weniger zerstört gilt als die von Fortschrittswahn und Gewinnsucht korrumpierte kapitalistische Welt, in der sie sich bewegt. In zwei ihrer letzten Gedichte, in *Prag Jänner 64* (I, 169) und in *Böhmen liegt am Meer* (I, 167 f.), verbindet Bachmann mit nordslawischen Orten aus dem ehemaligen Gebiet des »Hauses Österreich« die Hoffnung, Heimat wiederzufinden. In den späten Prosatexten verknüpft sich diese überwiegend mit dem südslawischen Raum bzw. in *Malina* auch mit Ungarn. Bezeichnend ist außerdem, daß Herr Matrei in den *Drei Wegen zum See* das Datum der Zerstörung des Vielvölkerstaates nicht mit 1918, dem Ende des Ersten Weltkrieges, sondern mit 1914, »mit dem Beginn des Krieges von Österreich-Ungarn und Deutschland gegen die slawischen Länder« (Schmid-Bortenschlager, 1984, 31) angibt und darin auch die Ursache für die späteren unheilvollen politischen Entwicklungen sieht (vgl. II, 453 f.). »Slawisch« erscheint im Werk der Bachmann durchwegs positiv konnotiert. Schon im *Honditschkreuz* schreibt sie den (zweifellos idealisiert gesehenen vgl. Šlibar-Hojker, 1984, 43 f.) Windischen die Wirkung zu, Nationalitäten-, Sprach- und Kulturgrenzen zu überbrücken (vgl. II, 491). Soweit Männergestalten bzw. Beziehungen zu Männern nicht negativ gezeichnet werden, sind diese slawischer Herkunft bzw. Verfechter des Modells »Haus Österreich«. Dies gilt für viele Texte Bachmanns, z.B. auch für *Gier*, insbesondere aber für *Drei Wege zum See*: Nach Erhalt der Nachricht vom Tode Franz Joseph Eugen Trottas stürzt sich Elisabeth in eine ekstatische Liebesbeziehung mit Manes, und zwar explizit deshalb, weil dieser aus dem galizischen Zlotograd stammt (vgl. II, 437). Und in Branco, dem slowenischen Cousin Trottas, hätte Elisabeth so sie ihr Leben nicht ausschließlich auf Erfolg in ihrem Beruf ausgerichtet hätte, den Mann finden können, »der von einer ausschließlichen Bedeutung für sie war, der unausweichlich für sie geworden war, jemand, der stark war und ihr das Mysterium brachte, auf das sie gewartet hatte« (II, 449). Aber die Wege zu den drei Männern sind – durch Zerstörungen auf den »inwendigen Schauplätzen« – ebenso versperrt wir die drei Wege zum See durch den Autobahnbau.

In einem Interview des Jahres 1971 bekennt sich Bachmann zum »Haus Österreich«:

»Ich komme aus dieser Welt, obwohl ich geboren wurde, als Österreich schon nicht mehr existierte. Doch unterirdische Querverbindungen gelten für mich immer noch, und die geistige Formation hat mir dieses Land, das keines ist, gegeben« (GuI, 79).

Das Verhältnis der Dichterin zur Tradition, die sich mit dem Begriff »Österreich« verknüpft, erscheint ungebrochen, ja von »außerordentliche[r] Intimität« (ebda), und liefert ihr ein utopisches Modell, während ihre Einstellung zum zeitgenösischen politischen Gebilde dieses Namens, das von Trotta als »amputierter Staat« (II, 427) verächtlich gemacht wird, problematisch ist. Die Autorin hat allerdings, ihrer eigenen Aussage zufolge, in ihrer Beurteilung Österreichs eine Entwicklung durchgemacht. Zwar sei dieser Kleinstaat »aus der Geschichte ausgetreten« (GuI, 63 f.), dafür ließe sich jedoch von ihm aus nun »Genaueres über die Gegenwart« (GuI, 64) sagen als von den Ländern aus, die in die große Weltpolitik verstrickt sind (vgl. auch GuI, 106). Bachmann bekennt sich schließlich also auch zum zeitgenössischen Österreich. Den Zustand dieses Staates interpretiert sie allerdings nicht, wie Jurgensen (1982, 158) meint, als »Geschichtslosigkeit«. Denn das Land ist zwar »aus der Geschichte ausgetreten«, das meint aber: aus der Gewaltgeschichte.

Die geschichtliche Funktion Österreichs ist eine andere geworden. Da man nicht mehr eingespannt ist in globale Auseinandersetzungen, könne man hier stellvertretend »die Vergangenheit ganz ableiden« (III, 97). Und eben das nimmt Bachmann für das Land ihrer Herkunft ein, ohne es deshalb allerdings zu verklären. Dezidiert wehrt sie das Papstwort von Österreich als einer »Insel der Seligen« ab (vgl. GuI, 117) und streicht gerade in *Drei Wege zum See* dessen Negativaspekte hervor, die es für Elisabeth unmöglich machen, in ihm ihre Heimat wiederzuerkennen. Trotta weist auf die besondere Brutalität von Österreichern im NS-Staat, auf die Geschichtslüge von Österreich als Opfer des Faschismus und die damit zusammenhängende Verdrängung der Schuld im Nachkriegsösterreich hin (vgl. II, 427), Elisabeth und ihr Vater beklagen den Ausverkauf des Fremdenverkehrslandes an die Deutschen (vgl. II, 457 f. und bes. II, 467) sowie die bereits erwähnte Zerstörung der Landschaft, der die innere korrespondiert.

Anders als dem exterritorialisierten, höchst geschichtsbewußten Franz Joseph Eugen Trotta gelingen den fünf Frauen in den Erzählungen des *Simultan*-Zyklus nur momenthaft Einblicke in die Zusammenhänge zwischen der eigenen und der allgemeinen Geschichte, ohne daß dadurch allerdings ihre »Situation [...] an sich schon erträglicher« würde (Schmidt, 1985/86, 100). Im allgemeinen versuchen sie solche Einsichten zu vermeiden, um gerade deshalb jedoch wie schicksalshaft vom »faktische[n] Ablauf der Geschichte [...] überrollt« zu werden (Pichl, 1985, 189). Tanja Schmidt (1985/86, 113) sieht darin »die geschichtliche Wirklichkeit, *in* der Bachmann spricht«, sehr genau getroffen. Es

»ist ja eben die, die sie in den Erzählungen zur Erfahrung zu bringen sucht. Und hierin zeigt sich das Movens ihres Schreibens. Diese Wirklichkeit charakterisiert sich durch dieselben Aporien, die in den Erzählungen aufgewiesen« werden können, vor allem die: »eine gesellschaftliche Realität, die subjektiv desto erträglicher scheint, je weniger sie erfahren wird, die aber gerade darin ihren Gewaltcharakter erhärtet, daß sie – nicht angeeignet – sich noch mehr verselbständigt bzw. den Interessen mächtigerer Subjekte überlassen wird und so subjektiv noch unerträglicher wird«.

Was über Franza gesagt wurde, nämlich daß sie innerhalb der zerstörerischen symbolischen Ordnung denkt, denken muß, und daß sie somit selbst zu ihrem Verderben beiträgt, gilt auch für die Frauen der *Simultan*-Erzählungen sowie für Elisabeth Mihailovics in *Gier*. Sie vermögen die Rolle des Opfers nicht nur nicht zu durchbrechen, sie arbeiten sogar selbst ihrer Zerstörung zu (vgl. Schmidt, 1985/86, 113, bzw. auch Pichls Hinweis auf die Selbsthinrichtung Mirandas –

1985a, 224). Dementsprechend sind die Erzählungen finalisiert. Für Elisabeth Mihailovics und die alte Frau Jordan enden sie letal, Beatrix und Miranda bleiben seelisch tief verletzt und körperlich gezeichnet zurück und Elisabeth Matrei gewinnt nach der Begegnung mit Branco Trotta die Einsicht des »zu spät« (II, 478) und träumt sich an Kopf und Herz verletzt (vgl II, 486). Sie immerhin vermag, da sie sich wieder in die Arbeit stürzt, und zwar in das besonders gefährliche Abenteuer der Vietnam-Kriegsberichterstattung, autosuggestiv Gleichmut zu gewinnen: »Es ist nichts, es ist nichts, es kann mir doch gar nichts mehr geschehen. Es kann mir etwas geschehen, aber es muß mir nichts geschehen« (ebda). Einzig der Schluß der Titelgeschichte, an dem Dusar (1994, 299) die (vor allem in der Christus-Figur bildhaften Ausdruck findende) »phallische Instanz« dekomponiert sieht, erscheint offen, offen zwischen den Möglichkeiten von Absturz und Höhenflug Nadjas (vgl. II, 314), die zur Einsicht gelangt, leben zu dürfen, die ein neues Körpergefühl gewinnt und ihre Verdinglichung zur Sprachmaschine aufgehoben empfindet. Das Nicht-übersetzen-Können einer Bibel-Stelle wird zum existentiellen Erlebnis und läßt ihre verschüttete Individualität neu aufleben (vgl. II, 315): sie, die »über dem Herumziehen in allen Sprachen und Gegenden das Weinen verlernt« zu haben meint (II, 311), wird dieser und anderer emotionaler Regungen wieder fähig. Ob sie sich jedoch dauerhaft der babylonischen Sprachverwirrung und damit der Funktionalisierung als Übersetzungsmaschine auf Kosten ihrer eigenen Ansprüche entziehen kann, erscheint zweifelhaft. Wie die anderen Frauen ist sie eine Gefangene des Systems.

4. Anhang

4.1 Biographischer Abriß

Eine gleichermaßen umfassende wie zufriedenstellende Darstellung
der Lebensgeschichte Bachmanns fehlt noch. Das liegt am Mangel
verläßlicher biographischer Dokumente, der einerseits bedingt ist
durch die Sperre des Briefwechsels der Autorin bis weit über die
Jahrtausendgrenze hinaus, andererseits aber auch auf die Tatsache
zurückzuführen ist, daß Bachmann im Literaturbetrieb als »Gerüchtgestalt« (II, 98) gehandelt wurde und wird. Durch die Mono-
graphien von Beicken (1988) und Hapkemeyer (1990) ist keine
grundsätzliche Verbesserung der Situation eingetreten. Am verläß-
lichsten informieren die Zeittafeln zur *Vita Ingeborg Bachmanns* von
Otto Bareiss in den diversen Text+Kritik-Heften sowie Caduff
(1994).

4.1.1 1926-1945: Klagenfurt

Bachmann wird am *25. Juni 1926* in Klagenfurt als erstes von drei
Kindern des Hauptschullehrers Mathias und seiner Frau Olga geboren. Die von der Autorin als »wirkliches Kapital« (GuI, 79) des
Schriftstellers bezeichnete Kindheit und Jugend verbringt sie bis
1945 in Klagenfurt,

»im Süden, an der Grenze, in einem Tal, das zwei Namen hat – einen deutschen und einen slowenischen. Und das Haus, in dem seit Generationen
meine Vorfahren wohnten – Österreicher und Windische –, trägt noch
heute einen fremdklingenden Namen. So ist nahe der Grenze noch einmal
die Grenze: die Grenze der Sprache – und ich war hüben und drüben zu
Hause, mit den Geschichten von guten und bösen Geistern zweier und
dreier Länder; denn über den Bergen, eine Wegstunde weit, liegt schon Italien« (IV, 301).

Eines der zentralen Themen ihrer Dichtungen, das Leiden an Grenzen und die Utopie grenzenloser Zusammengehörigkeit der Menschen, bringt Bachmann in diesem biographischen Text aus dem
Jahr *1952* in Zusammenhang mit ihrer Herkunft aus dem Dreiländereck im südlichen Kärnten. In die Zeit von der frühesten Kind-

169

heit bis zum Ende ihrer Schulausbildung (Volksschule: *1932-1936*; Gymnasium, mit einem Wechsel: *1936-1944*, Matura *1944*; wegen der Wirren zum Kriegsende nicht abgeschlossener Abiturientenkurs an der Lehrerbildungsanstalt Klagenfurt: *1944/45*) fallen politische Ereignisse, die entscheidend in die alltägliche Lebenspraxis auch jeder einzelnen Familie und jedes einzelnen Menschen hineingewirkt und d.h. vor allem auch die Sozialisation der damals Heranwachsenden geprägt haben: wirtschaftliche Depression, verheerende Arbeitslosigkeit, heftigste bürgerkriegsartige Auseinandersetzungen, die Auslöschung der parlamentarischen Demokratie der Ersten Republik Österreich durch die austrofaschistische ständestaatliche Diktatur und die von der Autorin traumatisch erfahrene Machtübernahme in Österreich im Jahr *1938* durch Hitlerdeutschland:

»Es hat einen bestimmten Moment gegeben, der hat meine Kindheit zertrümmert. Der Einmarsch von Hitlers Truppen in Klagenfurt. Es war etwas so Entsetzliches, daß mit diesem Tag meine Erinnerung anfängt: durch einen zu frühen Schmerz, wie ich ihn in dieser Stärke vielleicht später überhaupt nie mehr hatte [... es bedeutete] das Aufkommen meiner ersten Todesangst« (GuI, 111).

Diesen »zu frühen Schmerz« und seine Folgen (vgl. auch *Jugend in einer österreichischen Stadt*) wird die Autorin bis zu ihren letzten Werken immer wieder thematisieren. Der erste, der erkannte, daß man den Spuren der Jugend Bachmanns, die auch noch vom Zweiten Weltkrieg und dem ihm folgenden totalen Zusammenbruch überschattet ist, nachzugehen hat, war Uwe Johnson. In seiner *Reise nach Klagenfurt* (1974) sucht er aus Betroffenheit über den frühen Tod der verehrten Dichterkollegin nach deren Ursprüngen. Literarisch finden wir diese in ersten epigonalen Gedichten seit *1945*, wie dem übertriebenen Selbstbewußtsein hervorkehrenden »Ich« (*1942* oder *1943*), in dem *1942/43* entstandenen Versdrama *Carmen Ruidera* sowie in mehreren Texten, die Widerstand gegen Fremdherrschaft thematisieren: in dem Heimatgedicht *An Kärnten* und in der Erzählung *Das Honditschkreuz* (beide *1944*).

4.1.2 1945-1953: Wien

Im Herbst *1945* verläßt Bachmann Klagenfurt, ohne bis zu ihrem Tod je wieder für längere Zeit dorthin zurückzukehren. Sie studiert vorerst im Wintersemester *1945/46* in Innsbruck Philosophie, Psychologie, Germanistik und Kunstgeschichte, dann im Sommersemester *1946* in Graz dieselben Fächer, ausgenommen Kunstgeschichte, ehe sie im Wintersemester *1946/47* an die Universität in Wien übersiedelt (vgl. Pichl, 1986, 170). Von den Lehrerpersönlichkeiten beeindrucken sie am stärksten die Philosophen Alois Dempf, Leo Gabriel und Viktor Kraft, der Psychologe Hubert Rohracher und der Psychotherapeut Viktor E. Frankl. Ihren ursprünglichen Plan, bei Dempf über den »Typus des Heiligen« zu dissertieren, muß sie wegen dessen Berufung nach München aufgeben und Doktorvater sowie Dissertationsthema wechseln (Pichl, 1986, 172). Ein folgenschweres Ereignis: Denn Bachmann, die bei Gabriel schon erste Kenntnisse über existentialistische Denkansätze erworben hat, macht sich bei Kraft nun vertraut mit der von den Nationalsozialisten aus Österreich ins Exil verbannten neopositivistischen Philosophie der Wiener Schule und dem *Tractatus logico-philosophicus* von Wittgenstein. Diese »wichtigste« ihrer »geistigen Begegnungen« (GuI, 12), von der sie noch in ihrem letzten Lebensjahr ihr »ungeheuer genaues Denken und einen klaren Ausdruck« (GuI, 136) herleitet, schlägt sich in der Doktorarbeit über *Die kritische Aufnahme der Existentialphilosophie Martin Heideggers* ebenso nieder, wie in ihrem im Laufe der fünfziger Jahre entwickelten poetologischen Konzept (s. Kap. 2).

Die philosophischen Anregungen, die Bachmann während ihres Studiums in Wien erfährt, kann man in ihrer Bedeutung für das dichterische Werk kaum überschätzen, auch wenn die Autorin meint, »nie beim Schreiben von Gedichten an Ludwig Wittgenstein gedacht« zu haben (GuI, 83). Nicht minder wichtig sind aber die literarischen Kontakte, die sich für die junge Frau aus der österreichischen Provinz in der auch in der unmittelbaren Nachkriegszeit schon wieder recht lebendigen kulturellen Szene der Metropole des Landes ergeben. Sie macht Bekanntschaft bzw. schließt Freundschaft mit Hermann Hakel, dem Herausgeber der Zeitschrift »Lynkeus«, dem ersten literarischen Organ, in dem Bachmann *1948/49* veröffentlicht (nachdem die *1945* entstandene Erzählung *Die Fähre* bereits *1946* in der »Kärntner Illustrierten« erschienen ist), weiters mit Hans Weigel, der einen größeren Kreis von Literaten um sich geschart hat, mit Ilse Aichinger u.v.a. Seine Beziehung zu Bachmann thematisiert Weigel in seinem 1950/51 verfaßten Schlüsselroman *Unvollendete Symphonie*, einer etwas eitlen Hochstilisierung der eigenen Bedeutung. Biographisch verläßliche Aussagen bietet die Fiktion naturgemäß nicht. Immerhin spielt der Anfang des Romans *Malina* mit Orts- und problematisierter Zeitangabe auf den der *Unvollendeten Symphonie* an: »Der Ort ist Wien. Und die Zeit ist heute. Wann aber ist heute?« (Weigel, 1992, 9).

1947 begegnet Bachmann Paul Celan, zu dem sie sich ganz stark hingezogen und dem sie sich zeitlebens eng verbunden fühlt. Bis

1959 kommt es zu mehreren Begegnungen. Wichtig ist, daß sich in den Werken der Autorin ein »Dialog« fortschreibt, »ein Literatur-Liebes-Gespräch, wie es einzigartig sein dürfte« (Caduff, 1994, 77). Intertextuelle und poetologische Bezüge auf Celan finden sich von den Gedichten *Dunkles zu sagen, Paris* (1952), *Große Landschaft bei Wien* (1953), *Hôtel de la Paix* (1957) über *Undine geht*, als einer Art Antwort auf Celans Büchnerpreisrede, bis zur Legende *Die Geheimnisse der Prinzessin von Kagran* und zum Traumkapitel im *1971* veröffentlichten Roman *Malina* (vgl. das Kap. 3.3.2.3) und zur Erzählung *Drei Wege zum See* von 1972 (zum Umfang und zur Bedeutung der angedeuteten »poetischen Korrespondenzen« vgl. Böschenstein/Weigel, 1997).

1951 versucht Bachmann während eines England-Aufenthaltes vergebens in Kontakt mit dem schon kranken Wittgenstein zu treten. Nach diesen beiden Auslandsreisen nimmt sie Arbeit im Sekretariat der US-Besatzungsbehörde, später beim Sender Rot-Weiß-Rot in Wien an, für den sie Bearbeitungen (von Franz Werfels Novelle *Der Tod des Kleinbürgers, 1951*) und Übersetzungen (von Thomas Wolfe's *Mannerhouse*, dt. *Das Herrschaftshaus*, sowie Louis MacNeice's *The Dark Tower*, dt. *Der schwarze Turm*, beide *1952*) vornimmt. In das Jahr *1952* fallen weiters die Ursendung ihres ersten Hörspiels *Ein Geschäft mit Träumen*, die Fertigstellung des ersten, von allen Verlagen abgelehnten und verschollenen Romans *Stadt ohne Namen* und vor allem die erste Einladung zu einem Treffen der Gruppe 47 durch Hans Werner Richter, der – in ihrem Büro im Rundfunk auf ein Interview durch Weigel wartend – die Dichterin Bachmann »zufällig« entdeckt:

»Die Papiere auf dem Schreibtisch wage ich nicht anzufassen. Aber da liegen direkt vor mir mit Schreibmaschine geschriebene Gedichte. Ich kann nicht umhin, sie zu lesen. Ich lese das erste Gedicht, das zweite, das dritte. Es sind sechs oder sieben Gedichte. Ich lese sie alle und vergesse das bevorstehende Interview« (Richter, 1979, 104).

Richter ist spontan von der Lyrik Bachmanns fasziniert, ebenso wie wenig später seine Freunde von der Gruppe 47, und lädt auf ihre Bitte hin einen weiteren Dichter ein, »einen Freund aus Paris, der sei sehr arm, unbekannt wie sie selbst, schreibe aber sehr gute Gedichte, bessere als sie selbst [...] Sein Name ist: Paul Celan« (Richter, 1979, 106).

Bachmann und Celan sind gemeinsam mit Aichinger, die *1952* für ihre *Spiegelgeschichte* den Preis der Gruppe erhält, das große Ereignis. Bachmann empfindet das Autorentreffen als wohltuenden Kontrast zum Wiener Kulturbetrieb (vgl. IV, 323) und wird fortan häufig an Tagungen der Gruppe 47 teilnehmen: »für sie waren diese Zusammenkünfte ein Motor« (Richter, 1986, 60). Bei einer weiteren Tagung des Jahres *1952* lernt sie den Komponisten Hans Werner Henze kennen, mit dem sie langjährige Zusammenarbeit und Freundschaft verbinden wird. *1953* wird Bachmann für Gedichte, die später in ihrem ersten Lyrikband *Die gestundete Zeit* veröffentlicht werden, mit dem Preis der Gruppe 47 ausgezeichnet und lenkt so die Aufmerksamkeit von Verlagen (Piper), Zeitschriften (»Merkur«), Feuilletonredaktionen und Rundfunkanstalten auf sich. Ebenfalls noch *1953* publiziert Alfred Andersch als erste Buchpublikation der Bachmann die Gedichtsammlung *Die gestundete Zeit* in der Reihe »Studio Frankfurt«. Da wenige Tage nach dem Erscheinen die zuständige Verlagsabteilung der Frankfurter Verlagsanstalt aufgelöst wird, findet das Buch vorerst kaum Widerhall (Bareiss, 1978, 7). Es wird *1957* mit einigen Veränderungen bei Piper neu aufgelegt werden.

4.1.3 1953-1957: Italien

Bachmann gibt in dem für sie sehr erfolgreichen Jahr *1953* ihre Stellung beim Sender Rot-Weiß-Rot und damit die damals als eingeschränkt empfundene Existenz in Wien (GuI, 141) auf und folgt einer Einladung Henzes in ihr »erstgeborenes Land« (I, 119), das von ihr immer als angenehmerer Lebensraum empfundene, aber nie idealisierte Italien, wo sie vorerst mit kurzen Unterbrechungen bis *1957* auf Ischia, dann in Neapel und Rom lebt. Man sollte sich hüten, Bachmanns Werke autobiographisch zu lesen. Aber immer wieder geben gerade Reisen bzw. Aufenthalte an fremden Orten den Anstoß für Dichtungen. So schon die Frankreich- und Englandreisen unmittelbar nach dem Studium für Gedichte aus der *Gestundeten Zeit*, so auch der Aufenthalt auf Ischia und in Neapel: Ende *1953*, Anfang *1954* entstehen die Gedichtzyklen *Lieder von einer Insel* und *Lieder auf der Flucht*, die Eingang in den zweiten Lyrikband *Anrufung des Großen Bären* gefunden haben, *1954* das in einem mediterranen Inselmilieu angesiedelte Hörspiel *Die Zikaden*.

Rom, wo Bachmann sofort Anschluß an literarische Kreise findet, Freundschaften und Bekanntschaften, etwa mit Marie Luise Kaschnitz und Gustav René Hocke schließt, und von wo aus sie Fahrten in verschiedene Gegenden Italiens unternimmt und unter dem Pseudonym Ruth Keller für die Essener »Westdeutsche Allgemeine Zeitung« mehrere Berichte über die politische Situation in Italien verfaßt, Rom begegnet Bachmann »als offene Stadt«, »mit

utopischem Charakter« (IV, 237), »wo man ein geistiges Heimatge-
fühl haben kann« (GuI, 23) und wo ihre utopischen Vorstellungen
zwar nicht erfüllt, aber auch nicht verschüttet sind:

»Rom wirkt nicht nur durch das Bestehende, es wirkt auch durch die in seinem vielschichtigen Dasein bestehenden Möglichkeiten« (GuI, 23).

Dem spürt die Autorin in ihrem *1954* entstandenen Essay *Was ich
in Rom sah und hörte* nach, diese Einstellung zur Stadt ist auch noch
in dem Rom-Text *Zugegeben* von *1969* erkennbar. *1955* nimmt
Bachmann über Vermittlung Siegfried Unselds an einem von Henry
Kissinger geleiteten Sommerkolleg der Harvard-Universität teil. Erneut wirkt eine Reise als Stimulans für literarische Arbeit. Einer Reihe von Gedichten (*Harlem, Reklame*) ist der Impuls der US-Reise
abzulesen, am wichtigsten wird er für das Hörspiel *Der gute Gott
von Manhattan*, an dem die Dichterin bis *1957* arbeiten wird. *1956*
erscheint die erste Veröffentlichung Bachmanns im Piper-Verlag, die
Gedichtsammlung *Anrufung des großen Bären*. Im selben Jahr erhält
sie den Literaturpreis der Freien Hansestadt Bremen.

4.1.4 1957-1963: München, Zürich, Rom

Die Ehrungen für Bachmann häufen sich in der zweiten Hälfte der
fünfziger Jahre. *1957* wird sie korrespondierendes Mitglied der
Deutschen Akademie für Sprache und Dichtung in Darmstadt.
Vorübergehend übernimmt sie wieder eine feste berufliche Stelle,
und zwar als Dramaturgin beim Bayerischen Fernsehen unter Clemens Münster, dem späteren Mitherausgeber ihrer Werke. In
München pflegt sie u. a. enge Kontakte mit dem damaligen Piper-
Lektor Reinhard Baumgart sowie mit Dieter Lattmann und Hans
Egon Holthusen. *1958* trägt Bachmann die Mitunterzeichnung eines Appells gegen die atomare Bewaffnung der deutschen Bundes-
wehr eine herbe Kritik Weigels (1958, 218) ein, die die Distanz
aufzeigt, die die Autorin von dem engstirnigen und wohl auch
neidbestimmten Wiener Literatenzirkel der Nachkriegszeit gewonnen hat, als dessen Zentrum sich ihr Kritiker versteht. Im Jahr
1958 bearbeitet Bachmann Kleists *Prinzen von Homburg* für Henze (Uraufführung in Hamburg *1960*) und lernt, nach der Ursendung des *Guten Gotts von Manhattan*, den von diesem Hörspiel
zutiefst beeindruckten Max Frisch kennen. Mit ihm verbindet sie
bis *1962* eine enge, wiewohl recht komplizierte Beziehung. Sie leben miteinander abwechselnd in Zürich, das auffälligerweise »als

Name und Ort keinen Eingang findet in das Bachmann-Werk«
(Caduff, 1994, 82), und Rom.

1959 erhält Bachmann den angesehenen Hörspielpreis der
Kriegsblinden für ihren *Guten Gott von Manhattan.* Die Preisrede,
Die Wahrheit ist dem Menschen zumutbar, enthält in nuce ihre poetologischen Vorstellungen, die sie dann im Wintersemester *1959/60*
ausführlicher als erste Dozentin auf der neugegründeten Gastdozen-
tur für Poetik an der Johann Wolfgang Goethe-Universität in Frankfurt am Main in fünf Vorlesungen über *Probleme zeitgenössischer
Dichtung* entwickeln kann. Zum Teil bereitet sie sich im Hause Adornos auf diese Vorträge vor. Im Mai *1960* trifft Bachmann mit Celan und Nelly Sachs zusammen, der sie das Gedicht *Ihr Worte* widmet (vgl. Erdle, 1997). *1960* reist die Autorin auf Einladung Hans
Mayers gemeinsam mit Hans Magnus Enzensberger und Walter Jens
in die DDR, wo es in Leipzig zu einem Zusammentreffen mit Ernst
Bloch, Johannes Bobrowski, Stephan Hermlin und Peter Huchel
kommt. Diese Reise gilt dem vom Kalten Krieg geprägten öffentlichen Bewußtsein als skandalös, weil sie als Aufwertung des politischen und ideologischen Feindes empfunden wird, von dem man
sich starr abzugrenzen pflegt. *1961* wird Bachmann Mitglied der literarischen Sektion der Akademie der Künste in Berlin, veröffentlicht ihre Übersetzungen von Ungaretti-Gedichten und ihren ersten
Erzählband *Das dreißigste Jahr,* an dem sie seit *1956* gearbeitet hat
und für die sie nun zwar noch mit dem Preis des Verbandes der
deutschen Kritiker ausgezeichnet wird, den die Literaturkritik insgesamt aber wenig begeistert aufnimmt (vgl. Kap. 1). Die Enttäuschung der vom Lob verwöhnten Autorin, daß sie als Erzählerin
nicht akzeptiert wird, und der Bruch mit Frisch im Jahr 1962, von
dem der Autor in *Montauk* sagt: »Das Ende haben wir nicht gut bestanden, beide nicht« (Frisch, 1976, 717), lösen eine schwere ge-
sundheitliche Krise bei Bachmann aus.

4.1.5 1963 – 1966 Berlin

An dem »gestörten Ort« Berlin (GuI, 49), wohin Bachmann auf
Einladung der Ford Foundation *1963* für mehr als ein Jahr übersiedelt, gerät sie in eine selbst diagnostizierte »Verstörung« (GuI, 49),
die sie literarisch in ihrer Büchnerpreisrede *Ein Ort für Zufälle*
(1964), die vom Beginn der Arbeit an den *Todesarten* zeugt, in der
Vermittlung von eigenen Lebenserfahrungen und allgemeiner Geschichte zu objektivieren unternimmt. In Berlin trifft Bachmann
mit dem polnischen Autor Witold Gombrowicz zusammen, von

dem sie zutiefst beeindruckt ist und mit dem sie sich in der Ansicht einig glaubt, »daß dieser Ort nach Krankheit und Tod riecht, für ihn auf eine Weise, für mich auf eine andre« (IV, 326). Das Gefühl des Abgetötetwerdens, das Bachmann schon in früheren Texten thematisiert hat, verstärkt sich: »Es war keine Todessehnsucht, nicht die Suche nach dunklen Horizonten, nein, sie sprach es [die Ahnung eines frühen Todes] aus, wie eine selbstverständliche Feststellung« (Richter, 1986, 54). Bachmann erfährt aber in Berlin nicht nur diese subjektive existentielle Bedrohung und hautnah die objektive einer durch den Kalten Krieg zerrissenen Welt, sondern auch positive Kontakte, u. a. mit Hans Werner Richter, Uwe Johnson, Walter Höllerer und Günter Grass, und sogar unbeschwerte Momente (Richter, 1986, 45 ff.). *1963* schließt sie sich der Klage gegen den CDU-Politiker Josef-Hermann Dufhues an, der die Gruppe 47 als »Reichsschrifttumskammer« bezeichnet hat.

In Berlin ist Bachmann die Differenz zwischen Deutschland und Österreich sowohl im Hinblick auf Traditionen als auch den gegenwärtigen Status deutlich bewußt geworden:

»Für mich selber habe ich lange Zeit die Schwierigkeit darin gesehen, daß ich deutsch schreibe, zu Deutschland nur durch diese Sprache in Beziehung gesetzt bin, angewiesen aber auf einen Erfahrungsfundus, Empfindungsfundus aus einer anderen Gegend. Ich bin aus Österreich, aus einem kleinen Land, das, um es überspitzt zu sagen, bereits aus der Geschichte ausgetreten ist und eine übermächtige, monströse Vergangenheit hat [...] ich merke mehr und mehr, seit ich an dem ersten Roman schreibe, der Wien zum Schauplatz hat, die Zeit ist die Gegenwart, daß ich nicht einmal aus der Not eine Tugend machen muß, sondern daß dieses einstige geschichtliche Experimentierfeld mir mehr und Genaueres über die Gegenwart zu sagen hat als etwa ein Aufenthalt hier [in Berlin], wo man den Wald vor lauter Bäumen nicht mehr sieht« (GuI, 63 f.) .

Der zerbrochene Vielvölkerstaat wird von Bachmann nicht mythisch verklärt, sondern zu einem utopischen Modell, insofern auf diesem »geschichtlichen Experimentierfeld« bereits einmal Grenzen, politische und kulturelle, zwischen verschiedenen Nationalitäten aufgehoben waren. Auf einer gemeinsam mit dem Wiener Schriftsteller Adolf Opel unternommenen Reise nach Prag im Jahr *1964* verstärkt sich das Gefühl der (vor allem) kulturellen Zusammengehörigkeit und Familiarität der Autorin mit den einst im »Haus Österreich« vereinten Völkern. Ebenfalls mit Opel reist Bachmann dann im selben Jahr nach Ägypten und in den Sudan. Versatzstücke dieser Reise finden sich im *Franza*-Fragment, aber auch in der Büchnerpreisrede *Ein Ort für Zufälle*. Opel (1996) hat in einem Erinnerungsbuch über diese beiden Reisen eine Vielzahl von Daten und Fakten mitgeteilt, die in ihrer Authentizität nicht einzuschätzen sind. Entgegen dem Titel »*Landschaft, für die Augen gemacht sind*« kommt Bachmanns Blick nicht vor, die Autorin nur als Objekt der Eitelkeit des Verfassers.

1964 erarbeitet Bachmann das Libretto für Henzes Oper *Der junge Lord* (Uraufführung *1965*). Am Ende desselben Jahres begegnet sie in Rom der russischen Dichterin Anna Achmatowa, der sie ihr Gedicht *Wahrlich* widmet und deretwegen sie *1966* mit dem Piper-Verlag bricht, weil dieser einen von ihr angeregten Lyrikband der russischen Dichterin in der Übersetzung Hans Baumanns, des ehemaligen Führers der Hitlerjugend und Verfassers von deren Lied *Es zittern die morschen Knochen ...*, zu veröffentlichen geplant hat. Ihre entschiedene Gegnerschaft gegen das Weiterwirken ehemaliger Nationalsozialisten äußert sich auch *1965* in ihrem Eintreten für die Verlängerungsfrist für NS-Verbrechen und beeinflußt wohl auch ihre Entscheidung, in der Wählerinitiative für den Antifaschisten Willy Brandt mitzuwirken, von dem sich Intellektuelle in der Bundesrepublik sowohl innenpolitisch eine Veränderung der gesellschaftlichen Strukturen als auch außenpolitisch neue, der Abgrenzungspolitik des Kalten Krieges entgegenwirkende Impulse erwarten. *1965* ist das Jahr, in dem Bachmann am entschiedensten mit politischen Äußerungen an die Öffentlichkeit tritt: Sie unterzeichnet auch noch eine Erklärung gegen den Vietnam-Krieg und läßt sich gemeinsam mit Enzensberger in das Präsidium der »Europäischen Schriftstellergemeinschaft« COMES wählen.

4.1.6 1966-1973: Wien in Rom

Mit der endgültigen Übersiedlung nach Rom im Jahr *1966* zieht Bachmann sich auf ein fast einsiedlerisches, asketisches Leben zurück: »Denken ist solitär, Alleinsein ist eine gute Sache« (IV, 341). Trotz labiler Gesundheit arbeitet sie die Jahre bis zu ihrem Tod intensivst am *Todesarten*-Projekt, von dem *1971 Malina* als »Ouvertüre« (GuI, 95) erscheint und in dessen Kontext auch der *1972* veröffentlichte Erzählzyklus *Simultan* gehört.

In Rom führt Bachmann ein »Doppelleben«:

»denn in dem Augenblick, in dem ich in mein Arbeitszimmer gehe, bin ich in Wien und nicht in Rom. Das ist natürlich eine etwas anstrengende oder schizophrene Art zu leben. Aber ich bin besser in Wien, weil ich in Rom bin, denn ohne diese Distanz könnte ich es mir nicht für meine Arbeit vorstellen. Und ich fahre dann hin und wieder nach Wien, um zu sehen, wie es sich verändert hat [...] Meine römischen Freunde machen sich alle lustig über meine Wohnung, weil sie sagen, daß es mir gelungen ist, mitten in Rom eine wienerische Wohnung zu haben und ostinatamente daran festzuhalten« (GuI, 65).

In sehr angegriffenem Zustand (Hapkemeyer, 1990, 121, 147, führt diesen zurück auf eine seit der Behandlung ihrer Krankheit in Berlin bestehende Medikamentenabhängigkeit) erreicht Bachmann im Frühjahr 1973 die Nachricht vom Tod des von ihr sehr geliebten Vaters. Die Bedrückung verstärkt sich dann noch durch den Besuch der Konzentrationslager Auschwitz und Birkenau während einer Lesereise durch Polen. Die Pläne zu einer Rückkehr nach Wien, die sie auch in einem Gespräch mit dem österreichischen Bundeskanzler Bruno Kreisky über die Möglichkeiten, eine Wohnung der Stadt Wien zu erhalten (ebda, 149), verfolgt, kann sie nicht mehr verwirklichen. Am 26. September 1973 erleidet sie schwere Brandverletzungen ungeklärter Ursache, am 17. Oktober stirbt sie. Gerüchte ranken sich nach wie vor um ihren Tod. Man hat von Unfall gesprochen, von Suicid-Versuch gemunkelt, aber auch Anzeige wegen Mordverdachtes erstattet (vgl. ebda, 152 ff.). Eines dürfte sicher sein: daß der Tod nicht wegen der Verbrennungen, sondern aufgrund von Medikamentenentzug eingetreten ist. Bachmann liegt auf dem Friedhof Klagenfurt-Annabichl begraben.

4.2 Werkausgaben

In der Geschichte der Publikationen von Bachmanns Texten ebenso wie in deren literaturwissenschaftlicher Erforschung kann zweifellos das Jahr 1978, das Erscheinungsjahr der vierbändigen Ausgabe der Werke im Piper-Verlag, als Schlüsseldatum gelten. Die bis dahin nur in Einzelausgaben bzw. in einer Teilsammlung sowie verstreut in diversen Zeitungen, Zeitschriften, Anthologien etc. veröffentlichten literarischen Texte, Vorlesungen, Reden, Essays und Rezensionen liegen, erweitert um eine Auswahl aus dem Nachlaß, gesammelt vor und fordern von einem neu gewonnenen Überblick aus zu neuen Lesarten und intensivierter literaturwissenschaftlicher Erforschung heraus. Neue Impulse in diese Richtung sind mittlerweile von der kritischen Ausgabe des mit seiner »Vorgeschichte« bis in die frühen fünfziger Jahre zurückreichenden »Todesarten«-Projekts von 1995 ausgegangen bzw. noch zu erwarten, die etwa die Hälfte des literarischen Nachlasses auswertet.

4.2.1 Einzelausgaben vor 1978

Sieht man von der 1949 maschinschriftlich vorgelegten, erst 1985 im Druck erschienenen Dissertation über *Die kritische Aufnahme der Existenti-alphilosophie Martin Heideggers* ab, ist die Gedichtsammlung *Die gestundete Zeit*, ursprünglich 1953 als Band 12 in der von Alfred Andersch herausge-gebenen Reihe »Studio Frankfurt« veröffentlicht, die erste selbständige Pu-blikation Bachmanns. Wegen Verlagsauflösung unmittelbar nach Erschei-nen blieb diese Ausgabe eine Rarität (Bareiss/Ohloff, 1978, 7). *Die gestun-dete Zeit* wurde erst 1957, nach der Edition des zweiten (und zugleich letz-ten) Gedichtbandes von Bachmann, *Anrufung des Großen Bären* (1956), ebenso wie dieser bei Piper neu aufgelegt. Mit einer Ausnahme entspricht das Textkorpus der Neuauflage dem der Ausgabe von 1953: *Beweis zu nichts* wurde zugunsten des Gedichts *Im Gewitter der Rosen* gestrichen, dessen er-ste Strophe ursprünglich als Motto diente. Allerdings weisen zahlreiche Ge-dichte und der *Monolog des Fürsten Myschkin zu der Balletpantomime »Der Idiot«* Varianten auf, die die Ausgabe der Werke von 1978 im einzelnen al-lerdings nicht ausweist.

Die in den genannten Bänden gesammelte Lyrik sowie das Hörspiel *Der gute Gott von Manhattan* (1958) begründeten den Ruhm der Dichterin in den fünfziger Jahren. *Der gute Gott* wurde im Entstehungsjahr nicht nur in zwei verschiedenen Produktionen bundesdeutscher Sender einer breiteren Öffentlichkeit bekanntgemacht, sondern auch durch eine Taschenbuchpu-blikation, was in zweifacher Hinsicht beachtenswert ist: erstens, weil Hör-spiele selten so häufig und überdies noch als Einzelpublikation in einer Ta-schenbuchausgabe im Druck vorliegen; zweitens, weil es sich um die erste (und einzige originale) Veröffentlichung eines Werkes von Bachmann in der zudem in den fünfziger Jahren im deutschen Sprachraum noch nicht so verbreiteten Taschenbuchform handelt. Das läßt auf die Wertschätzung schließen, die man dieser Autorin in dieser Zeit in hohem Maß (vgl. Kap.1) entgegenbringt. Seit 1963 werden sukzessive alle ihre Werke auch in billiger Taschenbuchaufmachung aufgelegt und erreichen vergleichsweise sehr hohe Auflagen.

Von weiteren Einzeleditionen bis zum Jahr 1978 wären noch hervorzu-heben:

»die bisher einzige bibliophile Ausgabe eines Werkes von Ingeborg Bachmann« (Bareiss/Ohloff, 1978, 9), die Veröffentlichung der Erzählung *Jugend in einer österreichischen Stadt* mit vier Gravuren von Rudolf Schoofs bei Heiderhoff, ebenso 1961 erschienen wie der erste Prosaband der Dich-terin, *Das dreißigste Jahr*, dem die Erzählung entnommen ist;

die mit dreizehn Zeichnungen von Günter Grass versehene Publikation des als Büchnerpreisrede 1964 entstandenen Textes *Ein Ort für Zufälle* in der Reihe der »Quarthefte« bei Wagenbach (1965), im übrigen die einzige Neuveröffentlichung eines Buches der Bachmann in der Dekade zwischen 1961 und 1971;

schließlich die von der *Gestundeten Zeit* und eben des *Orts für Zufälle* abgesehen einzige nicht bei Piper, vielmehr bei Suhrkamp erschienene Erst-

Veröffentlichung eines Werkes, nämlich des Romans *Malina* (1971). (Zum Bruch mit Piper vgl. Kap. 4.1.5.) Der Erzählband *Simultan* erschien wegen einer vorvertraglichen Vereinbarung 1972 noch bei Piper, die von der Autorin nicht mehr fertiggestellte Erzählung *Gier* war für 1973 wiederum bei Suhrkamp angekündigt (Pichl, 1982, 68).

4.2.2 Teilsammlungen

1964 erschien in der Reihe »Die Bücher der Neunzehn« die bis in die achtziger Jahre mehrfach aufgelegte und auch von mehreren Buchgemeinschaften in Lizenz veröffentlichte Teilsammlung *Gedichte, Erzählungen, Hörspiel, Essays* mit einer repräsentativen Auswahl aus den Lyrikbänden *Die gestundete Zeit* und *Anrufung des Großen Bären* sowie mit sechs weiteren zwischen 1957 und 1961 entstandenen Gedichten, mit vier Erzählungen aus dem *Dreißigsten Jahr*, mit dem Hörspiel *Der gute Gott von Manhattan*, mit mehreren Essays (u . a. den über Wittgenstein), mit der Rede anläßlich der Verleihung des Hörspielpreises der Kriegsblinden und mit dreien der fünf Frankfurter Poetik-Vorlesungen. Gerade der Veröffentlichung der zuletzt genannten theoretischen Äußerungen der Autorin kam besondere Bedeutung zu, weil sie erste Einblicke in deren poetologische Vorstellungen eröffnete.

Eine gegenüber der genannten Sammlung um sechs Gedichte aus der *Anrufung*, vor allem aber um das 1964 entstandene *Böhmen liegt am Meer* erweiterte Lyrik-Auswahl erschien 1966 in der DDR. Nach Ausgaben der Erzählbände *Das dreißigste Jahr* (1968) und *Simultan* (1973) erschien dort 1973 unter dem Titel *Undine geht* in »Reclams Universal-Bibliothek« noch eine Auswahl von fünf Erzählungen aus dem ersten Prosaband der Autorin zusammen mit dem Essay *Was ich in Rom sah und hörte* und Christa Wolfs mehrfach veröffentlichtem und vielzitiertem Bachmann-Aufsatz *Die zumutbare Wahrheit*. Diese Ausgabe erlebte 1976, erweitert um die Erzählungen *Simultan* und *Drei Wege zum See*, eine Neuauflage.

4.2.3 Die Werkausgabe von 1978

Herausgeber (*Zur Edition* – IV, 405 ff.) und Verlag (Fritzsche, 1978, 1233 f.) lassen keinen Zweifel darüber aufkommen, daß mit der vierbändigen Werkausgabe keine historisch-kritische Edition angestrebt wird, vielmehr eine Leseausgabe mit allen zu Lebzeiten der Autorin veröffentlichten Werken sowie mit den weitgehend entwickelten Projekten aus dem Nachlaß. Wenngleich das historischer Verdienst dieser Ausgabe nicht hoch genug eingeschätzt werden kann, wurden gegen die Selektions- und Ordnungsprinzipien doch sehr bald Bedenken angemeldet (vgl. insbesondere Albrecht, 1988, 221 ff.)

4.2.4 Ergänzungen zur Werkausgabe

Auf Einzelausgaben, die textidentisch mit der Werk-Ausgabe von 1978 sind, wird hier nicht mehr eigens verwiesen (vgl. dazu die Auflistung bei Bareiss, 1983, 178 f.; 1986, 204 f.; 1991, 250 f.; 1994, 166 – 168), vielmehr nur auf Editionen, die Neues bieten. In der Reihenfolge ihrer Veröffentlichung sind dies:

Anmerkungen der Autorin zum Gedicht *Ihr Worte* und zur Erzählung *Jugend in einer österreichischen Stadt* sowie das Gedicht *An Kärnten* im Jahrgang 1981 der Kärntner Kulturzeitschrift »Die Brücke«. Die später in den Band mit den *Gesprächen und Interviews* der Autorin aufgenommenen Bemerkungen (GuI, 25 f.) verdienen Aufmerksamkeit, weil die Dichterin Auskunft gibt über ihren Sprachrigorismus und über ihr problematisches Verhältnis zum Gedichteschreiben seit dem Ende der fünfziger Jahre bzw. über ihre Ablehnung der autobiographischen Lesart von *Jugend in einer österreichischen Stadt*. Das ästhetisch wenig anspruchsvolle Heimatgedicht *An Kärnten* aus dem Jahr 1944 läßt die Verletzungen erahnen, die die Autorin in der »frühen Dunkelhaft« (II, 93) des Faschismus erfuhr.

1982 edierte Robert Pichl in der Aufsatzsammlung *Der dunkle Schatten, dem ich schon seit Anfang folge* erstmals das Erzählfragment *Gier*. Diese Edition ist durch die kritische Ausgabe von 1995 überholt.

Ungefähr drei Fünftel der Gespräche und Interviews von Bachmann haben Christine Koschel und Inge von Weidenbaum 1983 unter dem Titel *Wir müssen wahre Sätze finden* veröffentlicht. Der Wert dieser Edition ist unbestreitbar, verdankt man ihr doch Einsicht in wichtige poetologische, philosophische und politische Ansichten der Autorin, die »manchen Befund der älteren Sekundärliteratur korrigieren, manche Vermutungen bestätigen, oder der wissenschaftlichen Spekulation durch die Autorität der dichterischen Selbstaussage solideres Fundament geben können« (Pichl, 1984, 169). Ohne diese Sammlung kommt keine Untersuchung zu Bachmann aus.

1985 hat sich der Piper-Verlag endlich entschieden, die bis dahin lediglich in zwei maschinschriftlichen Exemplaren vorliegende und daher vielen Kritikern, die sich darauf bezogen, nur vom Hörensagen, nicht aus Autopsie bekannte Dissertation Bachmanns über *Die kritische Aufnahme der Existentialphilosophie Martin Heideggers*, sorgfältig ediert von Robert Pichl und mit einem anregenden Nachwort des Philosophen Friedrich Wallner zu veröffentlichen. (vgl. Kap.2).

1991 veröffentlichte Piper die *Briefe an Felician*, laut Vorwort von Isolde Moser, der jüngeren Schwester Bachmanns, fiktive Briefe aus den Jahren 1945/46.

4.2.5 Die kritische Ausgabe des »Todesarten«-Projekts von 1995

Ausgehend von der Kritik Monika Albrechts (1988, 221 ff.) an den Selektions- und Ordnungsprinzipien der Ausgabe von 1978, edierten sie und Dirk Göttsche unter der Leitung von Robert Pichl in vier Bänden (fünf Teilbänden) alle jene Textzeugen, die sie »motivisch-thematisch, genetisch und zum Teil auch zyklisch aufs engste miteinander verknüpft« (T I, 615) sehen, d.h. nicht nur die zu Lebzeiten der Autorin veröffentlichten Texte *Ein Ort für Zufälle, Malina* und die Erzählungen des Bandes *Simultan,* sondern auch etwa die Hälfte des literarischen Nachlasses, zurückgehend auf Texte der spätesten vierziger, frühen fünfziger Jahre, die zur »Vorgeschichte« der *Todesarten* gezählt werden. Jeder Band ist mit einer Überlieferungsbeschreibung sowie Text- und Sachkommentar versehen.

4.3 Der Nachlaß

Der über 6000 (vorwiegend DIN A4-)Blätter umfassende hand- und maschinschriftliche Nachlaß von Bachmann liegt seit 1979 in der Nationalbibliothek in Wien (Beschreibung s. Pichl, 1982 a, 199 ff.) und ist 1981 dank einer von Pichl herausgegebenen, auf Quellenarbeit von Koschel und Weidenbaum basierenden Registratur für die wissenschaftliche Erforschung aufgeschlüsselt zugänglich (Pichl, 1981). Zur kritischen Edition der *Todesarten* erschien 1995 in der Wiener Edition Präsens eine vom Herausgeberteam erstellte *Neue Teilregistratur des literarischen Nachlasses in der Österreichischen Nationalbibliothek zu Ingeborg Bachmanns »Todesarten«-Projekt.* Alle Textzeugen der neuen Ausgabe erscheinen neu geordnet, mit einer Konkordanz zur Registratur von 1981.

Der gesamte Briefwechsel der Autorin und etwa weitere 5% des Nachlasses sind bis zum Jahr 2025 gesperrt. Dabei ist es zu einigen Entscheidungen gekommen, die merkwürdig anmuten. Kein Zweifel, daß es das Recht der Erben ist, über Veröffentlichung und Nichtveröffentlichung, Möglichkeiten der Einsichtnahme oder Sperre zu entscheiden, und daß es auch ehrenwert ist, Zeitgenossen vor der Publikation von Allzuprivatem zu schützen. Warum allerdings sechs von sieben Blättern mit dem Entwurf eines Antwortbriefes auf Karl Markus Michels Grabrede auf die Literatur im »Kursbuch« 15 von 1968 gesperrt sind, kann nicht so ohne weiteres eingesehen werden.

4.4 Personalbibliographien, Forschungsberichte

Als Glücksfall der Bachmann-Forschung darf die geradezu bibliophile Personalbibliographie von Otto Bareiss und Frauke Ohloff aus dem Jahr 1978 gelten. Hier sind sämtliche Veröffentlichungen von Bachmann-Texten und fast lückenlos die Sekundärliteratur bis zum Stichtag 30. September 1977 übersichtlich (Primärliteratur chronologisch, Sekundärliteratur in den einzelnen Sachgebieten, ausgenommen Berichte über Lesungen, alphabetisch) und ausschließlich nach Autopsie erfaßt. Bareiss-Ohloff haben wesentlich zur exakten Datierung einiger Texte beigetragen, verzeichnen Textabweichungen, listen vollständig die Gespräche und Interviews der Autorin, Sprechplatten mit ihren Texten sowie Übersetzungen in über zwanzig Sprachen auf. Vier Register erleichtern die Arbeit mit diesem Handbuch. 1983 hat Otto Bareiss eine Ergänzung bis zum Herbst 1982 (Bareiss, 1983, 173 ff.), 1986 einen Nachtrag bis zum Sommer 1985 (Bareiss, 1986, 201 ff.), 1991 einen Nachtrag bis Ende 1988 (Bareiss, 1991, 251 ff.) und 1994 einen Nachtrag bis Anfang 1993 (Bareiss, 1994, 163 ff.) veröffentlicht. Vom selben Bearbeiter stammen auch die besten Auswahlbibliographien, und zwar in der fünften Auflage des Bachmann-Heftes der Zeitschrift »Text + Kritik« (Bareiss, 1995, 178 ff.) sowie im Bachmann-Sonderheft derselben Zeitschriften-Reihe (Bareiss, 1984, 186 ff.).

Von den älteren Forschungsberichten ist der von Jakubowicz-Pisarek aus dem Jahr 1984 immer noch gut brauchbar. Sie teilt die Bachmann-Literatur bis zum Beginn der achtziger Jahre in vier Bereiche ein: in die akademische Forschung (meint: Hochschulschriften), in die Literaturgeschichtsschreibung, in die Literaturessayistik (meint: Aufsätze in Zeitschriften mit mehr oder weniger hohem wissenschaftlichem Anspruch) und in die Zeitungskritik. Abgesehen davon, daß man die ersten drei Bereiche als Einheit ansehen könnte, vermittelt dieser Bericht sowohl einen guten Überblick über den Forschungsstand bis zum Jahr 1981 als auch Denkanstöße durch konsequentes Aufdecken von Lücken und methodischen Schwächen. Manche der von Jakubowicz-Pisarek monierten Fehlentwicklungen und Desiderata (s. Zusammenfassung, 93 – 97) sind von der Bachmann-Forschung korrigiert bzw. erfüllt worden. Einen Forschungsbericht zu *Malina* hat Stoll (1992, 149 ff.) vorgelegt, aktuell und durchaus hilfreich erweist sich auch das kommentierte Literaturverzeichnis in Achbergers 1995 erschienener englischsprachiger Monographie *Ingeborg Bachmann* (178 ff.).

5. Literaturverzeichnis

5.1 Zur Zitierweise

Aus der vierbändigen Ausgabe der Werke von Bachmann aus dem Jahr 1978 wird mit *einfacher Band- (römische Ziffern) und Seitenangabe (arabische Ziffern)* zitiert. Die Ausgabe des *Todesarten*-Projekts von 1995 wird mit der Sigle *T*, *einfacher Band- (römische Ziffern) und Seitenangabe (arabische Ziffern)* zitiert. Texte, die zu Lebzeiten der Dichterin veröffentlicht wurden, werden aus dem pragmatischen Grund der größeren Verbreitung nach der Werkausgabe von 1978, alle aus dem Nachlaß edierten nach der kritischen Ausgabe von 1995 zitiert.

Mit der Sigle *GuI und einfacher Seitenangabe* werden die unter dem Titel *Wir müssen wahre Sätze finden* veröffentlichten *Gespräche und Interviews* (1983), mit der Sigle *KA und einfacher Seitenangabe* die Dissertation über die *Kritische Aufnahme der Existentialphilosophie Martin Heideggers* (gedruckte Ausgabe 1985) zitiert. Mit der Sigle *NN* werden Zitate aus dem Nachlaß von Bachmann an der Wiener Nationalbibliothek mit der Nachlaß-Nummer gekennzeichnet.

Aus den Texten anderer Autor(inn)en bzw. aus der Sekundärliteratur wird jeweils mit dem *Verfassernamen, Erscheinungsjahr (bei mehreren Veröffentlichungen desselben Verfassers in einem Jahr mit Hinzufügung von a, b, c) und einfacher Seitenangabe* zitiert.

5.2 Textausgaben Ingeborg Bachmann

Werke. Bd I – IV. Hrsg. von Christine Koschel, Inge von Weidenbaum, Clemens Münster. München, Zürich: Piper 1978.
Bd   I: Gedichte, Hörspiele, Libretti, Übersetzungen;
Bd   II: Erzählungen;
Bd III: Todesarten: Malina und unvollendete Romane;
Bd IV: Essays, Reden, Vermischte Schriften.
»Todesarten«-Projekt. Kritische Ausgabe. Unter Leitung von Robert Pichl hrsg. von Monika Albrecht und Dirk Göttsche. München, Zürich: Piper 1995.
Bd I: Todesarten, Ein Ort für Zufälle, Wüstenbuch, Requiem für Fanny Goldmann, Goldmann/Rottwitz-Roman und andere Texte [»Vorgeschichte«];
Bd II: Das Buch Franza;
Bd III, 1, 2: Malina
Bd IV: Der »Simultan«-Band und andere Erzählungen.

Ein Ort für Zufälle. Berlin: Wagenbach 1965. (= Quartheft. 6.)
An Kärnten. In: Die Brücke (Klagenfurt) 7 (1981), H. 2, S. 50.
Wir müssen wahre Sätze finden. Gespräche und Interviews. Hrsg. von Christine Koschel, Inge von Weidenbaum. München, Zürich: Piper 1983.
Die kritische Aufnahme der Existentialphilosophie Martin Heideggers. (Diss. Wien 1949.) Hrsg von Robert Pichl. München, Zürich: Piper 1985.
Briefe an Felician. München, Zürich: Piper 1991.
Über weitere Ausgaben vgl. das Kapitel 4.2. bzw. die Angaben bei Bareiss, 1978, 1983, 1986, 1991, 1994.

5.3 Texte anderer Autor(inn)en

Adam, Ursula: Die Zweitgeburt. Salzburg, Wien: Residenz 1980.
Améry, Jean: Die Tortur. In: Merkur 14 (1965), S. 623 – 638.
Améry, Jean: Jenseits von Schuld und Sühne. Bewältigungsversuche eines Überwältigten. 2. Aufl. Stuttgart: Klett-Cotta 1980.
Andersch, Alfred: Deutsche Literatur in der Entscheidung. In: A. A.: Lesebuch. Zürich: Diogenes 1979. (= detebe. 205.) S. 111-134.
Bernhard, Thomas: In Rom. In: Th. B.: Der Stimmenimitator. Frankfurt a. M.: Suhrkamp 1978, S. 167 f.
Bernhard, Thomas: Auslöschung. Ein Zerfall. Frankfurt a. M.: Suhrkamp 1986.
Brecht, Bertolt: Gesammelte Werke. Bd IX, XII. Frankfurt a.M. 1967. (= werkausgabe edition suhrkamp.)
Büchner, Georg: Sämtliche Werke und Briefe. Hist.-krit. Ausg. Bd 1: Dichtungen und Übersetzungen. Hamburg: Wegner 1967.
Celan, Paul: Gedichte. Bd 1. Frankfurt a. M. 1975. (= Bibl. Suhrkamp. 412.)
Eich, Günter: Gesammelte Werke. Bd I, II. Frankfurt a. M.: Suhrkamp 1973.
Fried, Erich: Ich grenz noch an ein Wort und an ein andres Land. Über Ingeborg Bachmann – Erinnerung, einige Anmerkungen zu ihrem Gedicht »Böhmen liegt am Meer« und ein Nachruf. Berlin: Friedenauer Presse 1983.
Frisch, Max: Gesammelte Werke in zeitlicher Folge. Bd VI, 2: 1968-1975. Frankfurt a. M. 1976. (= werkausgabe edition suhrkamp.)
Grass, Günter: Todesarten. In: Die Zeit vom 26. 10. 1973, S. 31.
Handke, Peter: Kaspar. Frankfurt a. M. 1968. (= edition suhrkamp. 322.)
Hauff, Wilhelm: Märchen. München: Nymphenburger 1967.
Hebbel, Friedrich: Sämtliche Werke. (Hist.-krit. Ausg.) Bd III. Berlin: Behr 1901.
Hölderlin, Friedrich: Sämtliche Werke. Bd II, 1. Stuttgart: Kohlhammer 1951.
Jelinek, Elfriede: Malina. Ein Filmbuch. Frankfurt a. M.: Suhrkamp 1991.
Johnson, Uwe: Eine Reise nach Klagenfurt. Frankfurt a. M. 1974. (= suhrkamp taschenbuch. 235.)

185

Müller, Wilhelm: Gedichte. (Krit. Ausg.) Berlin: Behr 1906.
Musil, Robert: Der Mann ohne Eigenschaften. Hamburg: Rowohlt 1952.
Musil Robert: Prosa, Dramen, Späte Briefe. Hamburg: Rowohlt 1957.
Musil, Robert: GesammelteWerke. Bd VI. Reinbek: Rowohlt 1978.
Spiel, Hilde: Keine Kerze für Florian. Ingeborg Bachmann gestorben. In: H. Sp.: Kleine Schritte. Berichte und Geschichten. München: Ellermann 1976, S. 158-163.
Stefan, Verena: Häutungen. München: Frauenoffensive 1975.
Struck, Karin: Lieben. Frankfurt a. M.: Suhrkamp 1977.
Struck, Karin: Ingeborg B. Duell mit dem Spiegelbild. München: Langen Müller 1993.
Svevo, Italo: Zeno Cosini. Hamburg: Rowohlt 1959.
Weigel, Hans: Unvollendete Symphonie. Graz, Wien, Köln: Styria 1992.
Wolf, Christa: Nachdenken über Christa T. Berlin, Weimar: Aufbau 1975.
Wolf, Christa: Kindheitsmuster. Darmstadt, Neuwied: Luchterhand 1977.
Wolf, Christa: Voraussetzungen einer Erzählung: Kassandra. Frankfurter Poetik-Vorlesungen. Darmstadt, Neuwied 1983. (= Sammlung Luchterhand. 456.)
Wolfmayr, Andrea: Spielräume. München: Steinhausen 1981.

5.4 Literatur über Bachmann

Achberger, Karen: Literatur als Libretto. Das deutsche Opernbuch seit 1945. Heidelberg: Winter 1980.
Achberger, Karen: Bachmann und die Bibel. Ein Schritt nach Gomorrha als weibliche Schöpfungsgeschichte. In: Höller, 1982, S. 97-100.
Achberger, Karen: Der Fall Schönberg. Musik und Mythos in »Malina«. In: Text + Kritik (1984), Sonderband: Ingeborg Bachmann, S. 120-131.
Achberger, Karen R.: Understanding Ingeborg Bachmann. Columbia: Univ. of South Carolina Press 1995.
Adam, Ursula: Ingeborg Bachmann. In: Österreichische Porträts. Leben und Werk bedeutender Persönlichkeiten von Maria Theresia bis Ingeborg Bachmann. Hrsg. von Jochen Jung. Salzburg, Wien: Residenz 1985, S. 379-393.
Agnese, Barbara: Der Engel der Literatur. Zum philosophischen Vermächtnis Ingeborg Bachmanns. Wien: Passagen 1996.
Albrecht, Monika: Die andere Seite. Untersuchungen zur Bedeutung von Werk und Person Max Frischs in Ingeborg Bachmanns »Todesarten«. Würzburg: Königshausen & Neumann 1989. (= Epistemata. Reihe Litwiss. 43.)
Albrecht, Monika/Jutta Kallhoff: Vorstellungen auf einer Gedankenbühne: Zu Ingeborg Bachmanns »Todesarten«. In: Modern Austrian Literature 18 (1985), Nr. 3/4, S. 91-104.
Angst-Hürlimann, Beatrice: Im Widerspiel des Unmöglichen mit dem Möglichen. Zum Problem der Sprache bei Ingeborg Bachmann. Zürich: Juris 1971.

Atzler, Elke: Ingeborg Bachmanns Roman »Malina« im Spiegel der literarischen Kritik. In: Jahrbuch der Grillparzer-Gesellschaft 3. F. 15 (1983), S. 155-171.

Baackmann, Susanne: »Ein Nichts, ... eine geträumte Substanz«? Zur Schreibweise von Weiblichkeit in Ingeborg Bachmanns Erzählband »Das deißigste Jahr«. In: Text + Kritik (1995 a), H.6 (5. Aufl.): Ingeborg Bachmann, S. 71-83.

Bachmann, Dieter: Undine kehrt zurück. »Das dreißigste Jahr« nach dreiunddreißig Jahren. In: du (1994), H. 9, S. 49-51.

Baier, Lothar: Protest und Abkehr. Notizen zur Lyrik Ingeborg Bachmanns. In: Text + Kritik (1964), H. 6: Ingeborg Bachmann, S. 2-7.

Bail, Gabriele: Weibliche Identität. Ingeborg Bachmanns »Malina« Göttingen: edition herodot 1984.

Bareiss, Otto/Frauke Ohloff: Ingeborg Bachmann. Eine Bibliographie. München, Zürich: Piper 1978.

Bareiss, Otto: Ingeborg Bachmann-Bibliographie 1977/78-1981/82. Nachträge und Ergänzungen. In: Jahrbuch der Grillparzer-Gesellschaft 3. F. 15 (1983), S. 173-217.

Bareiss, Otto: Auswahlbibliographie 1953-1983/84. In: Text und Kritik (1984), Sonderheft: Ingeborg Bachmann, S. 186-215.

Bareiss, Otto: Vita Ingeborg Bachmann. In: Text + Kritik (1984 a), Sonderheft: Ingeborg Bachmann, S. 180-185.

Bareiss, Otto: Ingeborg Bachmann-Bibliographie 1981/1982 – Sommer 1985. Nachträge und Ergänzungen. Tl II. In: Jahrbuch der Grillparzer-Gesellschaft 3. F. 16 (1986), S. 201-275.

Bareiss, Otto: Ingeborg Bachmann – Bibliographie 1985-1988. Tl III. In: Jahrbuch der Grillparzer-Gesellschaft 3.F. 17 (1991), S. 251-327.

Bareiss, Otto: Ingeborg Bachmann – Bibliographie 1988-1993. Nachtrag IV. In: Pichl/ Stillmark, 1994, S. 163-303.

Bareiss, Otto: Auswahlbibliographie zu Ingeborg Bachmann 1953-1979/80. In: Text + Kritik (1995), H. 6 (5. Aufl.): Ingeborg Bachmann, S. 178-204.

Bartsch, Kurt: »Die frühe Dunkelhaft«. Zu Ingeborg Bachmanns Erzählung »Jugend in einer österreichischen Stadt«. In: Literatur und Kritik (1979), H. 131, S. 33-43.

Bartsch, Kurt: Ein Ort für Zufälle. Bachmanns Büchnerpreisrede, als poetischer Text gelesen. In: Modern Austrian Literature 18 (1985), Nr. 3/4, S. 135-145.

Bartsch, Kurt: Ingeborg Bachmann heute. Rückschau auf Symposien in Ljubljana, Bad Segeberg/Hamburg, Rom, Warschau. In: Literatur und Kritik (1985 a), H. 195/196, S. 281-287.

Bartsch, Kurt: »Mord« oder Selbstvernichtung? Zu Werner Schroeters filmischer *Malina*-Interpretation. In: Ingeborg Bachmann. Die Schwarzkunst der Worte. Hrsg. von John Pattillo-Hess und Wilhelm Petrasch. Wien 1993. (= Wiener Urania-Schriftenreihe. 3.) S. 85-95.

Baumgart, Reinhard: Ingeborg Bachmann, Malina. In: Neue Rundschau 82 (1971), S. 536-542.

187

Becker, Jürgen: War das Hörspiel der Fünfziger Jahre reaktionär? Eine Kontroverse am Beispiel von Ingeborg Bachmanns »Der gute Gott von Manhattan«. In: Merkur 24 (1970), S. 192-194. (S. auch Wondratschek.)

Behre, Maria: Ingeborg Bachmanns *Undine geht* als Sprache einer besonderen Wahrnehmung. In: Göttsche/Ohl, 1993, S. 63-79.

Beicken, Peter: Ingeborg Bachmann. München 1988. (= Beck'sche Reihe Autorenbücher. 605.)

Berger, Albert: Sprachthematik in der modernen Lyrik. Bemerkungen zu Gedichten der Bachmann, Celans und Heißenbüttels. In: Sprachthematik in der österreichischen Literatur des 20. Jahrhunderts. Wien: Hirt 1974. (= Schriften des Inst. für Österreichkunde.) S.155-170.

Best, Otto F.: Nachwort zu: Ingeborg Bachmann, Der gute Gott von Manhattan. Stuttgart 1974. (= Reclams UB. 7906.) S. 75-85.

Blöcker, Günter: Auf der Suche nach dem Vater. In: Merkur 25 (1971), S. 395-398.

Blöcker, Günter: Ingeborg Bachmanns Selbstgespräche. In: Merkur 26 (1972), S. 1038 f.

Böschenstein, Bernhard: Exterritorial. Anmerkungen zu Ingeborg Bachmanns deutschem Ungaretti. Mit einem Anhang über Paul Celans Übertragung des Spätwerks. In: Zur Geschichtlichkeit der Moderne. Der Begriff der literarischen Moderne in Theorie und Deutung. (Fülleborn-Festschrift.) Hrsg. von Theo Elm, Gerd Hemmerich. München: Fink 1982, S. 307-322.

Böschenstein, Bernhard/Sigrid Weigel (Hrsg.): Ingeborg Bachmann und Paul Celan. Poetische Korrespondenzen. Frankfurt a. M.: Suhrkamp 1997.

Böschenstein, Renate: Der Traum als Medium der Erkenntnis des Faschismus. In: Böschenstein/Weigel, 1997, S. 131-148.

Bossinade, Johanna: »Erklär mir, Liebe« von Ingeborg Bachmann. Reflexionen über eine erweiterte Poetik. In: Sprachkunst 20 (1989), Nr. 2, S. 177-197.

Bothner, Susanne: Ingeborg Bachmann: Der janusköpfige Tod. Versuch der literaturpsychologischen Deutung eines Grenzgebietes der Lyrik unter Einbeziehung des Nachlasses. Frankfurt a. M., Bern, New York: Lang 1986.

Briegleb, Klaus: Ingeborg Bachmnn, Paul Celan. Ihr (Nicht-)Ort in der Gruppe 47 (1952-1964/65). Eine Skizze. In: Böschenstein/Weigel, 1997, S. 29-81.

Brokoph-Mauch, Gudrun/Annette Daigger (Hrsg.): Ingeborg Bachmann. Neue Richtungen in der Forschung? St. Ingbert: Röhrig 1995.

Bürger, Christa: Ich und wir. Ingeborg Bachmanns Austritt aus der ästhetischen Moderne. In: Text + Kritik (1984), Sonderheft: Ingeborg Bachmann, S. 7-27.

Caduff, Corina: Chronik von Leben und Werk. In: du (1994), H. 9, S. 76-79 und 82-87.

Cassagnau, Laurent: »Am Horizont ... glanzvoll im Untergang«. Horizont-Struktur und Allegorie in der Lyrik von Ingeborg Bachmann. In: Text + Kritik (1995), H. 6 (5. Aufl.), S. 40-58.

Conrady, Peter: Fragwürdige Lobrednerei. Anmerkungen zur Bachmann-Kritik. In: Text + Kritik (1971), H. 6 (2. Aufl.), S. 48-55.

Delphendahl, Renate: Alienation and Self-Discovery in Ingeborg Bachmann's »Undine geht«. In: Modern Austrian Literature 18 (1985), Nr. 3/4, S. 195-210.

Dippel, Almut: »Österreich – das ist etwas, das immer weitergeht für mich«. Zur Fortschreibung der »Trotta«-Romane Joseph Roths in Ingeborg Bachmanns »Simultan«. St. Ingbert. Röhrig 1995. (= Mannheimer Studien zur Literatur- und Kunstwissenschaft. 5.)

Doppler, Alfred: Die Sprachauffassung Ingeborg Bachmanns. In: Neophilologus (Groningen) 47 (1963), S. 277-285.

Dorowin, Hermann: Le pitture nere di Ingeborg Bachmann: *Die gestundete Zeit* (1952). In: Reitani, 1996, S. 57-69.

Drewitz, Ingeborg: Ingeborg Bachmanns Frauen. »Simultan«, fünf neue Erzählungen. In: Der Tagesspiegel (Berlin) vom 1. 10. 1972, S. 57.

Dusar, Ingeborg: Choreographie der Differenz. Ingeborg Bachmanns Prosaband »Simultan«. Köln, Weimar, Wien: Böhlau 1994. (= Literatur – Kultur – Geschlecht. 4.)

Eifler, Margret: Ingeborg Bachmann: Malina. In: Modern Austrian Literature 12 (1979), S. 373-391.

Endres, Ria: »Die Wahrheit ist dem Menschen zumutbar«. Zur Dichtung der Ingeborg Bachmann. In: Neue Rundschau 92 (1981), H. 4, S. 71-97.

Engler, Winfried: Prosa einer bedeutenden Lyrikerin. Ein Erzählungsband von Ingeborg Bachmann. In: Stuttgarter Nachrichten vom 8.7.1961.

Erdle, Birgit R.: Bachmann und Celan treffen Nelly Sachs. Spuren des Ereignisses in den Texten. In: Böschenstein/Weigel, 1997, S. 85-115.

Fehl, Peter: Sprachskepsis und Sprachhoffnung im Werk Ingeborg Bachmanns. Diss. Mainz 1970.

Fischerova, Viola: Ingeborg Bachmanns »Der gute Gott von Manhattan« – ein Mythos? In: Literatur und Kritik (1977), S. 279-290.

Fritzsche, Walter: Alles oder nur das Beste? Im Widerspiel zweier wichtiger Maximen. Die Ingeborg-Bachmann-Gesamtausgabe. In: Börsenblatt für den deutschen Buchhandel 34 (1978), H. 47, S. 1233-1236.

Funke, Horst-Günter: Ingeborg Bachmann, Zwei Hörspiele. (3. Aufl.) München: Oldenbourg 1975.

Gäbler, Michael: Manhattan, Liebe und Untergang. Notizen zu dem Hörspiel »Der gute Gott von Manhattan«. In: Text + Kritik (1964), H. 6: Ingeborg Bachmann, S. 13-17.

Gebert, Christian: Großes Gefühl auf großem Fuß. Ingeborg Bachmanns erster Roman »Malina«. In: Frankfurter Rundschau vom 31.7.1971, Beil. S. VI.

Gehle, Holger: NS-Zeit und literarische Gegenwart bei Ingeborg Bachmann. Wiesbaden: Deutscher Universitätsverlag 1995.

Gerstenlauer, Wolfgang: Undines Wiederkehr. Fouqué – Giraudoux – Ingeborg Bachmann. In: Die neueren Sprachen N. F. 19 (1970), H. 10, S. 514-527.

Göttsche, Dirk: Die Produktivität der Sprachkrise in der modernen Prosa. Frankfurt a. M.: Athenäum 1987.

Göttsche, Dirk: »Die Schwarzkunst der Worte« – Zur Barbey- und Rimbaud-Rezeption in Ingeborg Bachmanns »Todesarten«-Zyklus. In: Jahrbuch der Grillparzer-Gesellschaft 3.F. 17 (1991), S. 127-162.

Göttsche, Dirk/Hubert Ohl (Hrsg.): Ingeborg Bachmann – Neue Beiträge zu ihrem Werk. Würzburg: Königshausen & Neumann 1993.

Görtz, Franz Josef: Zur Lyrik der Ingeborg Bachmann. In: Text + Kritik (1971), H. 6 (2. Aufl.): Ingeborg Bachmann, S. 28-38.

Gregor-Dellin, Martin: Zwischen Welterfahrung und Damenpoesie. Ingeborg Bachmanns neue Erzählungen. In: Die Bücherkommentare (1972), Nr. 6.

Gürtler, Christa: »Der Fall Franza«: Eine Reise durch eine Krankheit und ein Buch über ein Verbrechen. In: Höller, 1982, S. 71-84.

Gürtler, Christa: Schreiben Frauen anders? Untersuchungen zu Ingeborg Bachmann und Barbara Frischmuth. Stuttgart: Heinz 1983 (= StAG. 134.)

Gürtler, Christa: Ingeborg Bachmanns »Der Fall Franza« – ein Beispiel für weibliches Schreiben? Vortrag, Brüssel 1986, ungedruckt.

Gutjahr, Ortrud: Fragmente unwiderstehlicher Liebe. Zur Dialogstruktur literarischer Subjektentgrenzung in Ingeborg Bachmanns »Der Fall Franza«. Würzburg: Königshausen & Neumann 1988. (= Epistemata. Reihe Litwiss. 27.)

Haas, Franz: Das schiefe Dreieck »Malina«. Roman, Drehbuch, Film. In: Sinn und Form 43 (1991), S. 1135-1141.

Hädecke, Wolfgang: Die Hörspiele der Ingeborg Bachmann. In: Text + Kritik (1971), H. 6 (2. Aufl.): Ingeborg Bachmann, S. 39-47.

Haider-Pregler, Hilde: Ingeborg Bachmanns Radioarbeit. Ein Beitrag zur Hörspielforschung. In: Ingeborg Bachmann. L'oeuvre et ses situations. Nantes: Univ. 1986, S. 24-81.

Hamm, Peter: Der Künstler als Märtyrer. Über Ingeborg Bachmanns Gesammelte Werke. In: Der Spiegel vom 5. 6. 1978, S. 193-200.

Hapkemeyer, Andreas: Die Sprachthematik in der Prosa Ingeborg Bachmanns. Todesarten und Sprachformen. Frankfurt a.M., Bern: Lang 1982.

Hapkemeyer, Andreas: Ingeborg Bachmanns früheste Prosa. Struktur und Thematik. Bonn: Bouvier 1982 a.

Hapkemeyer, Andreas: Goethe- und Schillerrezeption Ingeborg Bachmanns Vortrag, Rom 1983, ungedruckt.

Hapkemeyer, Andreas: Die Funktion der Personennamen in Ingeborg Bachmanns später Prosa. In: Literatur und Kritik (1984), H . 187/188, S. 352-363.

Hapkemeyer, Andreas: Ingeborg Bachmann: Die Grenzthematik und die Funktion des slawischen Elements in ihrem Werk. In: Acta Neophilologica (Ljubljana) 17 (1984a), S. 45-49.

Hapkemeyer, Andreas: Ingeborg Bachmann. Entwicklungslinien in Werk und Leben. Wien. 1990. (= Sitzungsberichte der Österr. Akad. der Wiss. Philos.-hist. Klasse. 560.)

Hartlaub, Geno: Das Schizoid der Welt. Ingeborg Bachmann, Malina. In: Frankfurter Hefte 26 (1971), S. 561 f.

Hartung, Rudolf: Vom Vers zur Prosa. Zu Ingeborg Bachmanns »Das dreißigste Jahr«. In: Der Monat 13 (1960/61), H. 154, S. 78-82.

Heidelberger-Leonard, Irene: Ingeborg Bachmann und Jean Améry. Zur Differenz zwischen Ästhetisierung des Leidens und der Authentizität traumatischer Erfahrung. In: Stoll, 1992, S. 288-300.

Heidelberger-Leonard, Irene: War es Doppelmord? Anmerkungen zu Elfriede Jelineks Bachmann-Rezeption und ihrem Filmbuch »Malina«. In: Text + Kritik (1993), H. 117: Elfriede Jelinek, S. 78-85.

Heißenbüttel, Helmut: Über Ingeborg Bachmanns Roman »Malina«. In: Text + Kritik (1971), H. 6 (2. Aufl.): Ingeborg Bachmann, S. 25-27.

Henninger, Peter: »Heuboden und Taschenfeitln«? Zu Ingeborg Bachmanns Erzählung *Das Honditschkreuz*. In: Brokoph-Mauch/Daigger, 1995, S. 118-141.

Hieber, Jochen: An allem ist etwas zu wenig. Gedichte, Erzählungen, noch immer aktuell. Gesamtausgabe Ingeborg Bachmann. In: Die Zeit vom 7.7.1978, S. 43.

Hocke, Gustav René: Die nicht gestundete Zeit. In: Frankfurter Neue Presse vom 18.10. 1973.

Höller, Hans (Hrsg.): Der dunkle Schatten, dem ich schon seit Anfang folge. Ingeborg Bachmann – Vorschläge zu einer neuen Lektüre des Werks. Wien, München: Löcker 1982.

Höller, Hans: »Die gestundete Zeit« und »Anrufung des großen Bären«. Vorschläge zu einem neuen Verständnis. In: Höller, 1982, S. 125-172.

Höller, Hans: Vorwort zu: Höller, 1982, S. 9-14.

Höller, Hans: Krieg und Frieden in den poetologischen Überlegungen von Ingeborg Bachmann. In: Acta Neophilologica (Ljubljana) 17 (1984), S. 61-70.

Höller, Hans: Ingeborg Bachmann. Das Werk. Von den frühesten Gedichten bis zum »Todesarten«-Zyklus. Frankfurt a. M.: Athenäum 1987.

Holeschofsky Irene: Bewußtseinsdarstellung und Ironie in Ingeborg Bachmanns Erzählung »Simultan«. In: Sprachkunst 11 (1980), S. 63-70.

Holschuh, Albert: Utopismus im Werk Ingeborg Bachmanns: Eine thematische Untersuchung. Diss. Princeton 1964.

Holthusen, Hans Egon: Kämpfender Sprachgeist. Die Lyrik Ingeborg Bachmanns In: H. E. H.: Das Schöne und das Wahre. Neue Studien zur modernen Literatur. München: Piper 1958, S. 246-276.

Horsley, Ritta Jo: Ingeborg Bachmann's »Ein Schritt nach Gomorrha«: A Feminist Appreciation and Critique. In: Amsterdamer Beiträge zur Neueren Germanistik 10 (1980), S. 277-293.

Horsley, Ritta Jo: Re-reading »Undine geht«: Bachmann and Feminist Theory. In: Modern Austrian Literature 18 (1985), Nr. 3/4, S. 223-238.

Hotz, Constance: »Die Bachmann«. Das Image der Dichterin: Ingeborg Bachmann im journalistischen Diskurs. Konstanz: Faude 1990.

Jakubowicz-Pisarek, Marta: Stand der Forschung zum Werk von Ingeborg Bachmann. Frankfurt a. M., Bern, New York: Lang 1984.

Jens, Walter: Marginalien zur modernen Literatur. Drei Interpretationen –

Zwei Porträts. In: Martin Heidegger zum siebzigsten Geburtstag. Hrsg. von Günther Neske. Pfullingen: Neske 1959, S. 255-236.

Jens, Walter: Zwei Meisterwerke in schwacher Umgebung. Ingeborg Bachmanns Prosa muß an höchsten Ansprüchen gemessen werden. In: Die Zeit vom 8.9.1961, S. 13.

Jurgensen, Manfred: Ingeborg Bachmann. Die neue Sprache. Bern, Frankfurt a. M., New York: Lang 1981.

Jurgensen, Manfred: Das Bild Österreichs in den Werken Ingeborg Bachmanns, Thomas Bernhards und Peter Handkes. In: Für und wider eine österreichische Literatur. Hrsg. von Kurt Bartsch, Dietmar Goltschnigg, Gerhard Melzer. Königstein i. T.: Athenäum 1982, S. 152-174.

Kaiser, Joachim: Liebe und Tod einer Prinzessin. Ingeborg Bachmanns neuer Roman. In: Süddeutsche Zeitung vom 25.3.1971, Beil. S. 1 f.

Kann-Coomann, Dagmar: » ... eine geheime langsame Feier ...« Zeit und ästhetische Erfahrung im Werk Ingeborg Bachmanns. Frankfurt a. M. u.a.: Lang 1988.

Kann-Coomann, Dagmar: Undine verläßt den Meridian. Ingeborg Bachmann gegenüber Paul Celans Büchnerpreisrede. In: Böschenstein/Weigel, 1997, S. 250-259.

Kaulen, Heinrich: Zwischen Engagement und Kunstautonomie. Ingeborg Bachmanns letzter Gedichtzyklus. *Vier Gedichte* (1968). In: DtVJS 65 (1991), S. 755-777.

Koch, Beate: Moralische Empörung hat noch nie jemandem genützt. Diskussion um Ingeborg Bachmanns »Malina«. In: Die Wochenzeitung (Zürich) vom 14.6.1991, S. 19.

Koch-Klenske, Eva: Die vollkommene Vergeudung. Eine Leseart des Romans »Malina« von Ingeborg Bachmann. In: Die Sprache des Vaters im Körper der Mutter. Literarischer Sinn und Schreibprozeß. Hrsg. von Rolf Haubl, E. K.-K., Hans-Jürgen Linke. Gießen: Anabas 1984, S. 115-131.

Kohn-Wächter, Gudrun: Das Verschwinden in der Wand. Destruktive Moderne und Widerspruch eines weiblichen Ich in Ingeborg Bachmanns »Malina«. Stuttgart: Metzler 1992. (= Ergebnisse der Frauenforschung. 28.)

Kohn-Wächter, Gudrun: Dichtung als ›Flaschenpost‹ bei Paul Celan und Ingeborg Bachmann. In: Böschenstein/Weigel, 1997, S. 211-230.

Koschel, Christine: »*Malina* ist eine einzige Anspielung auf Gedichte«. In: Böschenstein/Weigel, 1997, S. 17-22.

Koschel, Christine/Inge von Weidenbaum (Hrsg.): Kein objektives Urteil – nur ein lebendiges. Texte zum Werk von Ingeborg Bachmann. München, Zürich 1989. (= Serie Piper. 792.)

Koschel, Christine/Inge von Weidenbaum: Barbarische Verfälscher. Anmerkungen zu Filmbuch und Film »Malina«. In: Journal (1991), H.5, S. 34.

Kreutzer, Hans-Joachim: Libretto und Schauspiel. Zu Ingeborg Bachmanns Text für Henzes »Der Prinz von Homburg«. In: Werke Kleists auf dem Musiktheater. Hrsg. von Klaus Kanzog und H. J. K. Berlin: E. Schmidt 1977. (= Jahresgabe der H. v. Kleist-Gesellschaft. 1973/74.) S. 60-100.

Krolow, Karl: Liebe als mörderisches Risiko. Ingeborg Bachmanns Bekenntnis zur Radikalität des Gefühls. »Malina« ihr erster Roman. In: Der Tagesspiegel (Berlin) vom 21.3.1971, S. 51.

Kunze, Barbara: Ein Geheimnis der Prinzessin von Kagran: Die ungewöhnliche Quelle zu der »Legende« in Ingeborg Bachmanns »Malina« . In: Modern Austrian Literature 18 (1985), Nr.3/4, S.105-119.

Leeder, Kareen: »Dunkles zu sagen«. Die Sprache der Liebe in der Lyrik Ingeborg Bachmanns. In: Pichl/Stillmark, 1994, S. 11-20.

Lennox, Sara: Geschlecht, Rasse und Geschichte in »Der Fall Franza«. In: Text + Kritik (1984), Sonderheft: Ingeborg Bachmann, S. 156-179.

Lensing, Leo A.: Joseph Roth and the Voices of Bachmann's Trottas: Topography, Autobiography, and Literary History in »Drei Wege zum See«. In: Modern Austrian Literature 18 (1985), Nr. 3/4, S. 53-76.

Lindemann, Gisela: Der Ton des Verratenseins. Zur Werkausgabe der Ingeborg Bachmann. In: Neue Rundschau 90 (1979), S. 269-274.

Mahrdt, Helgard: Zu den »Sitten« der Zeit in Ingeborg Bachmanns später Erzählung *Drei Wege zum See*. In: Austriaca 43 (1996), S. 37-55.

Marsch, Edgar: Ingeborg Bachmann. In: Deutsche Dichter der Gegenwart. Ihr Leben und Werk. Hrsg. von Benno von Wiese. Berlin: E. Schmidt 1973, S. 515-530.

Marti, Madeleine: Der Vater ist unberührbar, unrührbar. Frischs »Homo faber« und Bachmanns »Malina«: eine feministische Lektüre. In: Die Wochenzeitung (Zürich) vom 24.5.1991, S 17f.

Mayer, Hans: Malina oder Der große Gott von Wien. In: Die Weltwoche vom 30.4.1971, S. 35.

Mechtenberg, Theo: Utopie als ästhetische Kategorie. Eine Untersuchung der Lyrik Ingeborg Bachmanns. Stuttgart: Heinz 1978. (= StAG. 47.)

Meier-Lenz, Dieter Paul: »Üble Nachrede« auf eine tote in rom. In: Die Horen 18 (1973), H. 92, S. 63.

Menapace, Werner: Die Ungaretti-Übertragungen I. Bachmanns und P. Celans. Diss. Innsbruck 1980.

Mosès, Stéphane: Das Festmahl der Götter. Ein mythologisches Motiv bei Paul Celan und Ingeborg Bachmann. In: Böschenstein/Weigel, 1997, S. 189-208.

Neumann, Gerhard: Christa Wolf: »Selbstversuch« – Ingeborg Bachmann: »Ein Schritt nach Gomorrha«. Beiträge weiblichen Schreibens zur Kurzgeschichte des 20. Jahrhunderts. In: Sprache im technischen Zeitalter 28 (1990), S. 58-77.

Neumann, Peter Horst: Vier Gründe einer Befangenheit. Über Ingeborg Bachmann. In: Merkur 32 (1978), S. 1130-1136.

Neumann, Peter Horst: Ingeborg Bachmanns Böhmisches Manifest. In: Gedichte und Interpretationen. Bd VI: Gegenwart. Hrsg. von Walter Hinck. Stuttgart 1982. (= Reclams UB. 7895.) S. 84-91.

Oberle, Mechthild: Liebe als Sprache und Sprache als Liebe. Die sprachutopische Poetologie der Liebeslyrik Ingeborg Bachmanns. Frankfurt a. M. u.a.: Lang 1990.

Oelmann, Ute Maria: Deutsche poetologische Lyrik nach 1945: Ingeborg

Bachmann, Günter Eich, Paul Celan. Stuttgart: Heinz 1980. (= StAG. 74.)

Omelaniuk, Irena: Ingeborg Bachmann's »Drei Wege zum See«: A Legacy of Joseph Roth. In: Seminar 19 (1983), Nr. 4, S. 246-264.

Opel, Adolf: »Landschaft, für die Augen gemacht sind«. Ingeborg Bachmann in Ägypten. Wien: Deuticke 1996.

Pausch, Holger: Ingeborg Bachmann. Berlin: Colloquium 1975. (= Köpfe des XX. Jhdts. 81.)

Pfeiffer, Ingrid: »Bin ich eine Frau oder etwas Dimorphes ...«. Feministische Ansätze in Ingeborg Bachmanns später Prosa und ihr modifiziertes Weiterwirken in der neueren Literatur von Frauen. Diss. Wien 1990.

Pichl, Robert: Das Werk Ingeborg Bachmanns. Probleme und Aufgaben. In: Literaturwissenschaftliches Jahrbuch 17 (1976), S. 373-385.

Pichl, Robert: Rhetorisches bei Ingeborg Bachmann. Zu den ›redenden Namen‹ im »Simultan«-Zyklus. In: Akten des VI. Internationalen Germanisten-Kongresses. Basel 1980. Bern: Lang 1980, S.298-303.

Pichl, Robert (Hrsg.): Ingeborg Bachmann. Registratur des literarischen Nachlasses. Wien: Inst. f. Germanistik 1981.

Pichl, Robert: Editorische Notiz. Zur Entstehungsgeschichte [von »Gier«]. In: Höller, 1982, S. 63-69.

Pichl, Robert: Ingeborg Bachmanns literarischer Nachlaß. Geschichte, Bestand und Aspekte seiner wissenschaftlichen Auswertbarkeit. In: Höller, 1982 a, S. 199-213.

Pichl, Robert (Rez.): Ingeborg Bachmann, Wir müssen wahre Sätze finden [...] München, Zürich (Piper) 1983. In: Sprachkunst 15 (1984), S. 168-170.

Pichl, Robert: Das Wien Ingeborg Bachmanns. Gedanken zur späten Prosa. In: Modern Austrian Literature 18 (1985), Nr. 3/4, S. 183-193.

Pichl, Robert: Flucht, Grenzüberschreitung und Landnahme als Schlüsselmotive in Ingeborg Bachmanns später Prosa. In: Sprachkunst 16 (1985 a), S. 221-230.

Pichl, Robert: Editorische Notiz (1985 b). In: KA, 166-176.

Pichl, Robert/Monika Albrecht/Dirk Göttsche: Neue Teilregistratur des literarischen Nachlasses in der Österreichischen Nationalbibliothek zu Ingeborg Bachmanns »Todesarten«-Projekt. Wien: Edition Präsens 1995.

Pichl, Robert: Una retorica dell' amore? *Erklär mir, Liebe* (1956). In: Reitani, 1996, S. 160-166.

Pichl, Robert/Alexander Stillmark (Hrsg.): Kritische Wege der Landnahme. Ingeborg Bachmann im Blickfeld der neunziger Jahre. Wien: Hora 1994. (= Sonderpublikationen der Grillparzer-Gesellschaft. 2.)

Politzer, Heinz: Ingeborg Bachmann: »Das Spiel ist aus«. In: Views and Reviews of Modern German Literature. (Festschrift Klarmann.) Ed. by Karl S. Weimar. München: Delp 1974, S. 171-180.

Püschel, Ursula: »Exilierte und Verlorene«. Ingeborg Bachmann und Paul Celan in der BRD. In: Kürbiskern (1977), H. 4, 104-119 und Kürbiskern (1978), H. 1, 107-122.

Rainer, Wolfgang: Getroffen am Rande des Schlafs. Zu neuen Erzählungen der Ingeborg Bachmann. In: Stuttgarter Zeitung vom 28.9.1972, Lit.-Beil. S. II.

Rasch, Wolfdietrich: Drei Interpretationen moderner Lyrik. In: W. R.: Zur deutschen Literatur seit der Jahrhundertwende. Gesammelte Aufsätze. Stuttgart: Metzler 1967, S. 274-293.

Reich-Ranicki, Marcel: Die Lust, an der Verfassung zu rütteln. Über die Erzählungen der Ingeborg Bachmann. In: Die Kultur (München) 9 (1961), Nr. 167, S. 14.

Reich-Ranicki, Marcel: Anmerkungen zur Lyrik und Prosa der Ingeborg Bachmann. In: M. R.-R.: Deutsche Literatur in West und Ost. Prosa seit 1945. (2. Aufl.) München: Piper 1966, S. 185-199.

Reich-Ranicki, Marcel: Am liebsten beim Friseur. Ingeborg Bachmanns neuer Erzählungsband »Simultan«. In: Die Zeit vom 29.9.1972, Beil. S. 8.

Reitani, Luigi (Hrsg.): La lirica di Ingeborg Bachmann. Interpretazioni. Bologna: Cosmopoli 1996.

Riedel, Ingrid: Traum und Legende in Ingeborg Bachmanns »Malina«. In: Psychoanalytische und psychopathologische Literaturinterpretation. Hrsg. von Bernd Urban und Winfried Kudszus. Darmstadt: Wissenschaftliche Buchgesellschaft 1981. (= Ars interpretandi. 10.) S. 178-207.

Schadewald, Wolfgang: Das Wort der Dichtung. Mythos und Logos. In: Gestalt und Gedanke 6 (1960), S. 90-128.

Schardt, Michael Matthias (Hrsg.): Über Ingeborg Bachmann. Rezensionen – Porträts – Würdigungen (1952-1992). Rezeptionsdokumente aus vier Jahrzehnten. Paderborn: Igel 1994.

Scheibe, Susanne: Schreiben als Antwort auf den Abschied. Eine Untersuchung zu Ingeborg Bachmanns »Malina« unter Berücksichtigung des Romans von Emma Santos »Ich habe Emma S. getötet«. Frankfurt a. M.: Haag + Härchen 1983.

Schelbert, Corinne: Ein feministisches Missverständnis. Werner Schroeters »Malina«-Verfilmung. In: Die Wochenzeitung (Zürich) vom 3.5.1991, S. 17f.

Schlütter, Hans-Jürgen: Ingeborg Bachmann: Der Prinz von Homburg. Akzentuierungen eines Librettos. In: Sprachkunst 8 (1977), S. 240-250.

Schmid-Bortenschlager, Sigrid: Frauen als Opfer – Gesellschaftliche Realität und literarisches Modell. Zu Ingeborg Bachmanns Erzählband »Simultan«. In: Höller, 1982, S. 85 – 95.

Schmid-Bortenschlager, Sigrid: Spiegelszenen bei Bachmann: Ansätze einer psychoanalytischen Interpretation. In: Modern Austrian Literature 18 (1985), Nr. 3/4, S. 39-52.

Schmidt-Bortenschlager, Sigrid: Jelinek liest Bachmann. Verschiebungen. In: Austriaca 43 (1996), S. 97-104.

Schmidt, Tanja: Das Verhältnis von Subjekt und Geschichte in dem Erzählband »Simultan« von Ingeborg Bachmann. Mag.-Arbeit FU Berlin 1985/86.

Schuller, Marianne: Hörmodelle. Sprache und Hören in den Hörspielen und Libretti. In: Text + Kritik (1984), Sonderband: Ingeborg Bachmann, S. 50-57.

Schulz, Beate A.: Struktur und Motivanalyse ausgewählter Prosa von Ingeborg Bachmann. Diss. Baltimore 1979.

Schuscheng, Dorothe: Arbeit am Mythos Frau. Weiblichkeit und Autonomie in der literarischen Mythenrezeption Ingeborg Bachmanns, Christa Wolfs und Gertrud Leuteneggers. Frankfurt a. M.: Lang 1987. (= Europäische Hochschulschriften. I/1006.)

Seidel, Heide: Ingeborg Bachmann und Ludwig Wittgenstein. Person und Werk Ludwig Wittgensteins in den Erzählungen »Das dreißigste Jahr« und »Ein Wildermuth«. In: Zeitschrift für deutsche Philologie 98 (1979), S. 267-282.

Šlibar, Neva: »Das Spiel ist aus« – oder fängt es gerade an? Zu den Hörspielen Ingeborg Bachmanns. In: Text + Kritik (1995), H. 6 (5. Aufl.): Ingeborg Bachmann, S. 111-122.

Šlibar, Neva: Von einem, der auszog, das Fürchten zu lernen. Ingeborg Bachmanns Gedichtzyklus *Von einem Land, einem Fluss und den Seen.* In: Zagreber Germanistische Beiträge 5 (1996), S. 139-156.

Šlibar-Hojker, Neva: Entgrenzung, Mythos, Utopie: Die Bedeutung der slovenischen Elemente im Oeuvre Ingeborg Bachmanns. In: Acta Neophilologica (Ljubliana) 17 (1984), S.33-44.

Steiger, Robert: Malina. Versuch einer Interpretation des Romans von Ingeborg Bachmann. Heidelberg: Winter 1978.

Stoll, Andrea: Erinnerungen als Moment des Widerstands im Werk Ingeborg Bachmanns. In: Das Schreiben der Frauen in Österreich seit 1950. Wien, Köln: Böhlau 1991, S. 33-45.

Stoll, Andrea (Hrsg.): Ingeborg Bachmanns »Malina«. Frankfurt a. M. 1992 (= suhrkamp taschenbuch materialien. 2115.)

Stoll, Andrea: Kontroverse und Polarisierung: Die *Malina*-Rezeption als Schlüssel der Bachmann-Forschung. In: Stoll, 1992, S. 149-167.

Stoll, Andrea: Der Bruch des epischen Atems. Zum Konflikt von Erinnerung und Erzählvorhaben in Ingeborg Bachmanns *Malina*-Roman. In: Stoll, 1992, S. 250-264.

Strobl, Ingrid: Der Fall Bachmann. In: Emma vom 10. 10. 1983, S. 32-35.

Strutz, Josef: Ein Platz, würdig des Lebens und Sterbens. Ingeborg Bachmanns »Guter Gott von Manhattan« und Robert Musils »Reise ins Paradies«. In: Österreich in Geschichte und Literatur 29 (1985), S. 276-388.

Summerfield, Ellen: Ingeborg Bachmann. Die Auflösung der Figur in ihrem Roman »Malina«. Bonn: Bouvier 1976.

Summerfield, Ellen: Ingeborg Bachmanns Sprachverständnis. In: Neophilologus (Groningen) 62 (1978), S. 119-130.

Summerfield, Ellen: Verzicht auf den Mann. Zu Ingeborg Bachmanns Erzählungen »Simultan«. In: Die Frau als Heldin und Autorin. Neue kritische Ansätze zur deutschen Literatur. Hrsg. von Wolfgang Paulsen. Bern, München: Francke 1979, S.211-216.

Svandrlik, Rita: Ästhetisierung und Ästhetikkritik in der Lyrik Ingeborg Bachmanns. In: Text + Kritik (1984), Sonderheft: Ingeborg Bachmann, S. 28-49.

Thau, Bärbel: Gesellschaftssbild und Utopie im Spätwerk Ingeborg Bachmanns. Untersuchungen zum »Todesarten-Zyklus« und zu »Simultan«. Frankfurt a. M.. Bern. New York: Lang 1986.

Thiem, Ulrich: Die Bildsprache der Lyrik Ingeborg Bachmanns. Diss. Köln 1972.

Triesch, Manfred: Zur Prosa Ingeborg Bachmanns. In: Beiträge zu den Sommerkursen des Goethe-Instituts (1967), S. 109-116.

Tunner, Erika: An die Sehnsucht verloren? Zu einer Textstelle aus: »Ein Geschäft mit Träumen«. In: Nouveaux Cahiers d'Allemand (Nancy) 4 (1986), Nr. 2, S. 213-225.

Tunner, Erika: Normalverbraucher und Außenseiter. Zu den Hörspielen von Ingeborg Bachmann. In: Materialienband zu Ingeborg Bachmanns Hörspielen. Hrsg. von Nicole Bary und E. T. Paris: Roi des Aulnes 1986 a, S. 300-310.

Tunner, Erika: Von der Unvermeidbarkeit des Schiffbruchs. Zu den Hörspielen von Ingeborg Bachmann. In: Ingeborg Bachmann. L'oeuvre et ses situations. Nantes: Univ. 1986b, S. 82-99.

van Vliet, Jo Ann: Zwischen Kanonisierung und Politisierung: Bachmann-Rezeption in der zeitgenössischen Literatur. In: Brokoph-Mauch/Daigger, 1995, S. 225-243.

von der Lühe, Irmela: »Ich ohne Gewähr«: Ingeborg Bachmanns Frankfurter Vorlesungen zur Poetik. In: Entwürfe von Frauen in der Literatur des 20. Jahrhunderts. Hrsg. von I. v. d. L. Berlin: Argumente 1982. (= Literatur im historischen Prozeß. N. F. 5.) S .106-131.

Vormweg, Heinrich: Fräulein Else in Neuauflage. In: Vorwärts (Bad Godesberg) vom 28.9.1972.

[Wagner, Klaus]: Stenogramm der Zeit. In: Der Spiegel vom 18.8.1954, S. 26-29.

Wallmann, Jürgen: Fünf Frauen aus Wien oder: Leiden am Leben. Ingeborg Bachmann: Simultan. In: Deutsche Zeitung/Christ und Welt vom 29.9.1972, S. 31.

Wallner, Friedrich: Jenseits von wissenschaftlicher Philosophie und Metaphysik. Nachwort. In: KA, S. 177-199.

Weber, Norbert: Das gesellschaftlich Vermittelte der Romane österreichischer Schriftsteller seit 1970. Frankfurt a. M., Bern, Cirencester: Lang 1980.

Weigel, Hans: Offener Brief in Sachen Unterschrift. In: Forum (Wien) 5 (1958), S. 218.

Weigel, Sigrid: Die andere Ingeborg Bachmann. In: Text + Kritik (1984), Sonderband: Ingeborg Bachmann, S. 5 f.

Weigel, Sigrid: »Ein Ende mit der Schrift. Ein andrer Anfang«. Zur Entwicklung von Ingeborg Bachmanns Schreibweise. In: Text + Kritik (1984a), Sonderband: Ingeborg Bachmann, S. 58-92.

Weigel, Sigrid: Am Anfang eines langen Wegs. Eine Urszene von Ingeborg Bachmanns Poetologie. In: du (1994), H. 9, S. 20-23 und 90.

Weigel, Sigrid: »Sie sagten sich Helles und Dunkles«. Ingeborg Bachmanns literarischer Dialog mit Paul Celan. In: Text + Kritik (1995), H. 6 (5. Aufl.): Ingeborg Bachmann, S. 123-134.

Weigel, Sigrid: Die Erinnerungs- und Erregungsspuren von Zitat und Lektüre. Die Intertextualität Bachmann-Celan, gelesen mit Benjamin. In: Böschenstein/Weigel, 1997, S. 231-249.

Witte, Bernd: Ingeborg Bachmann. In: Kritisches Lexikon der Gegenwartsliteratur. Hrsg. von Heinz Ludwig Arnold. München: edition text + kritik 1980 ff., s. v.

Witte, Bernd: Ingeborg Bachmann. In: Neue Literatur der Frauen. Deutschsprachige Autorinnen der Gegenwart. Hrsg. von Heinz Puknus. München: Beck 1980a, S. 33-43.

Wondratschek, Wolf: War das Hörspiel der Fünfziger Jahre reaktionär? Eine Kontroverse am Beispiel von Ingeborg Bachmanns »Der gute Gott von Manhattan«. In: Merkur 24 (1970), S. 190-192. (S. auch Becker.)

Zeller, Eva Christina: Ingeborg Bachmann: Der Fall Franza. Frankfurt a. M. u.a.: Lang 1988. (= Europäische Hochschulschriften. I/1030.)

5.5 Weitere Literatur

Adorno, Theodor W.: Ästhetische Theorie. (2. Aufl.) Frankfurt a. M. 1974. (= suhrkamp taschenbuch wissenschaft. 2.)

Adorno, Theodor W. [u. a.]: Studien zum autoritären Charakter. (3. Aufl.) Frankfurt a. M. 1980. (= suhrkamp taschenbuch. 107.)

Baackmann, Susanne: Erklär mir Liebe. Weibliche Schreibweisen von Liebe in der deutschsprachigen Gegenwartsliteratur. Hamburg 1995. (= Argument- Sonderband. N.F. 237.)

Baur, Uwe: Musils Novelle »Die Amsel«. Figurierung der Persönlichkeitsspaltung eines Rahmenerzählers. In: Vom »Törless« zum »Mann ohne Eigenschaften«. Grazer Musil-Symposion 1972. Hrsg. von U. B., Dietmar Goltschnigg. München, Salzburg: Fink 1973, S. 237-292.

Bauschinger, Sigrid: Mythos Manhattan. Die Faszination einer Stadt. In: Amerika in der deutschen Literatur. Neue Welt – Nordamerika – USA. Hrsg. von S. B., Wilfried Malsch. Stuttgart: Reclam 1975, S. 382-397.

Bienek, Horst: Werkstattgespräche mit Schriftstellern. München 1965. (= dtv. 291.)

Bloch, Ernst: Das Prinzip Hoffnung. Bd I-III. (4. Aufl.) Frankfurt a. M. 1977. (= suhrkamp taschenbuch wissenschaft. 3.)

Böhme, Hartmut: Anomie und Entfremdung. Literatursoziologische Untersuchungen zu den Essays Robert Musils und seinem Roman »Der Mann ohne Eigenschaften«. Kronberg i. T.: Scriptor 1974.

Bollnow, Otto F.: Existenzphilosophie. (5. Aufl.) Stuttgart: Kohlhammer 1960.

Brückner, Peter: Das Abseits als sicherer Ort. Kindheit und Jugend zwischen 1933 und 1945. Berlin 1980. (= Wagenbachs Taschenbücherei. 66.)

Caesar, Beatrice: Autorität in der Familie. Ein Beitrag zum Problem schichtenspezifischer Sozialisation. Reinbek 1972. (= rowohlts deutsche enzyklopädie. 366.)

Cixous Helene: Weiblichkeit in der Schrift. Berlin: Merve 1980.

Durrell, Lawrence: Vorwort zu: Groddeck, 1975, S. 5-7.

Frenzel, Elisabeth: Stoffe der Weltliteratur. Ein Lexikon dichtungsgeschichtlicher Längsschnitte. (2. Aufl.) Stuttgart 1963. (= Kröners Taschenausgabe. 300.)

Groddeck, Georg: Das Buch vom Es. Psychoanalytische Briefe an eine Freundin. (3. Aufl.) München 1975. (= Kindler Taschenbücher. 2040.)

Henze, Hans Werner: Musik und Politik. Schriften und Gespräche 1955-1975. München 1976. (= dtv. 1162.)

Holz, Hans Heinz: Die abenteuerliche Rebellion. Bürgerliche Protestbewegungen in der Philosophie. Stirner, Nietzsche, Sartre, Marcuse, Neue Linke. Darmstadt, Neuwied: Luchterhand 1976.

Janz, Marlies: Vom Engagement absoluter Poesie. Zur Lyrik und Ästhetik Paul Celans. Frankfurt a. M.: Syndikat 1976.

Klose, Werner: Didaktik des Hörspiels. Stuttgart: Reclam 1974.

Knörrich, Otto: Die deutsche Lyrik der Gegenwart. 1945-1970. Stuttgart 1971. (= Kröners Taschenausgabe. 401.)

Kröll, Friedhelm: Die »Gruppe 47«. Soziale Lage und gesellschaftliches Bewußtsein literarischer Intelligenz in der Bundesrepublik. Stuttgart: Metzler 1977.

Kröll, Friedhelm: Gruppe 47. Stuttgart 1979. (= Sammlung Metzler. 181.)

Kruntorad, Paul: Prosa in Österreich seit 1945. In: Die zeitgenössische Literatur Österreichs. Hrsg. von Hilde Spiel. Zürich, München 1976. (= Kindlers Literaturgeschichte der Gegenwart.) S. 129-289.

Mayer, Hans: Aussenseiter. Frankfurt a. M.: Suhrkamp 1975.

Michel, Karl Markus: Ein Kranz für die Literatur. Fünf Variationen über eine These. In: Kursbuch (1968), H. 15, S. 169-186.

Neuhaus, Volker: Günter Grass. Stuttgart 1979. (= Sammlung Metzler. 179.)

Nyiri, J. C.: Zwei geistige Leitsterne: Musil und Wittgenstein. In: Literatur und Kritik (1977), H. 113, S. 167-179.

Raddatz, Fritz J.: Die zeitgenössische Literatur ist Angst-Literatur. Die deutschen Autoren zeichnen versehrte Beziehungen und versehrte Menschen. In: Die Zeit vom 31.7.1981, S. 29.

Richter, Hans Werner: Fünfzehn Jahre. In: Almanach der Gruppe 47. 1947-1962. Hrsg. von H. W. R. Reinbek: Rowohlt 1962.

Richter, Hans Werner: Wie entstand und was war die Gruppe 47? In: Hans Werner Richter und die Gruppe 47. Hrsg. von Hans A. Neunzig. München: Nymphenburger 1979, S. 41-176.

Richter, Hans Werner: Im Etablissement der Schmetterlinge. Einundzwanzig Portraits aus der Gruppe 47. München: Hanser 1986.

Rutschky, Michael: Erfahrungshunger. Ein Essay über die siebziger Jahre. Köln: Kiepenheuer & Witsch 1980.

Schlick, Moritz: Allgemeine Erkenntnislehre. Frankfurt a. M. 1979. (= suhrkamp taschenbuch wissenschaft. 269.)

Schmidt, Burghart: Utopie ist keine Literaturgattung. In: Literatur ist Utopie. Hrsg. von Gert Ueding. Frankfurt a. M. 1978. (= edition suhrkamp. 935.) S.17-44.

Schröder-Werle, Renate: Zur Vorgeschichte der Musil-Rezeption nach 1945. Hinweise zur Wiederentdeckung. In: Musil-Forum 1 (1975), S.226-246.

von Matt, Peter: Liebesverrat. Die Treulosen in der Literatur. München, Wien: Hanser 1989.

Weigel, Sigrid: Der schielende Blick. Thesen zur Geschichte weiblicher Schreibpraxis. In: Inge Stephan und S.W.: Die verborgene Frau. Sechs Beiträge zu einer feministischen Literaturwissenschaft. Berlin 1983. (= Argument-Sonderband. 96.) S.83-137.

Weininger, Otto: Geschlecht und Charakter. Eine prinzipielle Untersuchung. München: Matthes & Seitz 1980.

Wilke, Sabine: Dialektik und Geschlecht. Feministische Schreibpraxis in der Gegenwartsliteratur. Tübingen: Stauffenburg 1996. (= Studien zur deutschsprachigen Gegenwartsliteratur. 3.)

Willerich-Tocha, Margarete: Rezeption als Gedächtnis. Studien zur Wirkung Joseph Roths. Frankfurt a. M., Bern, New York: Lang 1984.

Wittgenstein, Ludwig: Tractatus logico-philosophicus. Logisch-philosophische Abhandlung. (5. Aufl.) Frankfurt a. M. 1968. (= edition suhrkamp. 12.)

Wittgenstein, Ludwig: Philosophische Untersuchungen. Frankfurt a. M. 1971. (= suhrkamp taschenbuch. 14.)

Ziolkowski, Theodore: Strukturen des modernen Romans. München 1972. (= List Taschenbücher Wissenschaft. 1441.)

6. Register

6.1 Titelregister

Printed in the United States
By Bookmasters